모두가 행복한 학교, 참여하는 수업 만들기

대한민국 교사,
르칠 것인가?

대한민국 교사,
어떻게
가르칠 것인가?

초판 1쇄 발행 2012년 3월 23일
초판 3쇄 발행 2017년 6월 15일

지은이 윤성관
펴낸이 김승희
펴낸곳 도서출판 살림터

기획 정광일
편집 조현주
디자인 시아
일러스트 이태수
인쇄·제본 (주)현문
종이 월드페이퍼(주)

주소 서울시 영등포구 양평로21가길 19 선유도 우림라이온스밸리 1차 B동 512호
전화 02-3141-6553
팩스 02-3141-6555
출판등록 2008년 3월 18일 제313-1990-12호
이메일 gwang80@hanmail.net
블로그 http://blog.naver.com/dkffk1020

ISBN 979-89-94445-20-5 03370

*가격은 뒤표지에 있습니다.
*잘못된 책은 바꾸어 드립니다.

모두가 행복한 학교, 참여하는 수업 만들기

대한민국 교사, 어떻게 가르칠 것인가?

윤성관 지음

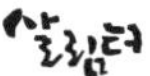

이 책을 쓰는 이유

2034년 8월. 제가 공식적으로 교직을 그만둬야 하는 때입니다. 앞으로 22년쯤 남았나 봅니다. 이제 14년째 달려왔으니 계속 교직에 남아 있으면 36년을 교사로 살아가게 되는 셈입니다. 다중지능 이론의 창시자로 유명한 하워드 가드너Howard Gardner의 『열정과 기질』에는 '10년의 법칙'이란 말이 나옵니다. 한 사람이 한 분야에서 정상의 자리에 오르기까지 필요한 시간이 적어도 10년 정도는 걸린다는 이야기입니다. 가드너의 의견이 아니라 아인슈타인, 간디, 피카소, 스트라빈스키, 마서 그레이엄 등 각 방면에서 위대한 업적을 남긴 창조적인 인물의 삶을 연구한 결과랍니다. 그러니 저처럼 지극히 평범한 사람은 그 두 배쯤, 아니 평생 걸릴지도 모르겠습니다. 물론 무엇이 교사로서 정상인지는 모르겠습니다만. 또 있습니다. 현직 기자인 이상훈 씨가 쓴 『1만 시간의 법칙』에 따르면 한 가지 일에 1만 시간 정도의 헌신을 해야 정상의 자리에 오를 수 있다고 합니다. 역시 김연아 선수, 안철수 교수, 스티브 잡스 등의 사례 분석을 통해 얻은 결과랍니다. 우리가 학교에서 근무하는 법적인 시간만을 따져보면 하루 8시간, 주 5일(2012년부터는 수업일수 190일) 근무를 전제로 하여 1년 근무시간이 1,520시간입니다. 1,520시간 내내 아이들하고 붙어 있다고 치고 1년에 1,520시간씩 대략 6.57년이면 1만 시간이 채워집니다. 10년이면 1만 5,200시간입니다. 그런데 이 시간을 교실에서 수업을 하는 시간으로만 다시 계산해봐야 할 것 같습니다. 이유는 간단합니다. 학교에 머무는 시간의 대부분이 수업을 전제로 한 근무시간이기 때문입니다. 그리고 시간의 양으로만 보더라도 우리와 아이들이 가장 많이 얼굴을 맞대는 중요한 활동이면서 동시에 육체적 · 심리적으로 가장 버거운 활동이 수업이기 때문입니다. 교사 본연의 임무여서 가장 잘해야 하지만, 또 가장 잘할 것 같지만, 가장 큰 부담이 되는 활동이기 때문입니다.

어린 담임의 부끄러운 추억

그런데 본문에서 더 자세히 이야기 나눌 기회가 있을 텐데, 교사들은 오히려 경력이 쌓일수록 수업에서 부담감을 느끼고 있습니다. 1만 시간을 채우고, 10년이 넘도록 반복해서 수업을 하는데도 하면 할수록 자신감이 없어지고, 두려운 존재가 수업이 되어버리고 있습니다. 그저 적당한 타협으로 버텨내고 있는 상황입니다. 그런 선배 교사들을 옆에서 지켜보는 후배 교사들은 그들의 미래에 대한 불안감을 몸과 마음으로 느끼면서 생활하고 있습니다. 그러다 보니 수업 내용보다는 수업 자체를 지켜내기 위해 교실의 질서 유지에 더 많은 에너지를 쏟고 있다고 해도 틀리지 않습니다. 그것이 가장 중요한 당면과제였습니다. 역시 마찬가지였습니다. 그런 저의 모습들 몇 가지에 대한 생각으로 이야기를 시작해보고자 합니다.

교사가 된 지 4~5년쯤 지났을 때였습니다. 고1 담임만 3~4년 하다가 처음 고3 담임을 하던 해였습니다. 우리 반 아이들에게 무한한 애정과 사랑을 갖고 있다고 착각하던 시절이었던 것 같습니다. 체벌을 포함, 모든 수단과 방법을 동원해서라도 공부하기 싫어하는 녀석들을 '사람' 만드는 것이 교사의 훌륭한 소명이라고 당연히 받아들였었지요. 고3 학기 초라 자의 반 타의 반 거의 매일하는 야간 자율학습 감독의 피곤함을 전혀 느끼지 못하던 때의 이야기입니다. 그때만 해도 지금과는 상황이 많이 달랐습니다. 전체를 위해 개인의 생각은 그저 하나의 의견으로만 여겨지기 일쑤였고, 교실에서는 늘 담임이 주도권을 쥐고 있었습니다. 날카로운 발톱을 들이대던 고양이처럼. 교사의 한두 마디에 학급 전체 아이들이 몸을 사리고, 잘못을 뉘우치고, 우리는 한 팀이라는 생각을 하던 좋았던(?) 시절이었죠.

3월이 거의 지나가던 어느 날 야간자율학습 시간. 희미한 형광등 불빛 아래 눅눅한 피로와 무거운 침묵으로 가득 찬 교실. 10분의 쉬는 시간을 보내고, 한 시간만 지나면 퇴근할 수 있다는 생각으로 교실 뒷문으로 발소리 죽이며 들어서던 순간, 교실 앞쪽의 한 여학생이 과자 봉지를 책상 위에 쭉 펼쳐놓고 주변 아이들과 소곤소곤 수다를 떨고 있었습니다. 교실 청결을 이유로 매점 상품을 교실로 들고 들어오지 말게 하라는 학교 측의 지침을 성실하게 아침저녁으로 아이들에게 떠들어대던 때였습니다. 그래서인지 그 여학생은 뒷문으로 몰래 들어온 담임을 보는 순간 미처 먹지도 못한 과자를 한 손으로 움켜쥐며 큰 눈망울만 멀뚱거렸습니다.

'참 많이 먹을 때지. 돌아서면 배고플 때야.' 란 생각이 슬쩍 밀려올라오는 걸 재빠르게 억누르며 소리쳤습니다.

"뭐야 이거, 고3이! 종 치고도 수다 떨고 있고, 과자 봉지까지…… 나와."

고3은 새우깡 한 봉지도 먹으면 안 되던, 계엄령을 근거로 서너 명의 무리들을 복도로 불러내서 '엎드려뻗쳐' 를 하게 했습니다. 당시에는 툭하면 '엎드려뻗쳐' 를 하게 했기 때문에 불려 나온 아이들은 죽을죄를 지었다는 표정으로 냉큼 동작을 취했습니다. 물론 교실에 앉아 있던 아이들에게서도 숨소리조차 들리지 않았습니다. 오직 피곤한 듯 갈라지는 저의 목소리만이 기다란 복도 한가득 울려 퍼졌을 뿐입니다.

"니들이, 정신이 없는 거지? 교실에 과자 봉지 가지고 들어오지 말랬지? 담임 말을 귓등으로 듣는 거지? 지금이 어느 때인데, 공부는 안 하고……."

다리를 접었다 폈다 하는 아이들을 내려다보며 묵직한 목소리로 한마디 더 거들었습니다.

"움직이지 마! 그렇게 대충 요령 피우면서 벌 받는 시늉만 하면 종 치고도 집에 못 간다."

그러면서 맨 왼쪽 아이의 손목에 있던 전자시계를 힐끔 보니, 어느 덧 5분 가까이 그렇게 일장 연설 중이었습니다. 물론 말짱하게 서 있던 저에게야 '어느덧' 이었을 테지만 말입니다.

"종 칠 때까지 그렇게 한번 있어봐." 하며 교실로 들어가려고 돌아서는 순간, 과자 봉지를 움켜쥐었던 그 여학생이 쥐죽은 듯한 목소리로 뭐라고 중얼거림과 동시에 그 아이의 이마 밑으로 물방울이 하나 뚝 떨어졌습니다. 땀이었습니다. 하지만 떨어지는 땀보다 "아이 씨×, ×라, 짜증 나." 하고 내뱉은 욕설이 날카로운 유리날이 되어 저의 고막을 긋는 듯했습니다. 같이 엎드려 있던 아이들도 그런 무례한 모습은 처음 듣던 터라 엎드린 채 힐끗 그 아이를 곁눈질하는 모습이 눈에 들어왔습니다.

"너 일어나. 지금 뭐라 그랬지? 니가 아주 간이 부었구나……."

그랬더니 녀석이 원망 어린 두 눈으로 빤히 쳐다보며,

"잘못했다고요!"라고 분에 넘치지만 속으로 삭이듯 대답했습니다. 하지만 아이보다 더 흥분한 저에게 그 소리는 복도 저 끝에까지 달려갔다 다시 돌아와 부딪히는 것만 같았습니다. 그래서 협박을 했습니다. 공갈을 쳤습니다.

"너, 그러다 한 대 맞겠다."라고.

그랬더니 그 아이에게서 대뜸 날아온 대답은 이랬습니다.

"그럼, 때리시라고요"

이런. 제가 내뱉은 말을 책임져야 할 상황이 되어버린 것이었습니다. '이 정도면, 죄, 죄송해요. 잘못했어요. 뭐, 이래야 되는 거 아냐?' 하는 몇 번의 고민 끝에 결국 그 아이의 빰을 후려갈기고 말았습니다. 그 순간 교실에는 정적만이 흘렀습니다. 제 스스로 엄청나게 놀랐지만 놀란 모습을 아이들에게 들키지 않으려고 애써 더 아이를 몰아붙였습니다. 그 아이는 울먹이면서 사과를 했고, 저는 녀석들한테 자율학습 끝날 때까지 벌을 주고 나서야 하교를 시켰습니다.

그날 퇴근한 후 늦은 시간까지 잠을 청할 수 없었습니다. 그리고 녀석과 아이들에게 미안해지기 시작했습니다. 하지만 다 큰 어른의 알량한 자존심 때문이었는지 다음 날 아침에는 더 무서운 표정으로 녀석들을 대했습니다. 그러고 나서 '내일 사과해야지.' '이번 주에는 사과해야지.' '개학 전까지는 사과해야지.' 생각만 했지요. '졸업할 때까지는 사과해야지…….' 그러나 결국 지금까지도 사과를 하지 못했습니다. 사실 그 아이의 이름조차 가물거립니다. 하얀 얼굴에 주근깨가 살짝 있던 투덜이 여학생. 지금은 어엿한 사회인이 되었을 미안한 제자. 지금도 그때의 일을 생각하면 부끄러움과 죄책감으로 마음이 무겁습니다.

개학이 두려웠던 시절

그 여학생에게 미안한 마음으로 이 이야기를 시작하다 보니 저의 학창 시절이 떠오릅니다. 너무나 신기하게도. 중학교 1학년, 입학식 날이었습니다. 가뜩이나 중딩의 막연한 두려움에 잔뜩 긴장하고 있었습니다. 한 선생님께서 교실로 들어오시더니 맨 뒤에 앉아 있는 저를 가리키며 "너 복도에 나가서 창문 깨진 개수 좀 파악하고 들어와." 하고 말씀하셨습니다. 그래서 얼른 나가서 깨진 창문의 개수를 확인하고 제자리로 돌아와 선생님께 말씀드리려는 순간, 짝꿍이 뭐라고 이야기를 했고, 받아준다고 한 게 '씨익' 하고 웃었습니다. 그 순간 갑자기 선생님께서 "너, 나와!" 하시더니, 걸어나오는 저의 뺨을 힘껏 날리는 것이었습니다. 순식간에 일어난 일인데다 변명할 틈도 없던 터라 어느 쪽 뺨을 맞았는지, 얼마나 아팠는지 기억도 나지 않았습니다. 그저 '대체 내가 왜 맞았을까?' 하는 궁금함이 컸을 뿐입니다. 감히 그 이유를 물어볼 수는 없었지만……. 지금 생각하니 선생님이 그때 "너 왜 웃었니?" 하고 한마디만 물었어도, 아니 "애, 네가 웃으니까 마치 나를 무시하는 것 같아서 기분이 안 좋다"라고 한마디만 하셨다면, 적어도 변명이나 해명을 할 수 있었겠다 싶습니다. 그분은 그렇게 담임선생님이 되셨고, 1년 내내 주눅 들어 얼굴도 제대로 쳐다보지 못했습니다. 제자 이야기를 하면서 저의 학창 시절 이야기가 자동으로 떠오르다 '뺨따귀' 라는 공통점을 발견하면서 소스라치게 놀랐습니다. 마치 제가 맞은 대로 복수한 것 같은 느낌 때문일까요. 입학식 날 맞은 기억이 30여 년 동안이나 남아 있었나 봅니다. 그 여학생이 졸업한 지도 10여 년이 되어갑니다.

그 사건이 있고 나서 몇 해 뒤 고1 담임을 할 때였습니다. 학교가 남녀공학으로 바뀌고 나서 첫 담임. 그해에도 역시 아이들에게 절대로 지지 않는 선생이었습니다. 아니 지지 않으려고 처절하게 노력하던 때라고 말하는 게 더 정확할 것입니다. 그래서였는지 아이들의 말과 행동은 언제나 눈엣가시. 이제 막 고등학생이 된 아이들은 여전히 중학생 때의 나쁜 습관을 버리지 못한 듯 보였고, 그러는 사이 몇 번의 크고 작은 일들이 있었습니다. 수업시간에 혼나고, 아이들끼리 사소한 다툼을 하다 결국 화장실에서 여럿이서 치고받고, 몰래 숨어 담배를 피우고. 그럴 때마다 해당되는 아이들은 물론 다른 아이들도 한 팀이라는 이유로 자주 벌을 주곤 하였습니다.

그런데 언제부터인가 우리 반 한 여학생이 눈에 들어오기 시작했습니다. 수업시간에 도맡아 지적을 받았고, 사건이 터졌다 하면 어김없이 그 무리의 중심에 있었고, 교실보다는 교무실에서 벌 받고 있는 모습을 더 자주 봤던 아이. 조회, 종례시간이면 선생의 말을 끊어놓으려고 일부러 그러는 듯 중얼중얼 툴툴거리던 아이. 어찌 보면 예쁘장하게 생긴 것 같았지만, 매서운 눈빛–그때는 그렇게 보였습니다–에 책상 밑으로 깊숙이 두 다리를 쭉 뻗고 누운 듯 앉아 있던 모습 자체에 부아가 치밀던 아이였습니다. 바로 앉으라고 고함을 쳐도 나무늘보 흉내 내듯 몇 센티미터 움직일까 말까 하는 정도로 화를 돋우는 데 탁월한 능력을 갖춘 것처럼 보였지요. 매도, 협박도, 회유도 도무지 통하지 않았습니다. 아침마다 늦게 나타나 얼른 매를 때려달라는 듯 당당했습니다. 처음으로 도저히 이기지 못하겠다라는 생각이 들었습니다. 지금 고백하건대, 어떤 아이가 보기 싫어서 방학이 빨리 왔으면 좋겠다 싶은 생각을 그때 처음 했던 것 같습니다. 단순히 그 아이의 얼굴을 마주치고 싶지 않다는 이유에서 말입니다.

선생나이 열네 살의 후반전이 시작되다

그러다 드디어 저의 선생나이를 전후반 앞뒤로 가르는 계기가 된 여름방학이 시작되었습니다. 선생나이 열네 살의 축구 한판이 전반전과 후반전으로 갈리는 방학이 시작되었던 것입니다. 물론 그때는 선생 체질이 바뀌리란 생각을 전혀 하지 못했지만 말입니다. 그 아이의 얼굴을 당분간 보지 않아도 된다는 것에 안도했던 것 같습니다. 하지만 마음 한구석에는 그 아이를 이겨내지 못한 것에 대한 분노가 있었습니다. 내 마음대로 되지 않는 일에 대한 화가 큰 돌덩어리가 되어 걸려 있었습니다. 어느 날 저녁에 멍하니 소파에 걸터앉아 뉴스를 보고 있는데, 갑자기 '개학하고 나서는 그 녀석을 어떻게 대하지' 라는 생각이 불쑥 튀어나올 정도였습니다.

그러는 동안 열흘 일정의 여름방학 보충수업이 이틀 지나가고 있었습니다. 그건 분명 불안이었고, 초조함이었습니다. '열여섯 살 여자아이 하나 이기지 못했다' 는 분한 마음이었습니다. 그런데 지금 돌이켜보면 '그래도 막무가내 선생은 되지 말아야 한다', '아이가 스스로 자신을 돌아볼 수 있도록 해야 한다' 는 욕심도 그 마음속에

뒤섞여 있었던 것 같습니다. 그렇게 정리되지 않은 생각을 하는 사이 제 몸은 어느새 컴퓨터 앞에 앉아 이것저것 클릭을 하고 있었습니다. 그러다 갑자기 눈에 확 들어오던 문장 하나. '아이들의 마음을 사로잡는…….' 어느 사이트에서 발견한 교사 대상 상담연수 프로그램이었습니다. 마치 답답한 제 마음을 들여다보는 듯한 제목이었습니다. 그랬습니다. 지금은 더욱 그렇지만, 그때 제가 가장 하고 싶었던 것은 그 아이의 마음을 사로잡는 것이었습니다. 제 편으로 만들고 싶었던 것입니다.

선생나이 열네 살의 축구 한판 후반전이 시작되는 계기가 되었던 그 연수를 떠올리다 보니, 작가 고미숙 씨의 『나비와 전사』에 등장하는 글귀가 생각납니다.

> 생의 길섶에는 무수한 우연들이 숨겨져 있는 법……. 마음이 통하면 천 리도 지척이라고, 보이지 않는 인연의 선들이 작동하기 시작하면 아무리 광대한 시공간도 단숨에 주파할 수 있다는 것.

지금껏 나의 삶을 이렇게 절묘하게 표현한 구절은 없었다는 생각이 들 정도로 늘 제 가슴에 내려앉아 있는 말입니다. 이 글에서 제 마음을 붙잡고 있는 한 단어는 바로 '우연'입니다. 소파에 걸터앉아 멍하니 9시 뉴스를 쳐다보다, 떠오르는 상념에 마법에 걸린 듯 옮겨 앉은 컴퓨터. 화면 가득 무수히 많은 텍스트와 이미지 속에서 내 눈을, 마음을 빨아들이는 듯 선명했던 한 줄의 문장. 이 모든 것이 우연이었습니다.

그러고 보면 사실, 매 순간을 열심히 살면서 계획을 세우고 실천하려 노력합니다. 그러나 지나간 후 뒤돌아보면 고미숙 씨의 표현처럼 생의 결정적인 클리나멘clinamen : 변곡선은 우연하게 만나게 되는 경우가 훨씬 더 많습니다. 하기야 제대로 계획하고 그대로 진행되는 인생은 쉽지도, 그리 유쾌하지만도 않습니다. 언제 뭘 하고, 그 다음에 뭘 하고, 몇 살까지 뭘 해야지, 하는 나름대로 계획을 세워도, 생의 길섶에서 툭툭 튀어나오는 우연으로 인해 어디로 튈지 모르는 게 인생입니다. 마치 떠들썩하게 유명한 맛집보다 길 가다 들른 허름한 시골집에서 최고의 맛을 만날 수 있는 것처럼 말입니다. 탈벤 샤하르Tal Ben-Shahar의 이야기처럼 우리의 인생은 확실히 우연성이 절반은 차지하는 듯합니다. 문제의 핵심은 우연히 툭툭 튀어나오는 그때 얼마나 배고팠고 절실했느냐, 얼마나 맛있게 잘 먹을 수 있는 상태인가에 따라 우연 속에 숨어 있는 위기를 '위험한 기회'로 반전시킬 수 있는가입니다.

신청을 하고 나서 마음은 벌써 그곳에 가 있었습니다. 적지 않은 연수를 들었지만, 도대체 아이들의 마음을 사로잡으려면 어떻게 하라고 할지 궁금했습니다. 그 방법을 얼른 알아내어, 그 아이를 하루 빨리 이기고 싶은 조급함에 잠이 오질 않았습니다. 짧은 잠을 자고 난 다음 날 오전, 보충수업이 끝나자마자 파란 와이셔츠가 땀에 흠뻑 젖을 정도로 부리나케 지하철을 타고 종로의 배재학당으로 달려갔습니다. 그때 그곳으로 달리던 지하철을 지금도 가끔 탑니다. 아니 그 이전에도 탔겠지요. 지하철은 원래 그렇게 달리고 있었을 테니까요. 그런데 같은 시간 같은 곳을 지나가도, 그때의 설레던 마음이 매번 솟아오릅니다. 지하철 의자에 걸터앉아 자연스레 씨익 하고 미소를 머금게 됩니다. 그 지하철에 그 시간에 내가 몸을 싣고 있었다는 사실에 지금도 감사합니다. 그땐 그저 그 아이 하나 제 편으로 만들어서 그저 죽은 듯이 시키는 대로 따라 하게 할 욕심만으로 달려갔지만 말입니다. 지나고 나서 보니 그건 분명 절박함이었고, 변화를 위한 몸부림이었습니다. 연수 내용 자체 때문이 아니라, 그렇게 움직이고 있는 저 자신의 모습을 본 것이 처음이었기 때문이기도 했습니다. 지금 이 이야기를 하고 있는 저를 있게 만든 최초의 움직임이었지요.

사족 하나 덧붙이자면, 지금의 제가 뭔가를 대단하게 이루었거나 인격적으로 훌륭한 인간, 하루하루 행복에만 겨워 사는 성인군자 같은 선생은 물론 아닙니다. 아무도 모르는, 저만 아는 내면의 변화가 일어나게 된 우연한 계기에 대해 말하고 싶을 뿐입니다. 나중에도 기회가 있을 텐데, 교사라면 누구나 한번쯤은 듣게 되는 연수 자체에 대한 이야기가 아닙니다. 뭐 특별한 연수가 있을까요. 그저, 그 연수를 듣는 마음의 절박함의 차이가 있을 뿐이지요. 그리고 내 것으로 만들어보려고 아등바등 실천하려는 의지가 더욱 중요할 뿐입니다. '10년' 이건, '1만 시간' 이건 모두 얼마나 애써서 꾸준히 실천하는 습관을 가졌는가의 문제일 것입니다.

옳다고 생각하면 무조건 따라 해보자

엄청나게 더웠던 여름 한낮. 건너뛴 점심에도 시장기를 잊은 채 지하철을 내려 약도를 들고 헤매기를 몇 십 분 만에 연수 장소에 도착했습니다. 이미 전날부터 시작된 닷새짜리 연수였던 것으로 기억됩니다. 열세 명의 교사들이 연수를 듣고 있었는데, 모두 여교사였습니다. 강의를 진행하는 교사만 빼고. 이미 서로 어느 정도 가까워진 듯한 열세 명의 여교사들과 멀찍이 떨어져 강의실 맨 뒤쪽에 자리를 잡았습니다. 강사 선생님을 뚫어지게 쳐다보면서 팔짱을 끼고 앉아 있었습니다.

'그래, 어디 한번 이야기해봐. 그래, 뭘 어떻게 하란 말이야.'

이렇듯 약간은 뒤틀린 마음이었습니다. 나중에 사석에서 들었지만, 강사 선생님이 강의를 진행하기가 어려울 정도로 제 모습이 불편했다고 합니다. 그게 무슨 의미인지를 요즘 강의를 나가면서 제대로 느끼고 있습니다.

연수는 아이들과의 상담방법에 대한 내용으로 주로 화법에 대한 이야기였습니다. 교실에서 상황에 따라 교사가 어떻게 이야기를 풀어나갈지가 중심이었습니다. 요즘은 실습 위주의 연수가 많아졌지만 그때까지만 해도 대부분 이론적인 연수였습니다. 그런 면에서 우연히 찾아간 그 시간에 저는 처음으로 파트너와 역할을 나누어 연습을 해볼 수 있었습니다. 처음 만나는 사람들과 눈을 쳐다보면서 자기 속을 끄집어내 보여주어야 하는데다가 남자 혼자라서 민망

하기가 이를 데 없었지요. 사실, 가만히 앉아서 괜히 심각한 척 열심히 쓰고, 혼자 고개 끄덕이는 연수는 많이 들어봤지만, 마주 앉아 앞사람의 느낌까지 공유하는 연수는 그때가 처음이었습니다.

시간이 지나갈수록 모두 제 이야기인 것만 같았습니다. 교사들이 발표하는 아이들 사례도, 그때 대응했던 교사의 태도도 제가 했던 방식이었습니다. 연수 마지막 날, 파트너와 함께 교사와 아이들의 역할을 나누어 상담 실습을 하는 대목에서 자꾸만 떨어지려는 눈물을 삼키느라 힘들었습니다. 그때 연신 마른침을 삼키던 기억이 지금도 떠오릅니다. 얼른 방학이 오기를 바랐던 이유인 그 여학생이 자꾸 떠올랐습니다. 그 아이에게 했던 저의 말과 행동이 테이프 되감듯이 살아났습니다.

옳다고 생각하면 연수가 끝난 뒤 바로 실천해야 합니다. 오래 잡아도 6개월 이내에 실천하지 않으면 지금껏 그랬던 것처럼 그것 역시 자기 것이 되지 않습니다.

연수 마지막 날, 마지막 시간에 강사 선생님이 하신 말씀은 그 어떤 성인聖人의 가르침보다도, 동서고금의 황금률보다도 더 크게 가슴에 스며들었습니다. 수많은 연수를 들었어도 그런 말을 들은 기억이 나지 않을 정도로, 나의 온몸을 뒤흔드는 말이었습니다. 6개월 내에 실천. 지금 와서 생각해봐도 제 자신이 신기합니다. 별반 다르지 않은 것 같은 연수였는데, 왜 하필 그때, 그 말이 제 것이 되었을까 하고 말입니다. 그러면서 '아, 그때가 제대로 내가 배가 고팠던 때였구나.' 하고 자문자답을 하곤 합니다.

지금에 와서 저의 강점이 된 것 중 하나. '옳다고 생각하면 무조건 따라 해보기.' 선생나이 열네 살의 후반전을 온통 지배하고 있는 이 단 하나의 강점이 그때 이후에 생겨났습니다. 아주 '우연'하게도 교사로서의 체질 변화가 시작된 것이었습니다. "남의 것을 내 것인 양 포장하는 것은 비난받아 마땅하지만, 남의 것들을 오랫동안 품고 있다 자기만의 것으로 내뿜어 내는 것은 칭찬받을 만하다"라고 한 소설가 이권우 씨의 말이 이런 저의 체질 변화에 더 큰 힘을 실어주는 것 같아 스스로를 칭찬하게 됩니다.

진짜 제대로 된 선생님이 되어보고 싶단다, 부탁한다!

어느덧 여름방학이 끝나고 더위가 한창일 때 개학을 했습니다. 그해 8월 23일. 개학 며칠 전부터 잠시 멈춰 있던 고민이 스멀스멀 피어오르기 시작했습니다. '아, 그 아이!' 하면서 저 혼자서 어떻게 할지를 고민하느라 아파트 베란다를 서성이면서 담배만 연이어 물어댔습니다.

저는 아침이면 아이들보다 늘 5분 일찍 교실에 들어갔습니다. 이유는 단 하나. 지각생을 단속하려고 말입니다. 아침마다 판문점 근무를 섰습니다. 교실 앞문에 다리를 벌리고 서서 교실 안과 복도를 번갈아 바라보며 있었습니다. 그러다 정각 8시가 되면 교실 뒷문을 걸어 잠갔습니다. 그리고 그 이후에 오는 아이들은 오는 순서대로 저한테 가까운 위치에서부터 '엎드려뻗쳐'를 시켰지요. 개학날 아침도 어김없이 7시 55분에 들어갔습니다. 그러나 그날은 목적이 달랐습니다. 아니, 그날부터 그렇게 달라지자고 스스로 다짐하고 있었습니다. 아침 인사. 아이들에게 아침 인사를 하기로 결심했던 것입니다. 개학 며칠 전부터 그렇게 결심하고 보니, 교직생활 6~7년 동안 한 번도 반 아이들에게 인사를 한 적이 없었구나 하는 생각이 들었습니다. 물론 그 전에는 그 사실 자체를 인식조차 못했었지요.

복도 끝 계단 옆에 있던 우리 반 교실. 계단을 오르면서부터 그간의 안부를 전하고 묻는 열여섯 아이들의 에너지 넘치는 목소리가 나를 마중하듯 복도 한가득 달려 나왔습니다. 그 소리를 들으면서 계단 하나하나 밟고 오르는 내내 '아, 아이들에게 어떻게 아침 인사를 하지?'라는 생각뿐이었습니다. 사실 강제적인 '차렷, 경례' 말고 아침에 인사를 나눠보지 않았으니 당연히 아이들도 조회나 수업에 들어가면 그냥 힐끔거릴 뿐이었습니다. 저 역시 아이들 시선 사이사이로 빈자리의 주인을 찾았었고, 머리와 복장을 지적했었습니다. 몇 개 되지 않았던 계단 위로 발을 옮기면서 마치 중요한 면접장에 들어가는 마음처럼, 양가 상견례 날처럼 속이 울렁거리는 느낌이 들었습니다. 그리고 마침내 계단을 막 돌아서 앞문으로 몸을 들이미는 순간, 계단 저 밑에까지 달려 나왔던 아이들의 목소리로 가득했던 교실은 얼음장처럼 한순간에 정적의 공간으로 변했습니다. 그리고 한 달여 만에 만나는 수십 개의 눈동자들은 늘 그랬듯이 저에게 오래 머물지 않았습니다. 아무도 아는 척하지 않았습니다. 어느 누구도 먼저 인사를 하지 않았습니다. 그러는 동안 그만 저도 인사를 하지 못했습니다. 몇 분간의 정적이 흘렀습니다.

그렇게 몇 분이 흐르고 있을 때 물걸레질을 해놓은 복도 위로 하얀 발목양말로 까치발을 한 채 종종거리며 앞문을 지나치던 그 아이가 눈에 들어왔습니다. 멈칫, 서로 아침부터 못 볼 것 본 듯한 시선이 오간 순간, 아이는 자연스럽게 복도 바닥에 엎드렸습니다. 늘 그랬듯이. 칠판 옆 운동장 창가 쪽에 서 있던 저는 천천히 앞문으로 걸어갔습니다. 제 움직임을 수십 개의 눈동자가 따라오고 있었습니다. 저는 조용히 말했습니다.

"이제부터는 지각해도 복도에 엎드리지 마. 늦지도 말고."

첫 시간은 개학식이었습니다. 개학식이 끝나고 이십여 분의 시간이 남았었습니다. 지금 돌아보면 그때가 짧은 저의 교직생활에서 아내를 만난 일 다음으로 가장 잘한 시간이었습니다. 개학식이 방송되던 교실 한켠의 대형 텔레비전에서 '치지직' 거리는 잡음 소리가 교실의 정적을 깨고 있었습니다. 텔레비전 화면을 끄고 돌아서자 아침부터 눈치만 보고 있던 아이들은 여전히 힐끔거리고 있었습니다. 다음 명령을 기다리는 병사들처럼 말입니다.

헛기침을 몇 번 하고 나서, 아이들에게 방학 내내 고민하던, 개학이 가까워지면서 더 크게 고민했던 이야기를 꺼냈습니다.

"애, 얘들아? 방학, 음 자, 잘들 보냈니? 선생님이 할 말이 있는데 말이야. 잘 들, 들어줬으면 좋겠다. 저……."

아이들은 눈짓으로 이상하다는 신호를 주고받는 듯했습니다. 그도 그럴 것이, '얘들아?' 라는 표현보다는 '야?', '거기?', '어이?' 등에 익숙해져 있던 터라, 서로 어색하기 그지없었습니다. 그 여학생 역시 여전히 엉덩이를 의자 끝에 걸친 자세로 '뭐야, 저거 왜 저러지?' 하는 표정으로 입꼬리를 씰룩거렸습니다. 못 본 척하면서 말을 이어나갔습니다.

"사실, 말을 시작하기가 어렵지만, 그런데 오늘 꼭 해야 할 것 같아 방학 내내 다짐을 했어. 하지만 무슨 말인지 헷갈릴지도 모르겠다. 꼭 잘 들어주길 바란다."

아이들은 저마다 솔깃하는 표정으로 다음 말을 기다리는 듯했습니다. 슬쩍 책상 밑에서 시선을 들어 올리는 그 아이와 시선을 피하지 않고 처음으로 한참 동안 마주 봤습니다. 서로가 감정 없는 호기심 어린 시선으로. 사실은 불과 몇 초에 지나지 않았을 테지만요.

선생님이 오늘부터 좀 바뀌려고 결심했다. 무슨 말인가 하면, 진짜 제대로 된 선생님이 되어보고 싶단 뜻이야. 아직 나도 잘 모르겠지만, 그냥 한번 변해보려고. 너희들이 많이 도와줘라. 부탁한다.

부탁한다! 교직에 들어오고 나서 아이들에게 처음 하는 말이었습니다. 언제나 아이들에게 '하라' 고 명령하는 데 익숙했었습니다.

'하자' 라고 동의를 구하는 말을 한 번도 한 적이 없었습니다. 그런데 제가 아이들에게 부탁을 했던 것입니다. 말을 하면서도 무엇을 어떻게 변하려고 하는지 계획도 없이. 그냥 무작정 변하고 싶었습니다. 교실 속 작은 왕국에서 늘 혼자만의 씁쓸한 승리를 멈추고 싶었습니다. 아이들과 이러쿵저러쿵 자잘한 이야기를 나누고 싶었습니다. 서로 마음을 나누고 싶었습니다.

그날 이후, 아침마다 아이들에게 인사를 하기 시작했습니다. 더 이상 판문점 근무를 서지 않았습니다. 칠판 앞과 교탁 사이를 서성이며 어떤 아이에게는 눈인사를 했습니다. 어떤 아이에게는 소리 내어 인사했습니다. 그리고 어떤 아이 옆을 지나쳐 갔습니다. 배에 힘이 들어가지 않았고, 목소리는 가늘게 떨리는 것 같기도 했지요. 적어도 개학 다음 날은 목덜미에 식은땀이 흐르는 듯했습니다. 간단한 인사 한마디 건네는 것도 쉽지 않았습니다. 한참 동안은 마치 제가 카운터 앞에서 기계적인 미소를 반복하는 사람처럼 느껴지기도 했습니다. 멀뚱한 아이들을 바라보면서, 서로 섞이지 않는 형식적인 인사를 건네면서. 반갑게 맞받아쳐 주는 아이들도 생겨났지만, 대부분의 아이들은 멋쩍은 웃음으로, 때로는 조소하는 표정으로 넘어가기 일쑤였습니다. 그러는 사이 아이들이 원래 하지 않던 행동들을 하기 시작했습니다. 수업시간에 떠들어서 지적을 받고, 아침에 늦는 아이들이 많아졌습니다. 저녁에 자율학습을 임의로 빠지는 아이들이 생겨났습니다.

그해 그 아이와의 2학기는 그냥 그렇게 끝나버렸습니다. 아니 포기하듯 마무리해버렸다고 이제는 말할까 봅니다. 아무런 정리도, 새로운 도전도 없이. 그래서 그해 아이들은 저에게 반쪽짜리 반으로 남아 있습니다. 아니, 버벅거리는 도전 때문에 오로지 실험의 대상으로만 끝내버린 듯합니다. 아이들은 주변에서 우려할 정도로 망가져가는 듯했습니다. 아니, 원래의 투박한 언행들이 드러난 것이라고 보아야 더 맞았을까요. 학년이 끝나갈수록 빨리 한 해를 정리하고 싶은 마음이 더 급했던 것 같습니다. 찬바람이 불기 시작하는 순간부터 얼른 이 시간들이 지나가서 새로운 아이들을 만나 진짜 제대로 한번 잘해보리라 하는 결심을 반복하고 있었습니다.

해가 바뀐 2월. 종업식, 졸업식 등으로 사나흘 학교에 나오고 나면 아이들은 2학년이 되는 것이었습니다. 저는 너무 미안하게도 아이들에게 어정쩡한, 중간에 혼자 이상해져버린, 우유부단한 담임이었을 테지만, 속으로는 이 아이들과 헤어진다는 것에 오히려 안도했습니다. 종업식을 끝으로 드디어 아이들을 돌려보내고 교무실로 내려왔습니다. 책상 밑으로 두 다리를 쭈욱 뻗어 의자 뒤로 몸을 힘껏 젖히다 책상 위 분필통에 올려져 있는 작은 딱지 모양의 검은색 종이가 눈에 들어왔습니다. 접힌 부분을 조심스럽게 펼쳐보니 하얀색 수정액으로 쓴 편지였습니다. 편지를 쓴 아이의 이름은 없었습니다. 그러나 몇 줄 읽지 않아 누군지 알 수 있었습니다.

스카이 쌤. 뭐, 좀 이런 편지 첨 쓰네염. 그런데…… 힘드셨쪄? 저 때무네^^. 사실, 저도 잘한 거 하나두 없지만 힘들었어염ㅠㅠ. 쌤은, 너무

무서워여. 그냥 그래요. 그런데 2학기에는 좋았어여. 뭐, 우리 반이 더 망가지고, 저두 더 그런 것 같지만여. 그런데여, 2학기 때 같은 쌤 모습이 더 좋았어여. 한 번도 인사를 진심으로 못했지만, 아침 인사도 좋았구여, 수업에서 해주셨던 재미난 이야기도 좋았구여. 가끔 쌤도 웃는구나 생각했던 것 같아여. 앞으로도 저 같은 애 만나면 1학기 때 말고, 2학기 때처럼 해주실 수 있으실지...... 기대하지만, 사실 군인 같은 무표정이 다시 될 것 같기도 하고.......

매년 짐정리를 하는 동안 지금은 사라지고 없는 편지지만, 대략 이런 내용이었습니다. 그 아이의 편지를 잊지 못하는 이유는 '군인 같은 무표정'이란 표현 때문입니다. 제가 열정과 사랑이라고 믿고 있던 게 아이들에게는 '군인 같은 무표정'이었음을 그때서야 알았던 것입니다. 아침마다 들여다보는 얼굴이었는데 말입니다. 그 이후 학교에서 가끔 지나가다 마주치면, 먼저 배시시 웃으면서 인사를 하곤 하던 그 아이. 이십대 중반이 넘었을 아이가 이제야 진심으로 보고 싶어집니다.

그 후에도 몇몇 아이들이 기억납니다. 그중에서 특히 입학식 날 노랑머리를 하고 나타난 후 사십 일 가까이 학교를 나오지 않았던 남학생이 있었습니다. 딱 하루 본 아이에게, 한 달 넘도록 아침저녁으로 답이 없는 메시지를 보냈었습니다. 중간고사를 며칠 앞두었던 어느 날, 모임에서 사람들을 만나 그 아이 이야기를 안주 삼아 소주 한잔하고 돌아오던 지하철. 그날도 이런저런 문자를 보냈습니다.

지금, 술 한잔하고 집에 가는 중이다. 요즘 밥은 잘 먹고 사니, 내가 자꾸 문자 보내니까 싫을지도 모르겠네, 너는 뭘 좋아하니?

이렇게 말해놓고 보니 거의 스토커 수준인 것 같습니다. 그런데 거의 한 달 만에 처음으로 답 문자가 왔습니다. 밤 11시가 넘어 덜컹거리던 지하철 출입구에 기대어 서 있을 때 그 노랑머리 아이한테서 말입니다.

저, 농구 좋아해요. 학교 나가면 농구 한판 하실래요?

한 달 넘게 학교를 빠진 녀석의 대답치고는 너무 평온하였지만 무척이나 고마웠습니다. 그리고 이틀 뒤, 그 아이가 학교에 나왔습니다. 노랑색이 약간 빠진 머리를 한 채. 하지만 오랜만에 나온 아이를 기다리는 건 담임과의 농구 한판이 아니라 학생부의 징계였습니다. 학교 규칙이 그랬었으니까요. 그 이후 지각과 결석을 반복하던 그 아이 때문에 처음으로 가정방문을 가보고, 문전박대를 당했습니다. 그 아이가 수업시간에 교사에게 대들어 선도위원회까지 열렸습니다. 권고전학 결정에 다시 한 번의 기회를 부탁드리며 후배 교사에게 무릎을 꿇다시피 사과하기도 했습니다. 그 아이를 통해 전반전 때는 하지 못했던 고민을 하게 되었습니다. 어디까지 아이를 도와주고, 보살펴줄 수 있는지 한계에 대해서 말입니다.

마지막 이야기 하나 더해보겠습니다. 여전히 우리 반 아이들이 내 것이나 되는 양 욕심을 버리지 못하고 있던 어느 해. 학교에서 실시할 영어단어 경시대회를 앞두고 학급 자체 단어시험을 일방적으로 진행했었습니다. 내일부터, 어떤 책에서, 몇 개 내니 공부하라는 식으로 말입니다. 이틀 건너 한 번, 50개의 단어를 시험 봤고, 25개 아래로는 무조건 야자시간에 남는다는 약속을 했습니다. 아니, 그렇게 하라고 지시했습니다. 어차피 공부는 억지로 하는 거니, 그렇게 해서라도 시켜야 한다는 생각에는 변함이 없었으니까요. 그런데 교실에서의 일방적인 약속이 늘 그렇듯이 불필요한 또 다른 문제를 만들어냈습니다. 기준에 미달해 남아야 할 아이들의 자유로운 도주가 시작된 것입니다. 전반전 같으면 '때려서라도~' 방법이 있었겠습니다만 아이들을 어르고 달래는 과정이 반복되었습니다.

그러던 어느 날 점심시간. 부반장 아이가 건의할 게 있다면서 교무실로 찾아왔습니다. 이야기의 핵심은 이랬습니다. 영어단어 쪽지시험의 통과 기준을 아이들이 직접 적어내면 어떻겠느냐고. 사실, 그 이야기를 들을 때 속으로 '야~ 잔머리는…….' 하는 생각이 먼저 올라왔지만 생각해보겠다면서 교실로 보냈습니다. 그런데 아이를 보내놓고 '아, 이거 방법일 수 있겠다' 싶었습니다. 그날 종례시간에 부반장의 의견이라고 밝히지 않은 채 아이들의 의사를 넌지시 물어봤습니다.

"애들아? 우리 단어 쪽지시험 말이야. 뭐, 아직 결정된 건 아니다. 선생님이 생각해보니까, 이렇게 하면 어떨까?"

아직 결정되지 않았다는 점을 강조하면서, 마치 제 생각인 듯 스스로 통과 개수를 써내는 방법을 꺼냈습니다. 아이들의 반응은 거의 폭발적이었습니다. 여기저기서 "1개부터 해요", "시험 보지 말아요." 하면서 웅성거리는 사이, 최저 기준을 9개로 한다, 통과한 사람은 다음 쪽지시험에서는 기준을 무조건 2개씩 올리기로 한다는 규칙을 슬쩍 밀어 넣으면서 각자 써내는 것으로 결론을 내렸습니다. 그런 결론이 나오는 과정을 지켜보던 부반장은 저를 향해 씨익 하고 웃었습니다. 그런데 작은 기적은 다음 시험에서부터 나타났습니다. 조회 대신 쪽지시험을 보는 날 아침. 글쎄 대부분의 아이들이 단어를 외우느라 시끌시끌했습니다. 알파벳의 A도 모른다며 엎드려 있기 일쑤였던 아이들마저도 9개의 단어를 붙들고 중얼거렸습니다. 물론 자기 기준을 통과 못해 남아야 하는 아이들은 물론, 자유롭게 도주하는 아이들도 더 많이 줄었지요.

누군가에게는 아무것도 아닐 수 있는 지금까지의 이야기들이 지금의 저를 만들어왔습니다. 분명 오랜 시간 동안 공부를 하고, 아이들을 대하기 시작한 저에게 어느 누구도 가르쳐주지 않았던, 아이들만의 가르침이었습니다.

짧은 선생나이 열네 살이 그랬듯이, 교실에서 담임으로서 덜 행복하다는 생각이 들었습니다. 수업은 다들 그렇고 그렇게 하는 것이고, 갈수록 제멋대로인 아이들을 두고 어떻게 하면 나를 따르게 할까에 온 신경을 썼습니다. 그러다 열정만 넘치는 교사는 행복하지 않다는 것을 몸소 느끼게 되었습니다. 매우 바쁘게 살아가지만, 양심적으로 열심히 애쓰지만 아이들과 진정으로 만나지 못하고 있는 저를 발견하게 되었습니다. 성공적이었다고 스스로 그리고 주변에서 치켜세우지만 그것 자체가 정답이 될 수 없음을 알게 되었습니다. 아니, 아무것도 모르고 '무대뽀' 로 덤벼들었을 때보다 '어설픈 고민' 이 조금 더 생긴 지금이 오히려 더 불편하고 힘들다고 생각될 정도였습니다.

혼자 하지 말고 함께합시다

어느 순간, 하루하루 지쳐가는 이유가 표면적으로 드러나는 담임 업무보다 오히려 삼한三韓 시대의 '소도蘇塗' 처럼 교사 간에 치외법권같이 여겨지고 있는 수업에 있음을, 수업을 동료들과 나누고, 수업시간에 나부터 신이 나고 행복해져야 함을 깨달았습니다. 글을 쓰는 것은 고사하고 읽는 것조차 가까이하지 못했던 제가 이 책을 쓰기 시작한 이유가 바로 여기에서 시작되었습니다. 저와 같이 지극히 평범한 대한민국의 열정 넘치는 교사들과 더불어 변할 수 있다는 것을, 함께 변하자는 말씀을 나누고 싶었습니다. 구체적으로, 지리교사로서 지리에 관한 지식 말고 아이들에게 무엇을 더 가르쳐 줄 수 있을까에 대한 고민을 나누고 싶었습니다. 자기만의 교과성城

에 너무 오래 갇혀 있다 수술 못하는 외과의사, 비만인 가정의학과 전문의, 이혼한 결혼 상담 전문가, 미혼의 육아 전문가가 될지도 모른다는 두려움을 인식하고 함께 힘을 모아서 벗어나보자고 호소하고 싶었습니다. 지리교사이기 이전에 한 사람의 교사로서 지리를 통해 아이들을 만나야 함을 다짐하고 싶었습니다. 그리고 이러한 고민을 나누고 공유하면서 대한민국 교실에서 진짜 수업을 살려내기 위해 동료 교사와 아이들 그리고 부모가 함께할 수 있는 실천 가능한 방안에 대해 이야기를 나누고 싶었습니다.

대한민국의 평범한 많은 교사들에게 부탁드리고 싶습니다. 어렵지만 힘들지만 내려놓지 말고, 혼자 하지 말고, 수업 행복을 위해 동료들과 함께하자고 말입니다. 그러기 위해 다른 이들에 의해 인위적으로 나뉜 철저한 분과分科주의에서 내려와, 읽고 생각하고 쓰는 즐거움, 토론하고 논의하는 문화, 더불어 사는 삶을 교무실에서 실천해볼 수 있는 학교를 만드는 데 함께했으면 좋겠습니다. '이도' 같은 리더, '무휼' 같은 동료를 기다리지만 말고 말입니다.

소설가 마르셀 프루스트Marcel Proust는 "책을 쓰는 것은 어떤 책을 읽었는지에 대한 기억으로 쓰는 것이다"라고 했습니다. 이 책이 바로 그렇습니다. 학습연구년이라는 소중한 기회를 계기로 다양한 책 속에서 만난 생각들이 저의 마음을 흔들었고, 그 와중에 제 주변에 떨어진 것들을 모아서 좋은 기억을 더듬어봤습니다. 그러다 보니 이 책은 지금 막 첫 항해를 마치고 정박해 있는 항구에서 바라본 경관일 뿐입니다. 그래서 어쩌면 모든 사람들 눈에 제가 바라본 대로 보이지 않을지도 모릅니다. 그저 좀 더 익숙해지면 앞으로 다른 항구를 찾아 더 많은 항해를 하고 싶습니다. 그러면 또 다른 경관을 보고 감탄하고, 기뻐한 것들을 나눌 수 있겠지요. 저의 항해에서 부족한 부분을 널리 이해해주시길 바랍니다.

부족한 생애 첫 글을 쓰느라 초록이 물들던 시간부터 매서운 바람이 몰아치는 지금까지 새벽잠을 설치게 했던 아내에게 가장 큰 고마움을 표현합니다. 저보다 더 교실 아이들에 대한 사랑 가득한 동료이자 두 아이의 엄마인 그녀가 아니었다면 부족한 글조차 마무리하지 못했을 게 분명합니다. 그리고 오랫동안 노트북 앞에 앉아 있는 모습만 보여준 것 같아 미안한, 의젓한 찬빈이와 예쁜 초하에게도 나의 살갗보다 더 사랑한다는 것을 앞으로도 계속 보여주면서 살아가리라고 약속합니다.

마지막으로 부족한 글을 끝까지 읽어주면서 소중한 조언을 해주신 의정부광동고 김미효, 조경은, 이정우 선생님 그리고 이 책을 시작할 수 있는 자신감과 평생 잊지 못할 소중한 만남을 주신 서울대 류재명 교수님, 부족한 원고가 책이 되어 나오는 데까지 많은 격려와 지지를 보여주신 살림터 정광일 사장님께 진심 어린 감사를 드립니다.

2012년 새봄에

대한민국 지리교사 윤성관

목차

수업행복 1

지금 우리는 어떤 수업을 하고 있나?

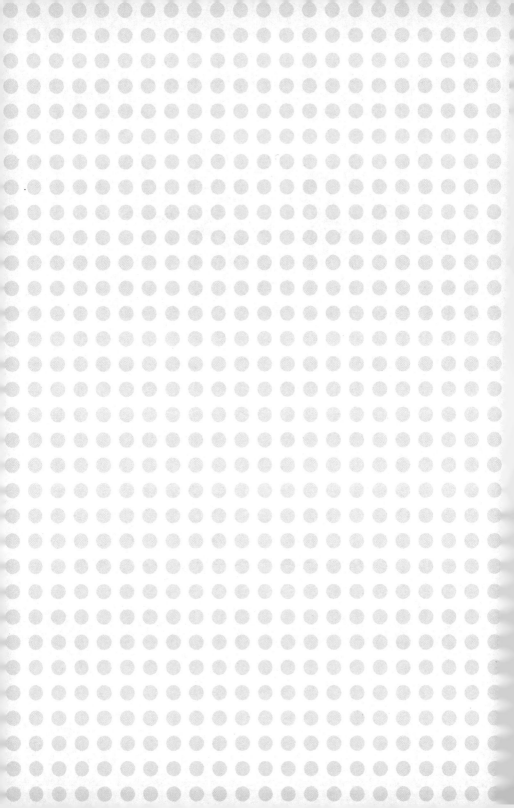

수업 없는 학교 일상

최근 5년 동안 강의시간에 만나본 교사들은 이구동성으로 자신부터 수업이 재미없다고 하소연을 했습니다. 가끔은 '내가 전공을 잘못 선택했었나?' 하는 생각까지 했었다고들 합니다. 그런데 딱히 경력이 몇 년이건, 무슨 교과 담당이건 별 상관없이 나타나는 반응이기에 문제가 간단치 않았습니다. 왜 많은 교사들이 수업시간에 기운이 나지 않을까요? 그 해답을 찾아 학교의 일상으로 들어가 보려 합니다.

참, 그 전에 먹는 이야기부터 하나 하지요. 개인적인 식습관, 건강상태 등에 따라 아침식사를 일부러 거르는 경우도 있을 것입니다. 또 관점에 따라 아침식사를 하는 게 좋다, 아니다라고 생각할 수도 있겠네요. 그런데 일반적으로 아침식사는 밤새도록 비어 있던 공복상태를 회복시켜 두뇌와 내장의 활동을 촉진하는 것으로 알려져 있습니다. 두뇌활동에 반드시 필요한 포도당을 공급하고, 점심 식사부터 과식을 하게 되는 악순환을 막아 비만 및 장 건강에 큰 도움이 된다고 합니다.[1] 그런데 얼마 전 질병관리 본부가 발표한 국민건강 영양조사를 보면 응답자의 약 22퍼센트가 아침식사를 거르는 것으로 나타났습니다. 아침을 안 먹는 결식률이 6~11세는 11.4퍼센트, 10대는 30.2퍼센트, 20대는 42.5퍼센트, 30~40대는 22.7퍼센트였답니다. 즉, 두뇌활동이 왕성한 청소년과 20~40대가 아침을 안 먹는 경우가 많다는 것이 문제입니다. 저의 설문 결과도 비슷하였습니다.

"나는 5일을 기준으로 아침식사를 ____일 정도 먹고 출근한다."

이 질문에 답한 444명(남교사 144명, 여교사 300명)의 교사들은 평균 2.8일 정도 아침식사를 하고 출근한다고 대답한 반면, 일주일에 3일 이상 아침을 거르고 출근하는 교사들은 38퍼센트에 달했습니다. 아침을 전혀 먹지 않은 공복상태로 출근하는 교사들도 15퍼센트(남교사 16퍼센트, 여교사 14.7퍼센트)로 나타났습니다. 아이들은 물론 그보다 훨씬 더 많은 교사들이 배고픈 상태로 교실로 들어서고 있는 것입니다.

수업행복 과제 1_아침을 먹자

피곤하고 힘들어도 아침식사를 해야 한다. 어떤 형태로 무엇을 먹든, 꼭 먹어야 한다. 그래야 아이들과 유쾌하게 싸울 수 있는 에너지가 솟아나고, 폭식을 막아 더부룩한 오후를 보내지 않을 수 있다. 빈속이어도 더부룩해도 모두 예민해진다.

학교의 하루 일과는 보통 오전 8시를 전후해서 시작됩니다. 그리고 수업은 초·중학교는 9시, 고등학교는 8시 30분을 전후해서 시작되지요. 요일에 따라 다르지만 보통 교사들은 오전에 2~3시간 수업을 하느라 계단을 오르락내리락합니다. 그리고 공강空講 시간에는 학급업무, 행정업무를 봐야 합니다. 지각한 아이를 훈계해야 하고, 아직도 등교하지 않은 아이의 가정에 전화를 합니다. 한두 번만에 통화가 되고 다짐을 받는 경우는 그나마 다행입니다. 연락이 안 되는 경우는 거기에 매달리거나, 잊거나 하기 일쑤입니다. 이럴 때는 꼭 몸도 같이 바쁩니다. 영어 듣기평가가 있는데, 시험 대형으로 책상 배열을 하는 걸 아침 조회 때 깜빡하고 전달하지 못했습니다. 얼른 4층의 교실로 뛰어 올라가 아이들한테 책상 옮기라 소리 한판 치고 다시 내려옵니다. 물론 아이들이 깔끔하게 시험 대형으로 만들어줄지는 모르는 일입니다. 아마도 시험감독 들어오신 선생님이 또 한 번 잔소리를 하셔야겠지요. 깜빡해서 손발이 바빠지는 이런 경우가 시간이 갈수록 잦아집니다.

그 다음은 공문 처리. 오후 2시까지 지역교육지원청에 접수해야 할 공문이 있답니다. 국회의원 아무개 씨가 요청한 긴급 연락인데 무슨무슨 현황을 몇 시까지 담당자 누구한테 전자문서로 급하게 보내야 합니다. 몇 해 전 이맘때도 비슷한 통계를 보낸 기억이 나지만, 기억만 날 뿐 어디에도 남아 있는 자료는 없습니다. 하기야 있더라도 쓸모가 없습니다. 사람들이 바뀌었으니까요. 또 한 번 4층으로 오르락내리락하며, 수업 들어간 선생님을 찾아다닙니다. 왔다 갔다 하는 동안 복도에서 만나는 아이들을 지도합니다. '인사 바로 해라', '거기 휴지 주워라', '옷 똑바로 입고 다녀라', '보건실에 가면 출입증 가져와라', '넌 맨날 화장실만 가냐'. 내가 여유가 없으니 나오는 말이 다 훈계조입니다.

이런 날은 이상하게도 5, 6교시가 연이어 있습니다. 그래서 점심 먹기 전에 공문을 마무리하고 싶은 마음이지만, 결재권자가 자리를 비웠나 봅니다. 메신저에 부재중으로 되어 있습니다. 속으로 '인터폰을 해볼까? 아니야. 예의 없다 그럴지도 몰라. 그럼 밥을 먼저 먹을까? 2시까지 꼭 보내라 그랬는데, 기다려볼까?' 하고 자질구레한 고민을 합니다.

어찌 되었든, 공문 처리를 오전에 하지 못했습니다. 밥도 늦게 먹었는데, 아무도 그 사실을 몰라줘서 더 기운이 빠지는 듯합니다. 소심하게 작은 고민에 연연하다 결국 밥을 먹으러 갑니다. 식당에 도착해 밥 한두 숟가락 뜨려니까 휴대폰이 울립니다. 물론 공문 처리 때문입니다. 그래서 점심시간 반을 날리면서, 다시 공문 처리를 합니다. 내 옆의 사람들은 여유로운데 나만 늘 바쁜 것 같습니다. 급식 지도도 꼭 이런 날 순번입니다. 먹고살겠다고 악다구니 쓰면서 달려드는 아이들과 늘 같은 전쟁을 한판 합니다.

마음 쓰고 시간 쓰고 내 밥 제대로 챙겨 먹지 못하고 5교시를 준비합니다. 점심시간이 10여 분 남았습니다. 5교시에 들어가야 하는 반은 '쎈' 녀석들이 유독 많이 모여 있습니다. 이 반은 유난히 수업이 어렵습니다. 아이들하고 나하고 잘 안 맞는 것 같다고, '궁합'까지 들먹이게 되는 반입니다. 그래서 이 교실 앞에만 서면 빈속으로 오전에 계단을 뛰어오르던 체력으로 표정 단단히 굳히고 들어가게 됩니다. 절대적인 아군 몇몇을 뺀 대부분의 아이들은 시체놀이에 빠져 있거나, 이리 뛰고 저리 구르고 있습니다. 내가 들어왔다는 걸 모르는 듯, 아니 쳐다보고도 하던 일을 계속합니다.

그래서 교무실에서의 다소곳한 내 모습과는 다른, 교실 모드로 자체 전환합니다. 외모에 어울리지 않게, 빡세게 한번 몰아붙이고 아이들을 정리합니다. '지금이 몇 시인 줄 아냐', '책을 펴라', '책 없는 사람 일어나라', '숙제 내놔라', '숙제 안 한 사람 일어나라.' 하면서 수업을 시작합니다. 처음부터 분위기 다잡고 시작하는 것이 이제는 습관이 되어버렸습니다. 사실 일으켜 세우고는 딱히 할 게 없습니다. 늘 그 아이들이 그 녀석들이니까요. 하는 교사도 듣는 아이들도 참 많이 익숙해진 잔소리입니다.

'다시 한 번'의 기회를 부여하고, 수업을 시도합니다. 그런데 얼마 못 가 기운 없고, 졸려하고, 소곤대는 아이들을 보니 내 스스로가 기운이 빠집니다. 오늘따라 유난히 칠판 글씨도 엉망. 괜히 덜 먹은 점심 탓 같기만 합니다. 아니, 원두커피는 고사하고 여유롭게 카제인나트륨 프림 가득한 믹스커피도 한 잔 못 먹고 들어온 탓 같기도 합니다. 그러다 내 시간만 되면 일부러 자는 것 같은 녀석이 눈에 제대로 꽂힙니다. 슬슬 분노 게이지가 올라가는 걸 느끼다가 결국 폭발합니다.

녀석을 일으켜 세웁니다. 자다 놀란 빨간 토끼눈을 해가지고, 오만 인상 지으며 억지로 불려 일어납니다. 일장 훈계를 하고 다시 앉힙니다. 하지만 얼마 가지 못하고 또 졸기 시작합니다. 살짝 그만할까 생각이 들지만, 포기하면 녀석한테 진다는 생각에 앞에 했던 방식대로 2차전을 재기합니다. 녀석은 1차전 때보다 더 빨간 눈으로 인상을 쓰면서 더 늦게 일어납니다. 녀석도 공격 게이지를 올리는 중입니다. 결국 기싸움은 5교시 끝난 후 교무실로 이어집니다. 교무실에 오면 대부분 이길 확률이 높아지기 때문에 우리는 교무실을 무지 선호합니다. 옛날 은사님들이 그러셨던 것처럼.

억지 사과를 받아내고, 몇 분 남은 시간 동안 냉수 한잔 들이켭니다. 그나마 곧 들어가야 할 6교시 수업이 고맙습니다. 내가 뭐라 해도 잘 웃어주고, 틀린 답이지만 대답하려 하고, 내가 수업 잘하는 것처럼 만들어주는 아이들이 많은 반이기 때문입니다.

오늘 7교시는 창체. 뭘 해야 할지, 어찌해야 할지 몰라 거의 자율학습시간이 된 지 오래입니다. 학생부에서 뭔 설문조사를 부탁해왔습니다. 설문지를 들고 우리 반 교실에 들어갑니다. 아이들도 나만큼 피곤한가 봅니다. 아니 더 피곤해 보입니다. 절반 정도는 엎드려 있고, 절반 정도는 자기 세계에 빠져 있습니다. 뛰는 아이는 늘 뛰고 있고, 삼삼오오 모여서 수다 떠는 아이들은 재잘거리고 있고, 혼자 조용히 이어폰과 친구하는 아이는 오늘도 그러고 있습니다. 설문지를 앞에서부터 돌립니다. 넘어가던 설문지가 엎드려 있던 아이 앞에서 멈춥니다. 언제부터 그렇게 엎드려 있었는지, 곯아떨어졌습니다. 소리를 지르거나 다가가서 흔들거나 일으켜 세우고야 맙니다. 하지만 꼭 안 하는 아이들이 있습니다. 안 하려는 아이들이 있습니다. 뭐든지. 이제 오늘의 3차전입니다.

설문지를 걷고, 전체 훈화를 합니다. 오늘의 마무리 잔소리입니다. '교실이 이게 뭐냐', '주번이 누구냐', '선생님이 없을 때 더 잘해야지', '공부 좀 해라', '청소 좀 잘해라.' 그렇게 시작된 잔소리가 종례로 이어집니다. 중간 중간 아이들의 짜증 어린 시선이 감지되지만 눈을 맞추지 않습니다. 대신 절대적인 아군들의 시선을 살핍니다. 그 아이들이 불편해하는 것 같아 잔소리를 줄입니다. 종례 끝!을 선언한 후 3차전 대상을 앞으로 불러냅니다. 그리고 1대 1 맞춤형 잔소리를 합니다. 역시 즉각적인 사과를 받아내고자 어르고, 달래고, 몰아붙입니다. 우리가 교육이라고 믿고 있는 방식입니다. 아이들도 너무나 익숙한 뻔한 전략입니다. 얼른 대답해주면 좋아한다는 것을 말입니다. 그래서 오늘도 나만의 승리를 합니다.

오늘도 참 후다닥 지나가는 듯했지만 길었습니다. 다사다난多事多難은 분명 연말에만 쓰는 말이 아닌 듯합니다. 적어도 학교에서는 매일의 일상이 다사다난입니다. 아이들을 돌려보내니 한결 여유로워집니다. 역시 학교는 애들이 없으니 여유가 생긴다고 혼잣말로 중얼거리면서 달짝지근한 커피 한잔을 마셔봅니다.

지금까지 들여다본 다사다난한 학교의 일상에는 두 가지가 있습니다. 바로 아이들과 수업입니다. 이것이 학교가 일반 직장하고 다른 점입니다. 몸과 마음이 살아 움직이는 아이들과 수업을 매개로 한 만남이 지속적으로 반복되는 곳, 그곳이 학교입니다. 그런데 다사다난한 학교 일상을 슬쩍 들여다보기만 해도 그 속에 진정한 수업이 없다는 걸 쉽게 눈치 챌 수 있습니다. 분명 학교에서 보내는 시간 중에 가장 많은 시간이 수업으로 채워져 있는데, 정작 진짜 수업이 없습니다. 물론 여기서 수업에 대해 학문적으로 논의하자는 것은 아닙니다. 정신없는 하루 일과 속에서 교사가 올곧게 수업만을 준비할 수 있는 여력에 대한 이야기입니다. 수업, 교사임을 증명하는 전문적인 영역임은 두말할 나위가 없습니다. 그런데 수업이라는 게 그 해당 시간에만 '짜잔' 하고 할 수는 없는 것입니다. 준비하고, 진행하고, 평가하는 과정을 통해 질적으로 발전시켜 나가야 합니다. 적어도 이론적으로는 그렇습니다.

많은 교사들이 교직이 힘들어진다고 합니다. 팍팍해진다고 합니다. 잡다하게 많은 업무, 반복되어 익숙해진 일상에서의 권태로움도 한몫하겠지만, 좀 더 이야기를 나누다 보면 대부분 수업에서 재미를 느끼지 못하고 있다는 공통점을 발견하게 됩니다. 각자 알아서 열심히 준비하고, 신나게 깨지고, 하루하루 채워나가는 것입니다. 누구나 다 하고 있는 수업, 새삼스럽게 뭐 있다 없다고 할 거리가 될까 싶습니다. 그렇기 때문에 동료와 개인적으로 가까워져서, 지극히 사적인 이야기를 하는 사이가 되었다고 하더라도 일상적인 수업담화를 나누는 경우는 드뭅니다. 간혹 수업 이야기를 꺼낸다고 하더라도 결론은 '요즘 애들은……'으로 끝나버립니다. 수업은 누구나 '그 정도'는 다 하는 거라고 서로 굳게 믿기 때문입니다. 수업은 알아서 하는 것이지 간섭하면 안 된다는 불문율이 존재하기 때문입니다.

수업은 기본이고, 교무실은 그보다 더 긴급하고 중요해 보이는 것들로 넘쳐납니다. '그깟 아이들 하나쯤' 이라는 말 한마디에 나만 무능하고 능력 없는 것처럼 느껴지도록 만드는 공간이 교무실입니다. 그래서 아예 입 다물고 삽니다. 그러다 보니 수업은 개인적으로 알아서 하면 되는 것이고, 눈에 드러나고 금방 티가 나는 것들을 척척 잘해내야 하는 공간이 곧 교무실입니다. 결국, 학교 일상에서 교사들에게 수업에 집중할 수 있는, 공부할 수 있는 교무실은 쉽지 않습니다. 일과 중 틈틈이 해치우는 것이 수업인 것입니다.

언제부터인가 우리가 먼저 비교하기를 더 좋아하는 대상이 되어버린 핀란드 교육 관계자와 우리나라 신문기자의 인터뷰 내용을 본 적이 있습니다. 그 내용을 다시 정리해보면 이렇습니다.

대한민국 기자가 PISA(Programme for International Student Assessment, OECD 본부 주도로 회원국을 포함한 세계 각국이 공동으로 실시하는 학업성취도 국제비교 연구)에서 영역별로 거의 1, 2위를 다투는 상황인데 핀란드 입장에서 봤을 때 "대한민국의 교육제도에서 배울 점이 있다면 무엇이 있을까요?"라고 했더니, 그 관계자 왈 "한국은 교육적 열의가 세계적인 나라입니다. 하지만 PISA 결과에서 한국과 핀란드에는 1위와 2위의 차이보다 사실은 더 큰 의미의 차이가 있지요. 우리나라 학생들은 웃으면서 공부한 결과이지만, 한국 학생들은 울면서 행복하지 못한 채 공부한 결과이지요. 우리는 한국의 교육 시스템에 특별한 관심이 없습니다."

그렇습니다. 인정하고 싶지 않지만 사실이지요. 2011년 5월 4일 어린이날 전날, 여러 신문들의 한 귀퉁이에는 "한국 어린이·청소년 주관적 행복지수 OECD 회원국 중 3년 연속 꼴찌"라는 기사가 실렸습니다.[2] 주관적 행복지수란 삶의 만족도와 주관적 건강, 외로움, 소속감, 주변 상황 적응의 5가지 영역에 학교생활 만족도를 포함한 총 6가지 영역에 대한 학생의 응답률을 수치화한 지표입니다. OECD 국가의 평균을 100점으로 봤을 때 대한민국은 65.98점이었습니다. 바로 위의 헝가리(86.7점)보다도 20점 이상 낮은 점수입니다. 더욱 눈여겨봐야 할 것은, 어린이와 십대인 '학생'의 하루 일과를 볼 때 주관적 건강을 뺀 나머지 다섯 가지는 대부분 학교와 직간접적인 관계가 있는 요소들이라는 사실입니다. 이는 어린이와 십대들이 '학교' 때문에 상대적으로 덜 행복하다는 이야기로 들리는 것 같아 더욱 불편하기만 합니다.

또 있습니다. 서울시교육청이 초 · 중 · 고교 65곳의 학생 5,352명의 표본을 대상으로 자체 개발한 '서울형 학생행복지수'를 측정한 결과, 성적이 높을수록, 또 가정의 경제수준이 높을수록 행복지수도 높았고, 상급학교로 올라갈수록 행복지수는 낮아졌답니다.[3] 조금 더 구체적으로 살펴보겠습니다. 행복지수는 학교생활 · 가정생활 · 자아에 대한 만족도와 전반적인 행복 정도를 묻는 설문조사를 통해 산출하였는데, 시교육청이 일선 학교 보급에 앞서 실시한 표본조사에서는 성적이 상위권인 학생들의 행복지수 평균이 100점 만점에 71점, 중위권은 62점, 하위권 학생들은 54점으로, 성적이 높을수록 행복지수도 높아지는 것으로 나타났답니다. 또 가정의 경제적 수준에 따라 분류하면 경제수준이 상위에 속하는 학생은 행복지수 평균이 73점인 반면, 중위 그룹은 61점, 하위층은 53점이었습니다. 또 초등학생 행복지수 평균이 75점으로 가장 높았고, 중학교는 61점, 고등학교는 56점으로, 상급학교로 올라갈수록 학교생활의 행복도가 떨어졌습니다. 아이들에게 행복은 '성적' 순, 부모 '경제력' 순이었습니다.

우리 아이들은 행복하지 않은 상태에서 계속 배우기만 하고 있습니다. 이제는 더 이상 새삼스러운 이야기도 아닙니다만, 가정에서는 소득이 줄어들어도 사교육비는 줄지 않고 있습니다. 2010년 기준으로 보면 식료품비(23.2퍼센트) 다음으로 많은 지출항목이 사교육비(20.5퍼센트)입니다. 우리나라의 사교육비는 GDP 대비 2.8퍼센트로 공교육 예산이 GDP의 4.3퍼센트임을 감안할 때 어마어마한 금액입니다. 그런데 진짜 문제는 돈이 아닙니다. 사교육을 받은 결과가 개인적으로는 성공적이건 실패이건, 사교육을 받는 이유가 부족한 부분을 채우기 위한 시도이거나 아니면 친구들이 없어 몰려다니는 것이거나 혹은 불안해서거나, 진짜 문제는 학생들이 주도적인 학습 능력을 갖추는 것이 점점 더 늦어진다는 점입니다. 한 학급 안에는 성적의 높고 낮음을 떠나서 스스로 학습계획을 세우고 실천하고 자기 점검하는 과정이 익숙하지 않은 학생들이 대부분입니다. 사교육의 힘입니다. 부모 주도적 학습의 결과입니다. 계획부터 실천, 사후 점검까지 항상 옆에 있는 친절한 도우미의 덕분입니다.

어느 조사에 따르면, 우리나라 학생들의 자기주도 학습 능력은 조사 국가 65개국 중 58위랍니다. 그런데 하루 학습량은 핀란드의 5시간에 비해 두 배 가까이 많은 9시간이나 됩니다. 2배나 많은 공부를 억지로 하고 있는 것입니다. 주도적인 학습 능력은 학창 시절의 학습에 직접적인 영향을 미치는 데에서 그치지 않고, 성인기 이후의 사회성으로 발전해야 하는 중요한 자기 관리 능력입니다. 학과의 정기적인 답사 여행에 빠지면 안 되느냐는 문의 전화를 대학 2

학년 여학생의 어머니가 대신 하더라는 대학교수의 이야기가 생각납니다. 이러한 '어른 아이'의 모습은 단기간의 성과만을 바라면서 억지 공부에 길들여진 결과입니다. 우리 교육이 만들어놓은 자화상입니다. 자기주도적 학습 능력은 비단 학교공부에만 국한되는 자세가 아닙니다. 당연한 이야기지만 자기주도적 삶을 실천하기 위한 연습입니다. 스스로 생각하고 실천하는 기본적인 정신활동입니다. 창의적인 사고는 바로 이런 정신활동에서 나오는 것입니다. 교실에 있는 우리 아이들은 열심히 살지만 그다지 행복하지는 않은 어른들의 모습을 교실에서부터 미리 연습하고 있는 것은 아닐까요.

그럼, 어른인 교사들은 얼마나 행복하다고 느끼면서 학교생활을 하고 있을까요? 이를 알아보기 위해 2011년 일 년 동안 전국에서 강의를 통해 만난 444명의 교사들을 대상으로 이러한 질문을 해봤습니다.

"자신이 얼마나 행복하다고 생각하는가?"

물론 이 질문은 앞에서 언급한 주관적 행복지수나 흔히 행복한 정도를 이야기할 때 인용되는, 2003년 영국의 심리학자 캐럴 로스웰Carol Rothwell과 피트 코언Pete Cohen이 영국인 1,000여 명을 상대로 조사한 행복지수 공식을 활용한 것이 아니기 때문에 직접 비교는 힘들겠습니다. 하지만 교사들 스스로가 얼마나 행복하다고 느끼는지에 대한 가늠은 할 수 있을 듯하여 정리해보았습니다.

설문에 응답한 444명의 교사들은 자신들의 행복 정도를 100점 만점에 76.85점이라고 답했습니다. 남교사(77.57점)가 여교사(76.57

점)에 비해, 미혼의 교사(78.28점)가 기혼의 교사(77.57점)에 비해 약간 더 행복하다고 느끼는 것으로 나타났습니다. 경력상으로 보면 3년 미만의 신규 교사(79.00점)가 26년 이상의 고참 교사(77.28점)나 16~20년의 중참 교사(76.28점)보다 상대적으로 더 행복하다고 답하였습니다. 그러나 비정규직 기간제 교사(74.00점)는 부장교사(78.71점)는 물론 정규직 평교사(76.85점)보다 다소 불행하다고 느끼는 것으로 나타나, 신분상의 불안정이 큰 원인으로 작용하고 있는 듯합니다. 마지막으로 학교급별로는 고등학교 교사(75.28점)는 중학교 교사(77.00점)와 초등학교 교사(82.28점)에 비해 덜 행복하다고 느끼고 있는 결과를 보여, 입시중심의 학교 시스템으로 인해 학년이 올라갈수록 덜 행복하다고 느끼는 학생들의 반응과 같은 결과를 보이고 있습니다.

이처럼 교사들은 별로 행복하지 못한 상태에서 가르치는 일을 하고 있습니다. 또한 그 가르침을 받는 아이들도 행복하지 않다고 말하고 있습니다. 그러니 수업이 살아 있을 리 없고, 깊이 있는 활동과 사고가 일어나기 쉽지 않습니다. 그저 서로가 '걸어 다니는 문제집' 으로 살기를 원하고 있다고 다짐하며 하루하루 채워가고 있는지도 모릅니다. 그렇게 우리의 수업은 멈춰 있습니다. 우리의 관계는 서먹하기만 합니다.

수업의 불편한 진실

요즘 들어 유난히 여기저기에서 수업, 수업합니다. 일부 시도의 민선 교육감이 공약으로 내세운 교육정책을 현장에 실제로 적용하기 시작하면서 더욱 그렇습니다. 참 다행스럽고 신선한 바람입니다. 강의 때 만난 교사들에게 설문을 통해 이러한 질문을 드렸습니다.

"나는 내 수업에 어느 정도 만족하는가?"

여기에 응답한 전국의 435명 교사들은 7점 만점에 평균 4.7점 정도 만족하고 있다고 답하였습니다. 약 67퍼센트의 만족도 수준입니다. 수업만족도는 여교사(4.35점)가 남교사(4.79점)보다 낮았고, 3년차 이하 교사(4.38점)가 16~20년차 교사(4.67점), 26년차 이상 교사(4.73점) 등 경력이 많은 교사보다 만족도가 낮았습니다. 학교급별로 보면 중학교 교사(4.46점)가 초등학교 교사(5.47점), 고등학교 교사(5.95점)와 비교했을 때 가장 낮은 수업만족도를 보이고 있습니다.

한 가지 주목할 점은, 앞에서 보았던 교사의 행복도에 대한 설문 결과에서 가장 낮았던 고등학교 교사가 수업만족도에서는 오히려 가장 높게 나타났다는 것입니다. 이는 입시라는 당면과제에 대해 묵시적으로 합의를 하고 있는 상황임을 의미합니다 . '대학 가려면 열심히 문제풀이 해야 하는 거야' 라는 진실에 교사와 학생 모두 순응하는 것입니다. 그러니 열심히 풀기만 하면 되는 수업, 반복되는 평가에 시간적으로건 의미상으로건 새로운 도전은 쉽지 않은 게 사실입니다. 그렇기 때문에 행복하지도 즐겁지도 않지만, 문제집이라도 열심히 풀어주고 따라가는 형태의 수업이 가장 안전하고 편하게 받아들여지고 있는 것입니다. 서로에게 말입니다. 이는 초·중·고로 진급할수록 학생들의 행복지수가 떨어지는 결과와도 일치하는 이야기입니다. 그럼, 교사들의 수업만족도에 대한 설문 결과를 다시 정리해보겠습니다. 위 질문에 이어진 질문, "위와 같이 생각하는 이유는 무엇인가?"에 답한 교사들의 이유를 분석해보면 다음의 표와 같습니다.

구분 / 이유	성별		경력별			직급별			학교급별		
	남	여	①	②	③	기간제	평교사	부장 교사	초등 학교	중학교	고등 학교
업무 과다 (30.2)	22.5	33.4	35.5	26.9	21.4	29.3	31.7	26.0	55.5	29.2	28.6
입시 위주 (23.4)	39.2	16.7	14.4	30.7	14.2	17.2	25.8	26.0	5.5	14.6	30.6
기술 부족 (21.9)	11.7	26.3	32.8	19.2	14.2	31.0	19.3	26.0	22.2	31.7	17.0
관계 힘듦 (10.8)	12.7	10.8	7.8	11.5	32.1	10.3	9.6	16.0	5.5	13.0	11.5
선행 학습 (6.1)	5.8	6.2	1.3	11.5	3.5	6.8	7.3	2.0	4.5	7.3	5.5

교사들이 자신의 수업에 만족하지 못하는 이유

교사들이 자신의 수업에 만족하지 못하는 이유를 응답 비율 순서로 나열한 후, 각 이유에 대해 성별, 경력별, 직급별, 학교급별로 구분하여 정리한 내용입니다. 경력별에서 ①은 3년차 이하 교사, ②는 16~20년차 사이의 교사, ③은 26년차 이상 교사를 의미합니다. 이렇게 구분한 이유는 신참, 중참, 고참 간의 생각을 비교해보기 위해서입니다.

응답 결과에서 주목할 만한 내용 몇 가지를 정리해보겠습니다. 우선, 다양한 형태의 수업을 시도하지 못하는 이유에 대해 남교사는 '입시 위주의 교육정책'을, 여교사는 '업무 과다'를 1순위로 꼽고 있습니다. 이 설문에 응한 443명의 교사 중 남교사는 144명으로 이 중 114명(79.1퍼센트)이 고등학교에 재직하고 있었으며, 여교사는 299명 중 148명(49.4퍼센트)이 고등학교에, 128명(42.8퍼센트)이 중학교에 근무하고 있었습니다. 결국 고등학교에 근무하는 남교사는 '입시 위주의 교육정책'을 학교급에 관계없이 여교사는 '업무 과다'를 다양한 수업을 시도할 수 없게 만드는 요인으로 지적하고 있는 것입니다.

이를 경력별로 보면, 수업을 방해하는 가장 큰 요인에 대해 '업무 과다'라고 지적한 비율이 경력이 적을수록 높다는 것을 알 수 있습니다. 이는 업무숙달도에 따른 차이기도 하겠지만, 경력이 많을수록 반드시 업무숙달도가 높다고 일반화해서 보는 것은 무리입니다. 그리고 학교의 행정업무가 고도의 전문적인 기술과 능력을 요구하는 특성이 있는 것도 아닙니다. 그렇다면 '업무 과다'라는 것은 결국 양적인 부담을 의미하는 것일 테고, 경력 3년차 이하인 교사들이 이것을 수업을 방해하는 요인으로 꼽고 있다는 것은 행정적인 일이 많아 수업에 신경을 더 쓸 수 있는 시간적 여유가 없다는 의미로 해석할 수 있습니다. 즉, 학교의 일반적인 관행상 기존의 교사들이 업무를 분장하고 남은, 소위 일이 많아 상대적으로 맡기를 꺼려하는 업무를 중심으로 신참 교사들에게 강제 할당하는 상황 때문임을 자연스럽게 추측할 수 있습니다.

반면 '입시 위주의 교육정책' 이라고 꼽은 교사들 중에 가장 높은 비율을 보이는 경력층은 16~20년차의 중참 교사들이었습니다. 이들은 어느 정도의 경력으로 업무에 대한 부담을 넘어서고 나서 새롭고 다양한 수업 변화를 꾀하려다 보니 '입시' 라는 불편한 진실에 크게 방해를 받고 있는 것입니다. 여기에 학생들마저 설익은 선행학습으로 수업 자체에 흥미를 갖지 못하기 때문에 수업을 변화시키기가 이중으로 더더욱 어려워진다고 느끼고 있는 것으로 보입니다.

'아이들과 관계의 어려움' 을 1순위로 꼽은 경력층은 26년차 이상의 고참 교사들이 압도적입니다. 물론 물리적인 나이 차이 때문이기도 하겠지만, 그보다는 세대 간의 문화적 · 정서적 차이 때문일 것이라는 생각을 해보게 됩니다. 특히 이 경력층의 교사들은 십대들에게 할아버지, 할머니 역할을 할 수 있는 경우가 많습니다. 그렇기 때문에 교사 스스로가 아이들에 대해서 좀 더 많은 공부를 한다면, 다음에 좀 더 자세하게 이야기 나눌 '사람공부' 를 해주는 역할에 큰 가치를 두고 수업에 임하는 전향적인 자세가 필요하다고 해석할 수 있습니다.

여기서 주목해야 할 내용이 있습니다. 성별, 경력별, 직급별, 학교급별로 구분해 볼 때, 상대적으로 교사들이 자신의 수업만족도를 떨어뜨린다고 지목한 '업무 과다', '입시정책' 은 국가의 교육정책과 관련된 구조적인 문제입니다. 수업을 진행하는 교사 개인의 힘으로는 당장 변화시킬 수 없는 요소인 것입니다. 학교혁신의 바람을 타고 실질적으로 업무를 줄이기 위한 다양한 정책들이 적용되고 있고, 수능시험 개선, 입시의 다양화, 중고교 내신의 6등급제(A, B, C, D, E, F) 절대평가로의 전환, 내신 석차 폐지 등 여러 가지 방안들이 논의 중이지만, 결국은 당장 한꺼번에 바뀔 수 없다는 뜻입니다. 이에 비해 '수업기술 부족', '아이들과의 관계' 문제는 교사들의 연대를 통해 개인적인 영역에서 충분히 극복해볼 수 있습니다. 그렇기 때문에 교사 스스로가 수업만족도를 높이기 위한 일차적이고 현실적인 전략은 아주 명확합니다. 가르치는 수업기술을 향상시키고, 수업에서 아이들과의 관계 개선을 위한 다양한 노력을 기울이는 것, 그리고 그 노력들을 한데 모으는 교사 간 연대를 유지하는 것, 이것들이 곧 수업의 질적 변화를 가져올 수 있는 현실적이고 실천 가능한 대안입니다.

수업행복 과제 2_어려운 이유를 알자

- 업무에 대한 부담감은 여교사, 신임 교사, 기간제 교사, 초등학교 교사가 상대적으로 더 크게 느끼고 있다.
- 중학교 교사는 가르치는 기술의 부족을 호소하는 반면, 고등학교 교사는 입시 위주의 정책 때문에 다양한 수업을 시도하지 못하는 면을 호소한다.
- 수업에서 아이들과의 관계 형성에 가장 큰 어려움을 겪고 있는 교사는 중학교에 근무하는 고참 교사들이다.

두려움으로 가득 찬 교실

어느 중학교에 수업 공개가 있다고 해서 왔습니다. 조금 일찍 서둘렀는지 시간이 삼십여 분 남았습니다. 뭘 할까 하다 차 앞문 포켓에서 책을 꺼내 펼쳤습니다. 가끔 이렇게 자투리 시간이 생길 때 보려고 꽂아둔 파멜라 메츠Pamela K. Metz의 『배움의 도道』.[4] 내용도 내용이지만, 얇은 책에 길지 않은 시들이어서 부담 없이 자주 읽습니다. 몇 번을 읽었는지도 모르지만, 그때마다 허허둥둥 뜬구름 노니 듯하는 시들이 태반입니다. 그런데 무릎을 탁 치고, 가슴에 콕 박히는 몇 안 되는 시가 있습니다.

배움터가 도道와 조화를 이룰 때,
아이들은 모두가 탁월하다.
배움터가 도道와 조화를 이루지 못할 때,
아이들은 창조적이지 못하고 서로 싸운다.

두려움은 커다란 환각이다.
두려움은 교사와 아이들로 하여금
스스로 방어하게 만들며
승자와 패자를 만들어낸다.

만일 한 교사가 두려움을 걷어내 버린다면,

배움터는 모든 사람에게 안전한 장소가 될 것이다.

여기서 문제 하나. "위 시의 제목으로 가장 알맞은 것은 무엇일까요?" 1번 – 무서움, 2번 – fear, 3번 – 恐怖, 4번 – 겁, 5번 – 鬼胎. 정답은? 한자가 조금 눈에 익은 분들은 이미 눈치 채셨겠죠. 모두가 한 단어를 나타내고 있다는 것을. 모두 정답입니다. 1번부터 5번까지의 낱말들은 모두 '두려움'을 의미합니다. 5번이 다소 생소할지도 모르겠네요. 귀태라고 읽는데, 귀신 귀, 태아 태입니다. 귀신에서 태어난 아이라는 흠칫한 의미인데, 여기서는 마음속에 품은 두려움이라는 뜻입니다.

어떤 교실 앞에서는 몸과 마음이 천근만근입니다. 아니 계단을 오를 때부터 다리에 힘이 빠집니다. 어떤 교실에서는 괜히 더 예민해지는 것 같습니다. 다른 교실에서는 느닷없이 말수가 적어집니다. 또 다른 교실에서는 폭노(爆怒, 폭발적인 분노)가 일어나기도 합니다. 그런데 왜 이렇게 교실마다 수업에서 느끼는 그 반의 분위기, 내 몸과 마음의 상태가 달라지는 것일까요. 그것은 파멜라 메츠의 말처럼 교실에 들어갈 때 교사가 걷어낸 두려움의 정도 차이 때문입니다. 어떤 교실에서는 교사가 온통 두려움으로 무장하고 있습니다. 그런 교실에서는 늘 두려움이 충돌합니다. 교사의 두려움과 아이들이 지닌 두려움이 부딪힙니다.

그런데 교사가 가진 두려움의 정체는 무엇일까요? 무엇에 대한 두려움일까요? 그건 바로 '내 말이 먹혀들지 않는' 상황이 벌어질

까 봐 전전긍긍하는 마음입니다. 반면, 아이들의 두려움은 '내 편이 없는' 상황 때문에 생기는 불편함입니다. 하지만 무엇보다도 양쪽 모두 두려움의 농도가 진해지는 이유는 어느 쪽도 자신의 두려움을 먼저 털어놓지 못하는 데 있습니다. 솔직하지 않습니다. 오히려 두려움을 느끼는 교사는 과거 자신의 기억에 근거한 '일방적인 규칙'을 고집하게 되고, 여기에 두려움을 느끼는 아이는 저항합니다. 역시 자신의 기억 속에서의 경험에 토대를 둔 저항입니다.

하지만 다행스럽게도 두려움은 '예민함'이라는 사전 징후가 있습니다. 두려움이 커지면 누구나 예민해집니다. 표정이 굳고, 눈동자의 흰자위를 감추며 시선이 날카로워집니다. 목소리가 낮게 깔리고, 말수가 적어지거나 오히려 더 많아집니다. 그리고 웃음이 사라집니다. 그러나 두려움 자체보다 진짜 큰 문제는 그것을 교실에서 어느 쪽도 미처 알아채지 못할 때 발생하는 것입니다.

사실 교실에서의 이러한 두려움은 간단한 데서 스멀스멀 일어납니다. 아이들은 완벽한 교사를 원합니다. 자신들을 가르치는 일, 지도하는 일, 보호해주는 일에서 빈틈이 없는 교사를 원합니다. 동시에 그러한 완벽함 때문에 스스로 교사와 거리를 두고자 애씁니다. 저항을 합니다. 반면에 교사들은 아이들이 교실에서 자율적으로 해야 하는 일을 찾아서 하기를 원합니다. 시시콜콜 이야기하지 않아도 알아서 하기를 바랍니다. 동시에 교사의 지시에 묵묵히 따라주기를 원합니다. 시킨 대로 하기를 원합니다. 자율적인 행동과 시킨 대로 묵묵히 순응하는 것이 동시에 이루어지기를 바라는 모순. 결국 이러한 이중성 때문에 상대방에 대한 두려움을 늘 지니고 있게 되는 것입니다.

교실에서 두려움을 빨리 걷어내야 하는 이유는 간단합니다. 크리스 메르코글리아노Chris Mercogliano의 지혜처럼 두려움 속에서는 절대 배움이 일어나지 못하기 때문입니다.[5] 두려움이 앞을 가리면 상대방의 생각에 의문이 생기질 않습니다. 당연히 그렇다고 받아들이거나 무시하는 전략을 쓰기 때문입니다. 그렇게 되는 과정에서 알베르 카뮈Albert Camus의 이야기처럼 아이들은 두려움을 벗어나려고 비열한 존경심을 갖게 되는 수동적이고 자기 파괴적인 연습만을 반복하게 됩니다.

교실에서 두려움을 없애는 가장 효과적인 방법은 서로의 이중성을 인정하고 만나는 것입니다. 모두가 솔직해져야 합니다. 이런 만남을 주도하는 것은 당연히 교사일 수밖에 없습니다. 페에 치쉬Fee Czisch의 말처럼 성공한 교사들은 거칠게 행동하지 않습니다.[6] 아이들에게 의도적으로 예의바르게 행동합니다. 그러면 아이들은 편안함을 느끼면서 그것을 자신들에 대한 존중으로 받아들이기 시작합니다. 그리고 마침내 교사를 존경하게 됩니다. 아이들과 관계가 좋은 교사들은 자신의 모습을 있는 그대로 거짓 없이 친절하게 보여줍니다. 노자가 『도덕경』 48장에서 "배움의 목표는 날마다 새로운 것을 채우는 것이고 도의 목표는 날마다 이미 가지고 있는 것을 버리는 것이다"라고 했습니다. 노자의 '배움의 도'입니다. 교실에서 교사가 자신에게만 익숙했던 기존의 것들을 스스로 잘 버리는 것,

그것이 곧 배움의 도를 찾고 두려움으로부터 벗어나는 길입니다. 그 모습을 보면서 아이들도 서서히 두려움을 벗어 던지기 시작합니다. 교사보다도 훨씬 더 빠른 속도로 말입니다.

수업행복 과제 3_두려움에 솔직하자

교실 수업에서 교사와 아이들이 두려움에 대해 터놓고 이야기할 수 있는 기회를 만들자. 서로에게 좀 더 다가가기 위한 가장 좋은 방법은 대화이다. 교사가 교실에서 가르칠 수 있는 것은 바로 '서로 친절하게 부탁하기'의 기술이다.

끓어 넘치는 도가니

요즘 대한민국 교실은 벌겋게 달아올라 넘칠 듯한 도가니 같습니다. 그 도가니 속에는 학교의 전통적인 역할에서 벗어나려는 변화를 위한 혁신의 신선한 재료도 있고, 구태의연한 태도를 환골탈태하는 과정에서 나는 비릿한 내음도 가득한 듯합니다. 저는 「도가니」라는 영화를 일부러 보지 않았습니다. 하지만 언론 덕분에 마치 몇 번을 본 것 같기도 합니다. 소설과 영화라는 매체를 통해 일부 교사들의 범죄가 알려지는 과정을 접하면서 지금 대한민국에서 학교의 존재 의미와 역할을 동시에 생각해보게 됩니다. 어느 국가에서나 학교란 그 국가가 나아가야 할 '방향'을 제시하고 '사회적 양심'을 지키는 마지막 보루임이 틀림없습니다. 그래서 같은 사안일지라도 더욱 엄격한 잣대로 평가되는 것은 어찌 보면 그 사회 도덕성의 마지노선으로서 학교의 역할을 요구하기 때문입니다. 그런 맥락에서 학교는 가장 보수적이고, 변화가 늦고, 심지어는 변화 자체를 싫어하는 집단인 것처럼 비쳐지곤 합니다. 그러나 누구나 아는 것처럼 이는 학교 스스로가 선택한 모습은 아닙니다. 교사들이 스스로 결정한 모습은 더더욱 아닙니다.

조직의 성공 요인 분석에 자주 인용되는 두 가지 상반되는 법칙이 있습니다. 하나는 "인구의 20퍼센트가 전체 부의 80퍼센트를 차지하고 있다"고 주장한 이탈리아의 경제학자 빌프레도 파레토 Vilfredo Pareto의 이름을 딴 '파레토' 법칙입니다. 20퍼센트 고객이 80

퍼센트 매출을 담당한다는 식의 분석에 사용되는 법칙입니다. 20퍼센트의 리더가 80퍼센트의 조직원을 이끌어 간다는 개념입니다. 반면, 20퍼센트의 몸통 고객보다 80퍼센트의 '자잘한' 긴 꼬리long tail 고객들의 총 매출이 더 크다는 '롱테일' 법칙이 있습니다. 20퍼센트의 튀는 인재보다 묵묵히 자신의 역할에 최선을 다하는 80퍼센트가 조직의 항상성을 유지한다는 의미입니다. 이 두 개념의 차이점은 바로 어느 쪽에 초점을 맞춰서 접근하는가에 있습니다.

지금 교실을 바라보는 여러 시각들을 보면, 마치 도가니에서 끓어 넘친 국물을 손가락으로 쓱 한번 훑어 먹어보고 도가니 안의 국물 맛을 다 안다고 하는 격입니다. 왜 끓어 넘치는지, 어떻게 해야 하는지에 대한 논의는 없습니다. 너무 센 불로 끓였는지, 원래 국물 양이 많았는지 살펴보는 것이 더 중요한데 말입니다. 어떤 법칙, 어떤 시각으로 보더라도 어떤 조직이건 맑은 물에 흙탕질을 하는 이들은 있게 마련입니다. 이제, 많이 잡아서 20퍼센트 남짓한 미꾸라지들의 이야기는 그만합시다. 끓어 넘쳐 닦아내 버리면 그만입니다. 14명의 범죄자들보다도 오랜 시간 동안 헌신적으로 아이들을 돌본 이들이 더 많다는 사실에 주목해야 하지 않을까요? 오늘도 교실에서 수업을 통해 좌충우돌 열심히 아이들을 만나는 더 많은 사람들의 이야기 말입니다.

우리는 지금 학교에서 무엇을 가르치고 배우는 걸까요? 얘기할 것은 많지만, 아직까지 상아탑이라고 주장하는 대학은 빼고, 초중고의 교실 수업에 대해서만 이야기해보겠습니다. 우리는 도대체 지금, 무엇을 가르치고 배우자고 매일 모였다 흩어졌다 하는 걸까요? 멍청하게 들리는 질문일지도 모르겠습니다. 초등학교, 중학교는 의무니까 그냥 오고 가야 하는 것이고, 고등학교는 특목고, 일반고, 전문계고 할 것 없이 너도나도 대학에 가야 하는 곳이니까 그렇습니다.

맞습니다. 이게 가장 큰 이유입니다. 앞에서도 이미 살펴본 것처럼, 일이 많고, 입시라는 진실 때문에 새로운 수업에 대한 도전이 방해를 받고 있는 게 현실이니까요. 그러면 의무인 것들은 빼고 대학에 가야 하는 이유만으로 다시 이야기를 해보겠습니다. 국가교육통계센터cesi.kedi.re.kr에 따르면 2010년 기준으로 전국에 있는 고등학교 수는 2,253개. 그 안에는 5만 8,172개의 학급이 있고, 그곳으로 일 년 365일 중 200일 이상 왔다 갔다 하는 아이들의 숫자는 학급당 30명씩만 계산해도 174만 5,150명입니다. 그런데 서울에 있는 37개의 4년제 대학에서 2010년에 뽑은 신입생 숫자는 6만 7,854명이었습니다. 얼핏 봐도 온 나라 고딩들, 아니 온 나라 모든 학교들의 교육과정의 최종 목적인 것만 같은 'in 서울' 하겠다면? 참 쉽습니다. 그냥 살짝 전국 상위 5퍼센트 안에만 들면 되겠습니다. 그것도 다섯 개 중에 한 개를 골라내는 한정된 능력으로만 말입니다. 여유 있게 계산해서 평균적으로 전교 30등 안에만 3년 내내 들면 됩니다. 그렇다면 학원가를 먹여 살리고 잘나가는 학교들의 절대 기준이 되는 SKY의 입학 정원은? 역시 2010년 기준으로 1만 335명입니다. 오호라, 대한민국의 정치, 경제, 사회, 문화의 중추세력이 되볼라 치면, 대한민국에서 말발 좀 먹혀주고 살라 치면 어느 정도? 그렇습니다. 전국 0.5퍼센트 안에 3년 꾸준히 들어가 있으면 일단 가능합니다.

능력되고, 실력되어서 그 안에 들어가는 경우야 뭐가 문제일까요. 자기 생각 있어도 숨기고, 불의가 불의로 안 보이고, 봐도 못 본 척 꾹 참으며 호의호식하는 것도 가진 자의 특권일 텐데 말입니다. 세금만 잘 내주면 일단 뭐가 문제일까요. 눈꼴사나운 것 빼고 말입니다. 문제는 공부 하나만 가지고 하는 이상한 경주에서 전교 30등이든, 4~5등이든 그 바깥에 있는 아이들, 전국 0.5퍼센트는 고사하고 몇 십 퍼센트에 속하는 영혼들은 어찌해야 할 것인가입니다. 다 알다시피 대한민국 교실은 이 영혼들의 놀이동산이고, 수업은 이 영혼들의 놀이기구가 된 지 한참 지났습니다. 물론 놀이동산 밖을 배회하는 영혼들 역시 급격히 늘어나고 있지요.

편식을 강요하는 학교

교실과 수업은 분명 '공부'와 관련됩니다. 여기에는 어느 누구도 다른 의견이 없을 것입니다. 사토 마나부 교수는 공부를 "원래 무리가 있는 일"이라고 했습니다.[7] 김열규 교수는 "머리를 써서 일하는 위대한 사람"이라고 했습니다.[8] 평생을 공부한 두 원로 지식인들의 말을 종합해보면, 공부란 "원래 무리가 있지만, 머리를 써서 위대한 사람이 되도록 일하는" 것쯤으로 정리될 것 같습니다.

학교라는 제도가 시작된 이래, 교실 수업에 있었던 '공부'에는 두 가지가 함께 있었습니다. 하나는 당장 성적을 만들어낼 수 있는 '교과서' 공부이고, 다른 하나는 삶을 사는 법을 가르치고 배우는 '인생' 공부입니다. 조벽 교수는 이를 '삯'을 위한 공부education for making a living와 '삶'을 위한 공부education for living라고 했습니다. '삯'을 위한 '교과서' 공부는 직업을 얻기 위해 다음 단계의 학교에 가는 진학進學을 위한 '글공부'입니다. '삶'을 위한 공부는 인생을 스스로 개척하고 다른 삶과 더불어 살아가는 진로進路를 결정하는 '사람공부'입니다. 외국어를 잘하고, 수학문제를 잘 푸는 것은 교과서 공부이고, 외국인을 잘 대하고, 튼튼한 건물을 지어야 한다는 생각을 갖는 것은 사람공부입니다. 시험을 잘 치르는 방법을 배우는 것은 글공부이고, 사람을 잘 대하는 방법을 고민하는 것은 사람공부입니다.

그러나 언제부터일까요. 교실의 수업에서 이 두 가지 공부의 관계가 끊어져버렸습니다. 사라져버렸습니다. 누구나 알고 매일 목격하는 것처럼, 이제 학교에서는 다음 단계의 학교에 가기 위한 단기적인 교과서 공부에만 치중하는 모양새입니다. 그마저도 브라질의 교육학자 파울로 프레이리Paulo Freire가 지적했듯이 예금개념banking concept의 공부일 뿐입니다. 배워두면 언젠가는 써먹을 때가 있겠지라는 생각으로 무작정 하는 공부 말입니다. 아이들에게 꿈이 무엇이냐고 물어보면 의사요, 변호사요, 교사요를 외친 지 오래입니다. 직업과 꿈이 혼동되는 시대에 아이들은 교실에 있고 교사들은 그들을 대상으로 '잘 골라내는' 글공부를 시키고 있습니다. 어떤 삶을 살겠다고 고민하는 아이들을 만나보기가 하늘에 별따기입니다. 간혹 그런 아이들을 만난다 해도 감각 떨어지는 애늙은이쯤으로 치부되기 쉽습니다.

우리의 교실과 수업은 너무나 바쁘게 돌아칩니다. 그 속에서 아이들과 삶에 대한 이야기를 나누는 것은 고사하고, 교과서 공부조차 슬쩍슬쩍 흉내 내기만 급급한 실정입니다. 그러다 보니 '소수정예'를 내세우는 값비싼 학교 밖 교실들이 교육과정과 대한민국 교육 여론을 주도하는 양상까지 보이고 있습니다. 교육과학기술부도 못하는 입시정책의 방향에 대한 설명회를 대규모 체육관을 빌려 해치우고, 사람들은 이런 곳에서 가장 고급스러운 정보를 얻고 있다고 생각하고 있습니다. 여기에 더해 교과서 공부의 결과는 모두 철저하게 등급화되어 평생 이어질 가능성이 크고, 교실과 수업에서의 등급은 졸업과 동시에 사회 계급화되는, 어찌 보면 너무나 참혹한 현실입니다. 영국 공영방송 BBC가 대한민국의 대학수학능력시험의 역할이 미래의 연봉과 지위를 결정짓는 것이라고 꼬집은 것은 너무나도 정확한 분석인 듯합니다.[9]

어느 한쪽은 끼리끼리 만나서 개천에서 용 한번 나보자고 오늘을 인내하고 막연한 내일을 기대하도록 조장되고 있고, 다른 한쪽은 태어나면서부터 가지고 있었던 혜택에서 출발해서 그것을 지켜내고 더 많은 것을 누리면서 남보다 '조금 더' 편하게 살기 위한 의미의 공부가 교실 수업인 것입니다. 그 사이에서 이도저도 아닌 아이들은 밑바닥에 구멍 난 지 오래된 난파선을 타고 이리저리 표류하고 있습니다.

졸업장, 자격증 한 장으로 한 인간의 모든 것이 판정되는 대단한 '라이센스' 맹신 사회에서 교실과 수업의 정체는 어떻게 찾아야 하는 것일까요. 이런 고민이 커질수록 그래서 학교를 없애야 한다고 한 이반 일리히Ivan Illich의 말이 일면 와 닿는지도 모르겠습니다.[10] 어른들이 느끼는 행복은 성적순이 아닐지라도 분명 아이들의 행복은 성적순이고, 부모의 재력순인 나라. 그리고 그것 덕분에 성적순으로 직업을 선택할 수밖에 없는 나라. 그것이 지금 대한민국 교실과 수업이 힘들어지는 가장 큰 이유입니다.

교실과 수업 이야기를 하다 보니 불현듯 큰아이가 자주 하는 '러시아워Rush Hour' 라는 주차장 게임이 떠오릅니다. A5 용지 정도 크기의 플라스틱 틀 안에 각양각색의 자동차 모형들이 빼곡히 들어차 있습니다. 여기서 자동차 모형들을 요리조리 앞뒤, 좌우로 움직여

메인 자동차를 주차장 바깥으로 빼내는 게임입니다. 단, 자동차 모형들을 들어 나를 수는 없습니다. 난이도에 따라 단계가 정해져 있는데 윗단계로 갈수록 메인 자동차를 빼내는 게 여간 어렵지 않습니다. 각양각색의 자동차들에게 적용되는 공통된 규칙은, 휘어지거나 날아갈 수 없고 위아래, 왼쪽 오른쪽으로만 움직여서 고정된 하나의 출구로만 나가야 하며, 처음 각본대로 놓인 자동차의 방향은 변경이 불가능하다는 것입니다. 가로건 세로건 원래 놓인 방향을 바꿀 수 없습니다. 그저 그 방향에서 앞뒤, 좌우로만 움직일 수 있을 뿐인 규칙 때문에 이 게임이 교실 수업에 오버랩되곤 합니다. 이런 규칙이 당연한 곳이 교실이고 당연한 활동이 수업입니다. 이러한 일방적인 규칙이 이미 수많은 패배자들을 생산했고, 지금도 생산되고 있습니다. 『교실혁명』에서 페에 치쉬는 이 상황을 눈물 나게 잘 묘사하고 있습니다.

> 많은 아이들은 마라톤 선수와 같은 힘을 갖고 있지 못합니다. 작고 여린 몸을 가졌지만 악착같이 끝까지 달리게 하는 그런 힘 말입니다. 하지만 지금도 아이들은 이미 운동장을 몇 바퀴나 돈 상태로 몸은 지칠 대로 지쳤고, 후들후들 떨리는 무릎을 꿇고서 패배의 눈물을 흘리고 있습니다. 그러는 사이에 수를 헤아릴 수 없을 만큼 많은 마약을 근육 속에 투입한 승리자가 저 높은 계단 위에 올라서서 손을 흔들고 있습니다. 관중들은 그를 둘러싼 채 환호하고 있습니다. 이 광경을 보고 있던 많은 아이들은 이미 포기한 채 달리기를 거부하고 있습니다.[11]

일찌감치 이런 게임 규칙을 거부해온 아이들이 사람공부에서마저도 이미 인생의 낙오자인 듯한 마음으로 십대 시절을 채우고 있는 것이 더 큰 문제입니다. 최대한 빨리 십대를 벗어나고픈 마음으로 편한 것만 추구하는 삶을 살아가려 합니다. 달리다 지쳐 이제는 스스로 걷지도 않으려 애씁니다.

잘살고 못살고를 떠나 우리의 삶에서는 태어나서 죽을 때까지 공부가 필요합니다. 직업을 갖고, 윤택한 인생을 설계하기 위한 한정적인 공부도 기본적인 공부입니다. 자신의 삶과 자아실현을 위한 공부도 중요한 공부입니다. 이런저런 공부를 처음, 제대로 시작하는 연습을 하는 장소인 교실, 실전을 연습하는 활동인 수업. 교실과 수업에서 다시 살아나야 할 공부가 어떤 것인지는 분명합니다. 지금, 학교에게 필요한 공부는? 길고 긴 인생에서 교과서 공부와 사람공부를 함께 연습하는 다양한 기회를 제공해줄 수 있는 의미 있는 활동으로 거듭나야 합니다.

왜 그렇게 많은 비용을 들이면서 수많은 유능한 교사들이 교과서 공부에만 매달리는 우를 반복해야 합니까. 왜 대한민국의 40만 교사들이 아이들을 모두 대학생 만드는 데만 자신의 능력과 꿈과 열정을 쏟아내는 양상을 반복해야만 합니까. 소위 공부는 잘하는데 사람이 덜 된 아이들도 공부를 못한다고 사람 취급 덜 받는 아이들도 모두 하나뿐인 출입구 때문에 만들어진 모습들입니다. 우리가 수업에서 만나는 '좋은 아이들' 이란 그저 이해력이 남들보다 좀 더 나은 것일 뿐, 그 이상은 아니라 페에 치쉬의 지적을 가슴 깊이 새

겨야만 합니다. 그래서 교실 수업 속 두 가지 공부에서 끊어진 연결고리를 이어주는 것, 그것이 지금 대한민국의 학교에 필요한 공부입니다. 아이들과의 관계가 힘들다고 하소연하는 고참 교사들이 먼저 나서야 합니다. 그리고 후배 교사들이 함께 이를 보며 따라 배워야 합니다. 지금 대한민국 교육판에는 열정적이고 능력 있는 교사, 성공의 경험을 하고 싶어 기회만 엿보는 아이들, 대한민국 아이들이 함께 행복한 삶을 살기를 바라는 부모들이 넘쳐납니다. 다만, 이들이 자신의 역할을 제대로 할 수 있는 여건이 마련되지 못하고 있을 뿐입니다.

수업행복 과제 4_수업 목표를 명확히 하자

'자기 자신이 수업시간에 진짜 하고 싶은 게 무엇인가'에 대한 스스로의 답을 명확히 하는 순간 수업은 변하기 시작한다. 다만 어떤 목표를 가진 수업이건 자신의 삶과 연결짓지 못하는 교과내용으로만 '채워지는' 수업은 아이들로부터 외면당하기 마련이다. 지금 이 책을 스스로 읽고 있는 경우라면 더욱 명심해야 할 이야기이다.

그들의 강점

2011년 5월 11일. 교육과학기술부 연수원에서 국제 학교혁신 심포지엄이 있었습니다. 핀란드, 스웨덴, 독일, 프랑스에서 온 교장과 교사들이 자신들의 학교혁신 사례를 발표하는 자리였습니다. 그들은 우리와는 여러 면에서 달랐습니다. 수업에 대한 철학이 달랐고, 수업의 목표가 달랐습니다. 무엇보다도 교사의 역할이 크게 달랐습니다. 몹시도 부럽도록 다른 것들을 두 가지로 정리해보겠습니다.

첫 번째 특징은 학교가 작다는 것입니다. 스웨덴 푸투름FUTURUM 학교의 한스 알레니우스Hans Ahlenius 교사는 사례 발표를 시작하면서 학교 건물의 리모델링 과정을 자세하게 설명했습니다. 그리고 리모델링 과정에서 '큰 학교 안의 작은 학교'라는 교육철학을 건물에 반영했다는 점을 강조했습니다. 푸투름 학교는 학생들을 연령별로 Yellow, Green, Blue 팀으로 구분하고 있습니다. 2007년 독일학교상을 수상하고 유네스코 학교로 지정되어 있는 헬네레랑Helene-Lange 학교 역시 교사 및 학생이 팀제로 운영되고 있습니다. 유네스코 학교 네트워크의 일원인 핀란드 헬싱키의 라또까르따노 종합학교Latokartanon Comprehensive school 또한 하나의 큰 학교 안에 여러 개의 작은 학교를 표방하고 실제 그렇게 운영되고 있었습니다. 이 학교들의 공통점은 한 학급 평균 20여 명의 학생들이 무학년제의 형태로 6~11년 동안 동일한 환경, 동일한 교사에게서 가족적인 개념의 돌봄 학습을 받는다는 점입니다.

두 번째 특징은 국가 교육과정보다 학교와 지역적 특성에 맞는 교육과정을 독창적으로 운영하고, 학생과 멘토 교사가 학습계획을 스스로 수립하며, 이 목표를 달성하기 위한 과정이 곧 일상의 학습이라는 점입니다. 이러한 시스템이 협력학습, 직업현장 체험학습, 하루 3회 정도의 블록형 수업(1블록 90분 정도), 실제적인 프로젝트 수업 진행을 위한 학생들의 자유수업 시간 배정 등 시간표 자체가 매우 유연하게 움직일 수 있도록 만들었을 것입니다. 우리의 상황과 다소 비슷하게 보이는(엘리트 위주의 교육정책이 시행되고, 학교 간·지역 간 불균형이 심하고, 학교가 사회 흐름에 뒤처지고 있다는 평가를 받고, 이러한 상황을 지켜보는 10대들의 사회적 요구가 커지고 있는) 프랑스마저도 대부분의 수업이 프로젝트 수업입니다. 특히, 프랑스 학생들의 1년간 프로젝트 수업 결과물로 소개되었던 1시간짜리 영화 「헤라클레스Heracles의 아이들」은 프랑스다움을 보여준 예술작품이었습니다. 그 영화의 주인공 역할을 한 10대 소녀 조에Joe는 우리 수업에서도 자주 만날 수 있는 아이(공부에 관심이 없고 공부를 못하기 때문에 모든 것을 못한다는 취급을 받고 스스로도 그것을 당연하게 여기며 하루하루 살아가는 무기력한 아이)의 모습이라 지금도 잊히지가 않습니다. 그 영화를 보고 나니 학교라는 공간에서의 답답함, 미래에 대한 불안 등을 문학작품에 빗대어 영화라는 매체로 표현할 시간을 1년이나 가질 수 있다는 점에서는 우리나라 교실의 많은 조에들이 더 측은하게 느껴졌습니다.

외국의 학교혁신 사례들을 접하면서 그들의 학교는 오랜 역사와 문화적 · 인종적 배경 속에서 서서히 자리 잡은 그들의 삶의 방식으로서의 학교라는 생각이 들었습니다. 여기에 비해 대한민국 교육은 짧은 시간 동안 국가 경제 성장의 동력이 되었음을 우리보다는 세계가 먼저 인정한 상태입니다. 그리고 2000년 이후에는 현저하게 교육여건이 개선되고 있는 것 또한 사실이지만, 이들 나라와 비교하면 여러 면에서 우리의 교육환경은 열악하기만 합니다. 나중에 좀 더 구체적으로 이야기할 기회를 갖겠지만, 많은 아이들을 한꺼번에 모아놓고, 너무 많은 것들을 가르치려는 것이 가장 큰 문제입니다.

변화를 위한 우리의 작은 시작

그렇지만 대한민국의 교육에도 분명히 희망의 싹이 움트고 있습니다. 학교장에서 평교사까지 학교와 수업에 대한 그리고 아이들과 학부모에 대한 관점이 서서히 변화하고 있습니다. 학교에 대한 학부모의 신뢰 어린 따스한 온기가 피어오르고 있습니다. 학부모의 건강한 참여가 다양한 형태로 일어나고 있습니다. 이러한 변화의 진앙지는 학교혁신을 제대로 바라보고, 접근하고 있는 선도적인 혁신학교들의 움직임과 사례 전파입니다.

많은 학교에서 수업 공개를 하기 시작하고 있고, 교무실에서 동료와 수업에 대한 이야기를 나누기 시작했습니다. 교문에서 아이들을 안아주고, 반기며 보듬어주기 시작했습니다. 아이들 스스로 자신들의 행동에 대한 규칙을 세우고 실천하며 친구들의 학습을 도와주기 시작했습니다. 교사들은 자발적으로 교육에 대해 진지하게 고민하고 실천하기 시작했습니다. 비로소 대한민국의 교사들이 마음속에 숨기고 살아왔던 아이들에 대한 진심 어린 사랑과 헌신을 펼쳐볼 수 있는 시도들이 하나둘 일어나고 있습니다. 엄청난 양의 연수를 소화하면서 그 가운데 희망을 실천하고, 치열한 토론을 거듭하면서 현실적인 대안들을 찾아가고 있습니다.

그러나 아직 미미한 시작입니다. 특목고, 특성화고, 자사고, 마이스터고, 대안교육형 중학교에 이어 서울, 경기, 강원, 전북 등을 중심으로 혁신학교의 바람이 이어지면서 교육과정의 다양화를 시도

하고 있지만, 교육 통계(2010)에 따르면 중학교의 99퍼센트, 고등학교의 90퍼센트 이상이 국가의 감독 아래 그저 평범한(?) 아이들로 채워져 거의 같은 내용을 비슷한 시기에 가르치고 배워야 다음 단계 학교로 진학할 수 있는 시스템이 여전히 유지되고 있습니다. 지금 몇몇 혁신학교에서 맛보고 있는 교실 수업의 변화가 대부분의 평범한 교실에서도 일어나는 것이 진짜 혁신입니다. 수업을 먼저 살리려는 학교문화를 교무실에서 교사들이 먼저 경험하고 그것을 아이들과 수업으로 나눌 수 있는 상황이 되어야 합니다.

하지만 학교혁신이 물결처럼 일어나 혁신이 더 이상 혁신이 아닌 시점이 될 때까지는 교사들의 자발성이 동반되어야 합니다. 앞으로 많은 정책과 지원 시스템은 교사들의 자발성을 깨울 수 있는 방향으로 접근해야 합니다. 이제 더 이상 교사 개개인의 열정에 학교혁신의 모든 것을 맡겨서는 안 됩니다. 자발성은 교사 스스로 마인드 변화의 필요성을 느낄 때 더욱 커집니다. 애덤 스미스Adam Smith가 강조했듯이 마인드가 세계관을 결정합니다. 마인드는 개인의 약점과 잠재력에 대한 믿음을 동시에 만들어냅니다. 또한 행동반경과 반응 정도를 결정하고 직간접적으로 모든 결과에 영향을 미칩니다. 게다가 개인의 마인드에 따라 자기와 타인에 대한 관점, 이해, 수용 정도가 달라집니다. 교사들이 교육환경을 수용하고, 수업을 개선하고, 아이들과의 삶을 이야기하고픈 마인드가 형성될 수 있는 다양한 정책과 지원이 필요합니다.

진정한 학교혁신은 헌것을 버리고 새것을 만드는 데 있지 않습니다. 혁신의 핵심은 학교구성원 간의 인간관계, 즉 '사이'에서의 신뢰 회복입니다. 학교는 '사이' 속의 갈등을 합리적으로 조정하고 그 결과 신뢰를 회복·유지시키는 일련의 과정을 학습할 수 있는 공간이어야 합니다. 교사와 교사, 교사와 관리자, 교사와 학생, 교사와 학부모 등이 서로 신뢰하고 존중할 수 있는 새로운 학교문화, 그것이 우리가 바라는 진정한 학교혁신의 모습이어야 합니다.

학교혁신 국제 심포지엄의 사례 발표 시간에 마지막으로 나선 독일 헬레네랑 학교의 알베르트 마이어 교사가 한국어로 "행운을 빌어요"라고 하는 장면을 보면서 마음이 짠해졌습니다. 이것이 저 혼자의 갈증 때문만은 아닐 것입니다.

물론 지금까지 말씀드린 것들이 '한 방에' 해결되기는 어렵습니다. 하지만 우리가 함께 나아가야 할 방향임은 분명합니다. 그리고 학교를 살리는 길은 수업이라는 것에도 이의가 없습니다. 그렇기 때문에 우리에게 지금 필요한 것은, 최선의 방법을 찾아 지금 당장 수업을 변화시키고 나의 삶의 질을 변화시키고자 하는 자발성의 발현입니다. 그래야만 몇 개 안 되는 인생의 키워드에 모든 것을 걸고 있는, 그마저도 버거워 적응하지 못하는 교실 속 아이들에게 행복을 가르쳐줄 수 있습니다. 그것이야말로 아이들이 희망을 잃지 않게 도와줄 수 있는 작지만 아주 중요한 교사의 역할입니다. 분명!

수업행복 2

수업하기 힘든 이유는 무엇 때문일까?

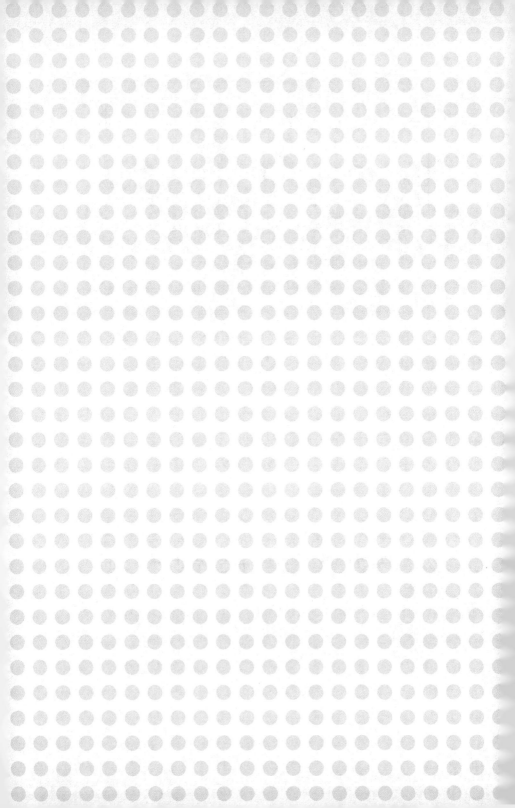

구조적인 '문제' 가 있는 수업

좋은 수업은 서로 적당히 하기의 야합이 아니라는 전제하에 이야기하자면, 가르치는 이와 배우는 이가 '서로 잘 맞으면' 좋은 수업입니다. 앞의 설문 결과에서 많은 교사들이 스스로 가르치는 수업기술이 부족하다는 이야기를 했습니다. 그러나 어떤 화려하고 능숙한 수업기술도 '서로 잘 맞추는' 데 필요한 효율적인 진행도구, 윤활유일 뿐입니다. 그것 자체가 좋은 수업을 만들어내지는 못합니다. 그렇다면 수업이 '서로 잘 맞는다' 는 것은 무슨 의미일까요. 먼저 서로 잘 맞지 않는 이유에 대해 이야기를 나눠보아야겠습니다. 일단, 안심하십시오. 우리가 수업을 못해서가 아니라 원래 버벅거릴 수밖에 없는 이유가 충분하니까 말입니다.[1]

첫째, 일단 우리의 수업은 강제성에서 출발합니다. 제도적 · 법률적으로 2004년 이후로 대한민국 국민이면 누구든 최소한 의무적으로 중등교육을 받아야 합니다. 그 속에서 교사건 아이들이건 수업에 대한 선택권이 없습니다. 당장, 무슨 요일, 몇 교시에, 어느 반에 들어가는 건 교사에게 주어진 명령입니다. 그 교실에 앉아 있는 아이들 역시 마찬가지입니다. 이것보다 더 큰 문제는 서로가 무엇을 가르치고 배울 것인가에 대한 선택권이 없다는 것입니다. 앞에서 언급했듯이, 점차 다양한 교육과정을 운영할 수 있는 자율형 학교들이 생겨나고 있지만, 이는 고등학교의 경우 전체 학교의 약 4퍼센트에 불과합니다.[2] 지금 우리의 수업은 '입학시험'을 전제로 하기 때문에, 똑같은 걸 비슷한 시기에 배워 한날한시에 평가를 받는 집단적인 시스템의 주요 활동일 뿐입니다. 그러니 수업의 깊이 있는 전개가 사실상 무의미합니다. "그거 시험에 나와?"란 한마디면 게임아웃입니다. 모둠학습을 시도할 때 "선생님, 저희는 고3이에요."라고 하면 할 말이 많지 않습니다. 어르고 달래든가, 윽박지르든가 할 뿐. 그러나 강제성과 자발성은 원래 같은 외줄의 서로 반대편에 매달려 있습니다.

둘째, 배워야 한다고 미리 정해놓은 내용이 너무 많습니다. 그러다 보니 가르치는 사람은 전달하기에 급급합니다. 내용에 적절한 양념을 발라 버무릴 여유가 없습니다. 내용을 확장하고 내용에 빠져들기 전에 '오늘은 꼭 어디까지'라는 진도주의에 빠지기 쉽습니다. 이를 어기면 스스로는 물론 아이들과 그들의 부모에게 미안해집니다. 마치 칼로 무 자르듯이 수업을 해치워야만 합니다. 그저 혼자 마구 떠들어야 합니다. 웬만한 학습활동, 논의도 여유 있게 할 수가 없습니다. 초등학교보다는 중학교가, 중학교보다는 고등학교가 더욱 그렇습니다. 이미 앞에서 살펴본 것처럼 '입시 위주의 교육 정책'으로 인해 다양한 형태의 수업을 시도하지 못한다는 하소연이 고등학교 교사(30.6퍼센트)가 중학교 교사(14.6퍼센트)보다 2배 이상, 초등학교 교사(5.5퍼센트)보다는 무려 6배 가까이 높은 것이 이를 잘 보여주고 있습니다. 아무리 검증된 훌륭한 수업모형도 '입시' 앞에서는 그저 튀는 도전일 뿐입니다. 논의가 더 많아야 할 상황인데 실제로는 역전이 되고 있는 것입니다. 배움의 공동체도, 프로젝트 수업도, 협동학습도 이 대목에서는 이렇다 할 대책이 없습니다. 학습 효과를 따지기 전에 현재의 형태에서 벗어나는 학습방법이 번거롭고, 두렵습니다. 아무리 좋아도 귀찮아지는 것입니다.

이미 이런 거부감은 니힐리즘nihilism으로 확장되어 교무실에 떡하니 자리 잡은 지 오래입니다. '뭐 그렇게까지 해야 하나?'의 자문자답이 반복되는 것입니다. 5분 만에 끝낼 수 있는 내용을 20분의 모둠활동으로 진행하는 건 일 년에 한두 번 학교 자랑 공개수업쯤의 연례 행사로 족합니다. 물론 이때도 아이들의 사고력은 5분 안에 나와야만 합니다.

이러한 수업 형태를 방관하는 것이 또 있습니다. 가르쳐야 한다고 정해져 있는 내용만큼 한 반에 모여 있는 아이들이 너무 많습니다. 우리가 비교당하기를 좋아하는 것만 같은 핀란드나 스웨덴, 덴마크 같은 교육 선진국의 학급당 인원수는 우리의 절반 이하 수준입니다. 혁신학교 국제 심포지엄에서 있었던 일입니다. 핀란드에서 날아온 한 여교사가 맡고 있는 반 아이들이 18명인데, 학교 측에서 전입생을 받으면서 무려(?) 20명이 되어 학교 측과 옥신각신했다는 것을 토로하듯이 발표하더군요. 한국에서는 30명을 데리고 혁신을 하고 있다는 말을 듣고 그 여교사가 한 말은 "건투를 빕니다"였습니다. 앞으로 어떤 정권이 대통령을 만들어내고, 교과부 장관을 맡더라도 학급당 아이들 수를 절반 수준까지 끌어내리는 것, 그것이 대한민국 학교혁신의 절반일 것입니다.

셋째, 진정한 가르침과 배움은 균형적인 '관계'에서 나옵니다. 가르치는 이와 배우는 이가 서로에게 비슷한 에너지로 의지할 때 배움이 발생합니다. 어느 한쪽의 에너지가 일방적이면 가르침과 배움이 위축되기 쉽습니다. 그렇게 위축된 부정적 에너지는 어느 한쪽을 종속적으로 만듭니다. 이렇게 되면 수업의 질적 향상을 기대하기가 어렵고 적당히 표면적으로 가르치고 배우게 됩니다. 그런데 우리의 현실이 그렇습니다. 위에서 이야기한 것처럼 내용과 인원에서의 대량성 때문에 마치 가장 훌륭한 것처럼 보이는 수업기술이 효율적인 '통제'이고, 학급 '관리'입니다. 통제와 관리는 힘의 비균형성을 의미합니다. 교사가 가진 막연한 두려움에 대한 제도적·관습적 방어기제로 인해 전통적으로 교사가 모든 것을 쥐고 있었습니다. 그러나 요즘에는 그 열쇠에 대한 도전이 일어나기 시작합니다. 이런 상황을 가리켜 어떤 이는 교실을 '서열 싸움의 공간'이라고 했나 봅니다. 서로의 서열을 잃지 않으려는 기싸움.

이 과정이 반복되면 잃을 게 없는 아이들보다 교사가 먼저 서열

싸움에 대한 두려움을 안고 교실에 들어가게 됩니다. 그리고 그 두려움을 가리기 위한 다양한 방식을 동원하는 데 수업의 많은 에너지를 소비하게 됩니다. 토마스 고든Thomas Gordon의 지적처럼 수업 시간의 75퍼센트 이상을 교사와 학교가 만든 규칙을 강제하는, 즉 경찰 역할로 소비하게 된다는 말입니다.[3] 이렇게 되면 모든 것이 아직 공사 중인 아이들은 교사가 던지는 두려움의 파편에 적절하게 대응할 방어기제를 개발하기에 급급해집니다. 그리고 개발된 방어기제를 반복적으로 활용함으로써 수업에서의 불편함에 대한 나름대로의 적응법을 갖추게 됩니다. 이렇게 상대방과 상황에 대한 두려움을 가진 상태에서의 만남, 그 속에서 가르치는 이와 배워야 하는 이 사이에 오가는 수업 대화의 내용은 허구적일 수밖에 없습니다.

이러한 상황이 반복되는 수업 장면은 "자신을 아는 일이 가장 어렵고 다른 사람에게 충고하는 일이 가장 쉬운" 것이라는 그리스 철학자 디오게네스Diogenes의 말을 각자가 매일 반복적으로 증명하고 실천하는 것처럼 보입니다. 서로에게서 벗어나고 싶은 언쟁의 반복입니다. 서로에게 바라는 것이 없는 불신의 상황입니다.

넷째, 학교 간 경쟁입니다. 얼마나 잘 가르치고 잘 배우는가가 어느 한두 개의 프로그램으로 비교될 수 없는 영역이지만, 그 경쟁의 속내를 보면 질적인 것보다는 양적인 것에 치중하는 경우가 대부분입니다. 어느 학교는 방과 후를 몇 시까지 하니 우리도 해야 한다, 야자를 몇 시까지 하니 우리도 해야 되지 않나 수준입니다. 0교시

부활도 그런 맥락에서 꾸준히 시도되는 것입니다. 마치 가래떡 뽑아내듯이 위에서 많이 집어넣기만 하면 밑에서 많이 나올 것이라는 '떡방앗간' 원리에 입각해서 교육을 보듯이 말입니다. 또 있습니다. 어떤 고등학교에서 어느 대학에 몇 명을 합격 '시켰다' 라는 현수막 경쟁입니다. 그 현수막에 이름 석 자 들어간 아이들은 언제나 학교의 우수한 프로그램에 의해 만들어진 수동적인 존재입니다. 그러나 현수막 바깥에 있는 대다수의 아이들의 부족한 결과는 대부분 아이들 스스로의 몫입니다.

세계적인 산악인 고故 박영석 씨는 히말라야 최고봉 14개를 정복하고, 북극과 남극을 도보로 탐험한 한국의 자랑입니다. 그런데 그의 진정한 진가는 따로 있습니다. 어떻게든 정상을 밟아야 한다는 등정登頂주의가 아니라 어떻게 오르느냐를 더 중요하게 여기는 등로登路주의 산악인이었기 때문입니다. 그는 현지인 셀파의 도움을 최소로 받으면서 모든 장비를 본인이 직접 챙겨 옮기고 무산소 등반을 고집했습니다. 대한민국의 입시는 어떻게 해서든지 합격하고 보자는 등정주의에 입각한 교육입니다. 모든 아이들이 같은 산을 같은 루트로 올라야만 하는 집단교육입니다. 그 속에서 아이들 역시 목표 달성만 하면 된다는 실리 위주의 인간으로 성장하는 게 당연한 결과인지도 모르겠습니다. 대한민국 교육은 어떻게 해서든 올라가기만 하면 되는 현수막 교육입니다.

대한민국 어느 교실이나, 어떤 수업에서나 먹히는 완벽한 매뉴얼이 존재할까요? 결론은 '그런 것은 없다' 입니다. 그것은 수업에서

'가르치려고 하는 것'과 '배우고 싶어 하는 것' 사이에 항상 벌어져 있는 간극 때문입니다. 교사가 수업에서 해야 하는 것은 그 간극을 어떻게 하면 좁힐 수 있을까 하는 도전뿐입니다.

수업행복 과제 5_'간극'을 좁히는 시도를 하자

여러 가지 구조적인 어려움 속에서도 우리가 수업시간에 해야 할 것은 '가르치려는 것'과 '배우려는 것' 사이에 벌어져 있는 간극을 좁히려는 다양한 도전을 멈추지 않는 것뿐이다.

근본적인 '차이'가 존재하는 교실

우리는 다 다릅니다. 성性도 다르고 생김새도 다르고 성격도 다릅니다. 취향도 다르고, 능력도 다르고, 끼도 다릅니다. 행복을 느끼는 수준도, 사는 방식과 이유도 다릅니다. 그래서 생각도 다 다릅니다. 같은 상황에서 다른 생각을 하게 되는 것은 이 다름에서 출발하는 정상적인 차이입니다. 수업에서 존재하는 이 정상적인 차이는 대부분 타고난 기질氣質과 성性 역할에서 나타납니다.

먼저 기질의 차이에 대한 시각부터 살펴보겠습니다. 수업은 표면적으로는 가르치는 이와 배우는 이의 만남에서 시작됩니다. 그런데 이 만남을 좀 더 구체적으로 살펴보면, 각자의 다른 '기질'의 만남입니다. 기질이란 자신의 에너지 방향이 내부로 향하는지, 외부로 향하는지를 의미합니다. 우리는 흔히 전자의 유형을 내향인, 후자를 외향인이라고 부릅니다. 일반적으로 내향인인 교사는 조용하고 정리 정돈된 상태의 수업을 선호합니다. 이를 위해 다양한 수업 규칙을 만들어 적용시키는 데 많은 에너지를 씁니다. 그리고 아이들의 움직임이 많은 활동, 다양한 모둠활동보다는 차분한 상태에서의 교사 주도적 수업을 더 선호합니다.

왜 그러는지, 언제부터 그랬는지에 대한 자각 없이 그냥 더 편하게 느낍니다. 이런 성향의 교사가 주도하는 수업에서는 당연히 내향적인 성향의 아이들이 상대적으로 수업을 잘 따라오게 됩니다. 즉흥적인 질문과 답변보다는 생각하고 쓰는 형태의 수업 분위기에 더 익숙합니다. 외향적인 아이들에게는 지루하기 짝이 없는 수업이 될 수 있습니다. 잠시도 가만히 앉아 있지 못하겠고, 입이 근질거려 참기 힘들어 합니다. 교사의 목소리는 졸음을 쫓기에는 역부족입니다. 무엇보다 수업시간에 할 수 있는 역할이 거의 없어 답답하기만 합니다.

이에 비해 외향인 교사는 다양한 형태의 움직임 있는 수업을 선호합니다. 퍼포먼스를 많이 사용하고, 아이들의 참여를 유도하는데 적극적입니다. 그렇기 때문에 자연스럽게 아이들과의 스킨십도 이루어집니다. 대체적으로 내향인의 교사보다 더 유머를 잘 구사하고, 왁자지껄한 수업 분위기를 만들기도 합니다. 즉흥적인 발표를 시키고, 아이들과 농담도 곧잘 나누곤 합니다. 이런 수업에서 외향적인 기질의 아이들은 물 만난 물고기가 되지만, 내향적인 성향의 아이들은 부담스럽고 어색하고 공부하기에 편하지 않습니다. 생각할 시간 없이 질문을 자주 하는 것도, 동성인 교사의 스킨십도 불편하기만 합니다.

그런데 미국 국립노화연구소에 따르면 우리나라는 매우 내향적인 사람들의 나라라고 합니다.[4] 국민의 75퍼센트가 내향인이고 25퍼센트가 외향인이랍니다. 미국과는 정반대입니다. 이 조사 결과가 어떤 직군에나 적용될 수는 없겠지만, 적어도 교사들 중에서도 내향인이 외향인보다 월등히 많다는 것이겠지요.

이것은 제가 2006년 이후 강의를 다니면서 만났던 많은 교사들의 답변과도 거의 일치합니다. 자신을 외향적인 사람이라고 생각하는 경우는 10명 중 2~3명 정도였습니다. 구체적인 연구가 필요하겠지만, 간단한 MBTI 체크에서도 10명 중 6~7명이 내향적이라는 결과를 나타냈습니다. 하지만 어느 누구든지 양쪽의 기질을 동시에 다 가지고 있습니다. 상황에 따라 좀 더 두드러지는 기질이 나타날 뿐입니다. 마치 오른손잡이라고 왼손을 전혀 못 쓰는 게 아닌 것처럼 말입니다.

여기서 짚고 넘어가야 할 게 있습니다. 내향인과 외향인이란 기질이 좋고 나쁘고, 옳고 그르고의 근거가 아니라는 점입니다. 산악자전거를 즐기는 시각으로 책읽기를 좋아하는 사람을 비난하거나 틀렸다고 하는 것은 옳지 않습니다. 물론 그 반대의 경우도 마찬가지입니다. 수업 이야기를 하면서 기질 차이라는 말을 꺼낸 이유가 바로 여기에 있습니다.

우리 사회에는 내향인과 외향인에 대한 오해가 존재합니다. 그것은 흔히 자신의 기질을 닮은 사람은 옳고 반대는 틀렸다는 잘못된 판단에서 시작됩니다. 소극적인 것과 적극적인 것, 사교적인 것은 모두 정상적인 '차이' 일 뿐인데 말입니다. 교실에서의 수업을 컴퓨터라고 가정한다면, 교사와 아이들의 기질이 운영체제이고, 그들이 사용하는 말과 행동이 각각의 프로그램입니다. 그런데 같은 운영체제가 설치되어 있는 컴퓨터에서 같은 프로그램이 실행되어도 컴퓨터마다 생기는 문제 증상은 다 다릅니다. 하물며 다른 운영체제에서 돌아가는 프로그램이 다른 증상을 보이는 것은 당연하겠지요. 그렇기 때문에 우리의 수업을 살리기 위한 첫 번째 과제는 서로의 기질 차이를 인정하는 것입니다.

어떤 형태의 수업을 준비하고 실행하더라도 교사와 아이들 모두 만족할 수는 없습니다. 모두를 만족시킬 수 없다는 표현이 자조적으로 들릴지도 모르겠지만, 오해하지 말아야 합니다. 그것은 뒤집어서 말하면 모두를 만족시키려 하지 말아야 한다는 뜻이기도 합니다. 아주 다양한 이질 집단을 대상으로 한두 명의 교사가 한두 가지의 방식으로 한정된 시간에 만장일치로 OK 피드백을 받는다는 것은 이상적이지도, 정상적이지도 않습니다. 그것은 수업이라기보다 훈련에 가깝습니다. 예수, 부처, 공자, 소크라테스 등 세상 어느 성인聖人의 수업도 그렇지 않았습니다. 우리의 목적은 상호작용이 넘치고 쌍방향의 소통이 있는 살아 있는 수업입니다. 수업의 내용과 방식에 이견이 있고, 이 이견을 좁혀가는 논쟁의 과정에서 서로가 갈등을 조화롭게 조정하는 방법을 배우게 되는 것, 그것이 바로 우리가 해야 하는 수업입니다. 모두 꿀 먹은 벙어리 흉내를 내고자 귀중한 시간을 내어 모여 앉아 있는 것은 아닐 테니 말입니다.

어떤 반만 들어가면 더 당황스럽고 부담된다는 것은 그 안에 교사와 기질이 맞지 않는 아이들이 다수가 있다는 의미입니다. 이 아이들을 받아들일 수 있는 노력이 필요합니다. 하지만 타고난 기질을 단박에 바꾸기는 거의 불가능합니다. 그렇기 때문에 오히려 우리의 전략은 단순합니다. 자기의 기질대로 수업을 만들고 진행하는 것입니다. 단, 그 속에 기질이 다른 아이들에 대한 구체적인 배려가 포함되어 있는가가 관건입니다.

이번에는 수업에서 만나는 남녀의 차이입니다. 여자와 남자는 분명 다릅니다. 신체적인 특징은 물론, 정신적 · 심리적 특징도. 수업에서 만나는 아이들을 염두에 둔 여자와 남자의 차이에 대해서는 3장에서 더 자세한 이야기를 나누겠습니다. 우리의 수업이 일어나는 교실은 앞에서 말한 것처럼 기질의 차이와 함께, 성性의 차이도 분명히 존재합니다. 수업에서 만날 수 있는 여자와 남자의 일반적인 차이는 무엇일까요.

재잘재잘 말 잘하는 건 여자이고, 단내 나도록 입 다무는 건 주로 남자입니다. 자주 토라지고 금방 돌아오는 건 여자이고, 모았다가 한꺼번에 터지는 건 남자입니다. 입으로 투덜거리는 건 여자이고, 눈으로 투덜거리는 건 남자입니다. 눈을 맞추고 생글생글 웃으면서 딴생각을 하는 건 여자이고, 이 세 가지가 일치하는 건 남자입니다. 그렇기 때문에 여자는 주로 '뒷담화'에 능하고, 남자는 주로 '앞담화'에 익숙합니다. 엎드려 잘 때 이름이 불려도 못 들은 척하는 건 여자이고, 못 들은 건 남자입니다. 쪽지로 시비를 거는 건 여자이고, 말로 싸움을 거는 건 남자입니다. 이쪽 아이를 쳐다보면서 저쪽 아이도 보이는 건 여자이고, 눈앞에서 보고도 못 본 건 남자입니다. 대놓고 욕이 먼저 튀어나오는 건 여자이고, 주먹이 먼저 튀어나오는 건 남자입니다. 작은 소리가 잘 들리는 건 여자이고, 소리가 나는 방향을 잘 찾아내는 건 남자입니다.

2005년 『네이처』지에 남성과 여성의 유전적 차이가 약 1퍼센트라는 연구 결과가 실렸습니다. 99퍼센트가 일치하고 단 1퍼센트가 다르다는 것입니다. 인간의 몸을 구성하는 유전자 염색체는 23쌍입니다. 이 중 22쌍은 남성과 여성이 모두 가지고 있고 나머지 1쌍으로 남성(XY)과 여성(XX)이 결정됩니다. 그런데 남성이 되는 Y염색체는 78개의 유전자 정보를 가진 반면, 여성이 되는 X염색체는 1,098개의 유전자를 가진 것으로 알려져 있습니다.[5]

학교라는 제도에서, 교실이라는 공간과 수업이라는 활동을 대체적으로 주도하고 있는 여학생들이 상대적으로 단순해 보이는 남학생들보다 더 '복잡미묘' 한 이유가, 절대적인 아군 또는 적군이 되는 극과 극의 남학생들과는 달리 가까운 듯 멀게 느껴지는 이유가 1,098개의 유전자 때문은 아닐까요. 이 유전자들에 의해 여자와 남자는 호르몬 및 내분비계, 신경계의 생체기능 조절에서 뚜렷한 차이를 보이는 것이랍니다.

어찌 되었든 교실에 앉아 있는 아이들은 자신들도 의식하지 못한 채 1퍼센트의 차이를 고스란히 드러내고 있습니다. 물론 아이들의 유전자가 교사의 영역은 아니지만, 1퍼센트의 차이를 알고 바라보면 이해의 폭이 훨씬 더 넓어질 것은 분명합니다.

수업행복 과제 6_'차이'를 인정하자

우리가 가지고 있는 근본적인 '차이'를 나와 다르기 때문에 틀렸다고 치부하는 습관을 버려야 한다. 그래야 수업에서 만나게 되는 여러 상황들이 진심으로 이해되기 시작한다. 아이들은 물론 동료 교사도 더욱 잘 이해할 수 있을 것이다. 차이는 '틀린' 것이 아니라 '다를' 뿐이다.

지금껏 제가 학급 담임을 했던 아이들 숫자가 400명이 넘습니다. 수업에서 만난 아이들은 얼추 계산해봐도 3,900명 정도가 되는군요. 경력으로 따지면 아직도 만나야 할 아이들이 더 많겠지만……. 아무리 짧게 만났다고 해도 평균 1년입니다. 세상에 어떤 직업이 짧은 기간에 이렇게 많은 사람들과 1년이라는 시간을 함께 지낼 수 있을까요? 수천 명 앞에서 공연을 하는 가수도, 수십 수백만 명이 보는 영화 속 배우도, 하루 수백 명의 환자를 돌보는 의사도 이런 만남을 지속적으로 갖지는 못합니다.

사람이 사람을 만나 그 속에서 무엇인가를 잃고 얻는 과정이 곧 인생의 전부입니다. 사람 간의 만남은 '사이', 즉 관계를 의미합니다. 인생의 시작과 끝이 결국 '사이'의 시작이고 끝인 것입니다. 우리의 수많은 만남들은 전부 다음 세 가지의 '사이' 중 하나에 속한다고 볼 수 있습니다.

첫째, 태어나는 동시에 생기는 운명적인 관계로서 부모와 자식 '사이'입니다. 운명적이라는 표현을 쓴 이유는 서로가 선택하지 않았다는 의미입니다. 얼마 전 동생 내외에게 예쁜 아기가 태어났습니다. 태어난 지 4시간 만에 신생아실 유리창을 사이에 두고 온 식구들과 생애 최초의 만남을 가졌습니다. 식구들에게 인사라도 하듯 간호사 두 손에 얌전히 기대어 눈을 살짝 뜨고 창밖을 내다보는 것만 같았습니다. 신생아 침대로 다시 데리고 들어가는 방음창 너머의 간호사를 향해 동생이 소리쳤습니다. “아기가 바뀌지 않게 해주세요”라고. 농담 삼아 웃으면서 던진 말이지만, 이게 운명입니다. 어떤 부모에게서 태어날지, 어떤 자식이 태어날지 선택권이 없이 시작되는 운명적인 ‘사이.’ 우리 모두가 가지고 있는 최초의 ‘사이’입니다. 모든 부모가 아이가 있는 것은 아니지만, 세상의 모든 아이는 부모에게서 시작된 것입니다.

둘째, 학교와 같은 교육기관에서 만나게 되는 친구, 교사와의 ‘사이’입니다. 요즘에는 만 3세 정도만 되어도 어린이집에서 하루 종일 보내는 경우가 많습니다. 맞벌이하는 부모라면 저녁시간을 훌쩍 넘겨서까지 아이들끼리 지내기도 합니다. 친구, 교사와의 ‘사이’ 형성은 전혀 선택권이 없는 것은 아니지만, 대부분의 경우 부모가 선택한 거주지와 관련되어 있습니다. 살다 보면 ‘세상 참 좁다’라는 말을 수없이 하게 되는 ‘사이’들은 대부분 학연學緣이나 지연地緣이란 이름으로 그 ‘곳’에 있었던 교실이라는 장소에서 출발하는 것입니다.

셋째, 성인 이후 직장과 관련한 만남에서 만들어지는 ‘사이’입니다. 이것은 자신의 필요에 의한 선택적 만남입니다. 물론 직장을 선택하지, 사람을 선택할 수는 없지만. 직장을 통해 맺어지는 ‘사이’는 다른 ‘사이’와는 차이가 있습니다. 앞의 두 개의 ‘사이’는 근본적으로 지속적인 반면, 직장에서의 ‘사이’는 소멸성을 지니고 있습니다. 부모와 자식, 스승과 제자, 친구 간의 ‘사이’는 보지 않는다고, 헤어졌다고, 지금의 ‘사이’가 좋든 나쁘든 없어지는 게 아닙니다. 만났을 때 '사이'를 맺었던 그 상황과 그때의 교훈, 습관이 지금의 나를 은연중에 지배하고 있습니다. 이것은 곧 학창 시절을 지나온 우리 속에는 나 말고 부모, 친구 그리고 교사. 이렇게 세 사람이 늘 함께 다닌다는 의미입니다. 그들이 어떤 상태로 내 속에 자리를 잡고 있는지는 다르지만 말입니다.

수업이란 학창 시절의 교실 속에만 있는 것이 아닙니다. 시험을 보기 위해, 학년을 올라가기 위해 받는 수업은 우리들의 '사이' 속에도 늘 존재하고 있습니다. 집에서도, 학교에서도, 직장에서도 우리는 늘 수업으로 '사이'를 형성하고 있습니다. 가르치고 배우는 것은 모든 '사이'에서 일어나는 자연스러운 현상이기 때문입니다. '사이'에는 언제나 이끄는 이가 있고, 따라가는 이가 있기 마련입니다. 그것이 선한 것이건, 악한 것이건. 생산적인 방향이건, 파괴적인 방향이건 말입니다.

미국 버지니아대 심리학과 교수인 조너선 하이트Jonathan Haidt 박사는 이렇게 말합니다.

"사회적 동물인 인간의 행복은 나와 가족, 나와 친구, 나와 직장 동료 간의 사이, 즉 'between'에서 나온다."

『학교를 칭찬하라』에서 요하임 바우어Joachim Bauer는 교사와 아이들이 관계 맺는 능력을 학교라는 시스템에 필요한 안전율(집을 지을 때 건축자재가 어느 정도의 하중을 견딜 수 있는지를 계산하는 비율) 중 하나라고 말합니다. 앞의 설문에서 보았듯이, 아이들과의 관계 맺기에 대한 부담이 큰 것이 사실입니다. 그래서 수업이 더욱 피곤해지기도 하고요. 수업은 간間 때문에 피곤합니다.

세상이 바뀌면서 아이들이 학교에 오는 이유 또한 달라졌습니다. 그 시점에 대한 논의는 더 필요하겠지만, 교사의 강의 일변도의 일제식 수업이 먹혀들었던 때는 '다함께 잘살자' 는 경제 성장이란 커다란 공동의 목표 아래 교과서의 가르침대로 수업을 받아 훌륭한 임금노동자로 사회에 뛰어드는 것이 가장 큰 목적이었습니다. 그때 아이들에게는 수업시간에 전체와 조화할 수 있는 연습이 가장 중요했고, 교사와 아이들은 그 엄격함 속에서 잔잔한 '정情' 을 나누는 문화가 있었습니다. 서로에게 의지하고 서로를 바라봐야만 하는 '사이' 였습니다. 인내하면서 공부하는 연습의 결과 얻어지는 졸업장은 그 자체만으로 큰 자격을 부여받는 것이었습니다.

그런데 요즘 아이들이 학교에 오는 가장 큰 이유는 '내가 조금 더 잘살자' 입니다. 다 같은 임금노동자가 아니라 독특한 아이디어로 자기만의 영역을 고수하기 위해서입니다. 그렇기 때문에 교과서가 가장 가치 있는 내용이 되지 못합니다. 그리고 전체를 위해 나를 감추는 연습은 페북하고, 트윗하고, 카톡하는 아이들에게는 낯선 구시대의 전통일 뿐입니다. 무의미하다고 생각들 합니다. 그러다 보니 내 것을 조금 더 챙기려고 아등바등하고, 이 일상의 흐름에 동참하지 못하는 아이들은 구멍 난 조각배가 되어 흘러 다니고 있습니다. 교사와 아이들의 관계는 가지고 있는 것을 조금씩 나누는 것이 아니라, 자기 것을 조금이라도 잃지 않으려는 '사이' 가 되어가고 있습니다. 서로 미워질 대로 미워진 상태에서 억지 만남을 계속하고 있는 것입니다.

서로에게 호감이 없으니, 서로 자기 말만 하고 들으려 하지 않습니다. 하코다 타다이키는 이러한 맥락에서 비호감을 주는 사람들의 특징을 7가지로 들고 있습니다.[6]

· 상대방이 말을 하고 있는 중간에 침착하지 못한 태도를 취한다.

· 멍하니 엉뚱한 쪽을 바라보고 있다.

· 종이에 낙서를 하거나, 손톱을 만지작거린다.

· 꾸벅꾸벅 존다.

· 상대방의 말을 곧바로 부정한다.

· 얼굴을 찌푸리거나, 노골적으로 무시하는 태도를 보인다.

· 상대방의 말을 계속해서 가로챈다.

교실에서 만날 수 있는 우리들의 이야기라는 생각이 듭니다. 그런데 비호감을 느끼는 7가지 모두 '시선'과 관련이 깊습니다. 상대방의 말을 진정으로 받아들인다는 신호는 시선에서 시작됩니다. 인간관계에서 대화의 시작은 말과 행동이 아니라 시선입니다. 말과 행동 이전 몇 초 동안의 시선으로 많은 메시지를 전달하게 되지요. 물론 그 시선 속에 구체적인 메시지는 물론 감정, 의도가 모두 포함되어 있는 것입니다. 교실에서도 마찬가지입니다. 그렇기 때문에 시선처리를 어떻게 하느냐에 따라 다음에 곧바로 이어질 말과 행동에 대한 수용 여부가 결정된다고 봐도 될듯합니다.

어떤 실험에서 같은 사람의 사진 두 장 중 더 호감이 가는 사진을 지나가는 행인들에게 골라보게 하였습니다. 그런데 유독 대부분의 행인들이 어느 한쪽의 사진만을 선택하였습니다. 그 사진에는 비밀이 숨겨져 있었습니다. 바로 눈동자에서 흰자위가 다른 한 장의 사진보다 조금 더 보이도록 그래픽 처리를 하였던 것입니다. 교실 수업에서 멍때리는 아이들, 아이들의 언행에 불쾌해진 교사들의 눈동자는 귀찮은 듯 쳐다보기, 찡그리고 째려보기, 시선으로 비웃기 등에 익숙해져 있습니다. 그리고 그것이 습관처럼 각자 자동적으로 표현되고 있습니다. 그 습관부터 고치려고 노력해야 합니다. 상대방의 말을 듣기 전에 내 감정을 먼저 전달하여 기선을 제압하려는 선제공격의 습관 말입니다. 인간은 호감을 갖고 있는 사람에게 부탁을 받으면, 그것에 적극적으로 응하려고 본능적으로 반응한다는 것이 치알디니Robert B. Cialdini의 원리입니다. 교사와 아이들이 서로에 대한 호감을 회복해야 합니다. 그것이야말로 간間 때문에 피곤한 교사와 아이들을 살리는 길입니다.

수업행복 과제 7_'호감'을 보여주자

수업에서 아이들이 나에게 호감을 가질 수 있게 하려면 정중하고 예의 바르게 이야기를 잘 들으려고 노력해야 한다. 그것이 교실에서 교사가 아이들에게 줄 수 있는 가장 큰 선물이다. 무엇보다 그러한 자세가 교사의 마음에 내면화되어야 한다. 내면화시키는 가장 빠른 방법은 상황 설명 없이 교사 혼자 매서운 눈초리로만 아이들에게 메시지를 전달하려는 습관을 없애는 것에서부터 시작된다.

수업에 대처하는 교사 유형

건강한 실험쥐를 대상으로 한 의미 있는 연구가 있습니다. 밀폐된 투명유리 상자 안에 쥐가 빠지면 몸 전체가 잠길 정도로 물을 가득 담았습니다. 투명유리 양쪽 벽면에는 물과 거의 비슷한 높이로 쥐가 올라 앉아 있을 수 있는 좁은 발판을 길게 설치하였습니다. 실험 대상 쥐 모두를 한쪽 발판 위에 올려놓고 나서, 반대쪽 발판에 치즈를 올려놓았습니다. 실험 결과, 실험 대상 쥐들이 1차로 분류됩니다. 먼저, 깊은 물을 헤엄쳐 치즈를 먹으러 출발하다 되돌아오는 쥐들이 생깁니다. 그리고 끝까지 포기하지 않고 헤엄쳐 치즈를 먹는 쥐들이 있습니다. 세 번째는 아예 출발을 하지 않은 채 발판에 남아 있는 쥐들이 있습니다. 마지막으로 몇 마리의 쥐들은 치즈를 입에 물고 다시 원래 있던 발판으로 돌아왔습니다.

그 다음으로 치즈를 획득하는 데 성공한 쥐들만을 대상으로 똑같은 실험을 진행하였습니다. 그랬더니 1차 실험 때와 마찬가지로 4가지 유형으로 분류가 되었습니다. 몇 번의 실험을 반복해도 결과는 마찬가지였습니다. 주목할 것은 실험이 반복될수록 움직이지 않은 채 동료 쥐가 가지고 온 치즈를 얻어먹는 쥐들이 더 많이 생겼다는 것입니다.

무슨 말을 하려는지 이미 눈치 채셨겠지요. 어느 집단이건 이 실험 결과처럼 인간 군상들이 나뉠 수 있다는 말을 하고 싶어서입니다. 실험쥐를 활용했지만 기분 나빠할 일이 아닙니다. 쥐의 유전자 구조가 사람에 가까워서 쥐와 사람의 유전자 3만 개 중 300개 정도를 제외하고는 서로 대응될 정도라고 합니다.

우리가 지금, 교실에서 수업에 임하는 방식은 쥐 실험의 결과와 비슷하다는 생각이 듭니다. 물론 쥐라는 동물에 대한 부정적인 선입견이 있다면 기분이 상할지도 모르겠지만, 쥐라는 동물 자체에 주목하기보다 어떤 집단에서건 나름의 생존전략을 선택하는 인간 유형을 엿볼 수 있다는 점을 주목해주세요. 어쨌든 교사들에게는 수업이 곧 치즈여야 하기에 더욱 그렇습니다. 자, 그럼 쥐 실험 결과가 어떻게 수업에 임하는 교사들의 유형으로 분류되는지 살펴보겠습니다.

첫 번째 유형은 소수의 혁신적인 교사들입니다. 이들은 현실적으로 여러 제약에도 불구하고 반드시 치즈를 얻으려는 노력을 게을리 하지 않습니다. 이들은 같은 날 같은 내용이어도 1교시와 다른 4교시를 시도합니다. 그 사이에 새로운 자료를 찾아 대체하고 학습지를 수정하는 열정이 있습니다. 특히 아이들이 수업시간에 다양한 학습활동과 의견을 나눌 수 있는 많은 기회를 제공하고자 노력합니다. 수업의 질적 변화를 위한 정보에 눈과 귀를 열어놓고 자기 것으로 만들고자 끊임없이 시도합니다. 그리고 어느 정도 확신에 찬 결과를 바탕으로 자기혁신을 넘어 학교 조직에 영향을 미치기 위해 움직입니다. 이들은 교실을 상호작용의 유기체적 공간으로 바라보기 때문에 수업에서 일방적으로 군림하려 하지 않습니다.

두 번째 유형은 물에 빠져들기를 반복적으로 시도하는 교사들입니다. 소수의 혁신적인 교사들을 지지하면서, 나름의 방식으로 수업을 이끌고자 여러 가지 시도를 합니다. 수업에서 아이들에게 다양한 활동의 기회를 제공하고 그들의 의견을 수용해야 한다는 생각은 늘 하지만, 현실적인 이유들 때문에 익숙한 강의식 수업을 선호하기도 합니다. 이들이 소수의 혁신적인 교사들과 가장 큰 차이점은 자기확신과 지구력이 다소 부족하다는 것입니다. 마음은 늘 변화를 시도하지만 개인적 · 현실적 한계로 인해 절반의 자기혁신에 머무르는 교사들입니다. 하지만 이들은 인간은 자기 의지로 한계를 극복할 수 있다는 것을 끊임없는 시행착오를 통해 보여주려고 노력하는 교사들입니다. 이들에게 수업은 극복 가능한 장애물인 것입니다.

세 번째 유형은 다수의 현실타협형 교사들입니다. 비율적으로 가장 많은 교사들이 여기에 속합니다. 이들에게 수업은 자신에게 주어진 하나의 역할입니다. 또한 그것은 학교라는 조직의 틀 속에서 맡겨진 업무 중 하나이기 때문에 수업의 질적 변화나 수업 자체에 대한 욕심보다는 전체적인 흐름 속에서 수업의 방향을 잡습니다. 바쁜 업무 중에 틈틈이 수업을 하는 것입니다. 그리고 수업이란 한두 사람의 고군분투만으로 변하지 않는다고 확신하는 편입니다. 그러면서 나는 언제나 수업에 최선을 다한다는 자기최면과 동시에, 현실적인 한계로 인해 수업에 매진할 수 없다면서 환경 탓으로 돌리는 경향이 있습니다. 또 아이들과의 수업은 교사가 주도하여 질서정연하게 진행되어야 한다고 인식합니다. 이들에게 교실은 교사와 아이들 간의 적절한 타협을 통해 한계를 극복할 수 있는 공간이면서 동시에 많은 한계에 부딪히기 때문에 교실 밖에서의 제도적·행정적 뒷받침이 매우 중요하다고 생각합니다.

네 번째 유형은 수업의 변화에 강한 거부감을 보이는 소수의 교사들입니다. 수업이란 적절한 통제와 관리를 통해 나보다는 전체를 위해 인내해야 하는 연습의 기회라고 생각합니다. 그렇기 때문에 교실에서는 질서 유지를 위한 조치가 가장 우선적이며, 교사들이 수업내용보다는 아이들 관리에 최선을 다해야 한다는 전통적인 수업관을 고수하는 경향이 강합니다. 인간의 의지만으로는 거대한 자연환경을 거스를 수 없듯이 이들에게 교실은 일면 순응적인 자세가 필요한 공간입니다. 그리고 수업내용은 시험을 전제로 진행되어야 할 가장 강력한 시나리오이기 때문에 그대로 아이들에게 전달하는 것이 가장 바람직하고 안전하다고 여기는 성향이 있습니다.

조벽 교수가 『나는 대한민국의 교사다』에서 어느 조직이든 구성원들이 혁신파, 지지파, 눈치파, 반대파로 분류된다고 한 것 역시 같은 맥락에서 이해될 수 있을 것입니다.[7] 교실 수업 변화를 위해서는 우선 자기 자신이 어떤 유형의 교사인지를 파악하는 것이 중요한 과제입니다. 그래야 거기에서부터 시작할 수 있기 때문입니다.

수업행복 과제 8_수업 형태를 명확히 하자

내가 어떤 형태의 수업을 바라는지, 수업에서 무엇을 하고 싶은지를 정확하게 알고 있어야 한다. 그래야 철학이 있는 수업이 가능하고, 그 속에서 일관성 있고 안정된 자기 수업을 만들어갈 수 있다.

수업행복 3

수업혁신을 위해 교사에게 필요한 것은 무엇일까?

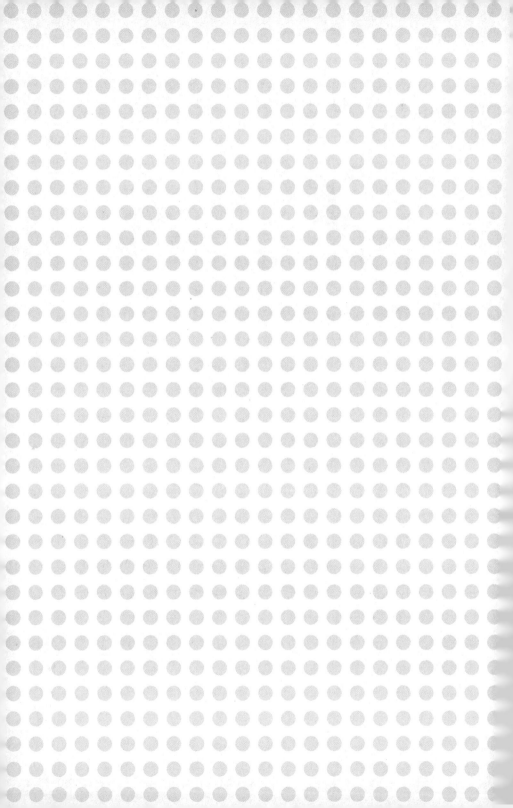

교실의 의미

태어나서, 자라고, 삶을 영위하다 생을 마감하는 시간 동안 우리는 수많은 장소와 연관을 맺습니다. 태어난 곳, 사랑하는 사람을 만났던 곳, 이별의 아픔을 간직한 곳, 내 인생에 소중한 이와 많은 시간을 보냈던 곳, 가장 멋진 생을 보낸 곳, 지금은 사라진 곳, 자기만의 추억이 묻어 있는 곳. 장소란 '사람이나 사물에 의하여 점유된 지리적 공간의 일부분' 을 의미합니다. 좀 쉽게 표현하면 '어떤 일이 이루어지거나 일어나는 곳' 이지요. 장소라는 공간 속에는 과거와 현재가 동시에 포함되어 있습니다. 각자의 삶이 다른 이의 삶과 섞이고 나누어지는 시간과 공간의 집합체인 것입니다. 그리고 그것은 다가올 미래를 염두에 둔 것입니다.

지구상에 나타났다 사라지는 많은 이들의 삶 속에서 '교실' 은 바로 그와 같은 의미를 지닌 장소입니다. 시대마다, 나라마다 교실이란 장소에 대한 명칭과 형태가 다를 뿐 인간의 삶 속에는 분명 언제나 교실이 자리 잡고 있었습니다. 사막 한가운데 천막이든, 강물 위 수상가옥이든, 높은 산속 허름한 건물이든, 멋진 휴식공간을 갖춘 현대적 건물이든 모두가 그 시간, 그 공간에 있는(또는 있던) 이들의 삶의 배움터가 교실이었습니다.

물론 요즘처럼 배워도 배워도 끝이 없는 평생교육의 시대에는 세상이 곧 교실입니다. 내가 필요에 의해서 무엇인가를 배우는 곳, 그곳이 바로 교실입니다. 외국어를 배우는 학원 강의실도, 드럼을 배우는 어둑한 지하 공간도, 명상을 하는 4층 옥상도, 자전거를 배우는 아파트 공터도, 운전을 배우는 학원도, 인라인 스케이트를 배우는 강변 둔치도 모두 훌륭한 교실입니다. 그런데 제도화된 학교 속 교실만큼 사람마다 추억과 느낌이 다른 곳도 없습니다. 동시에 우리의 삶에 등장하는 수많은 장소들 중에 교실만큼 오랫동안 영향을 주는 장소도 드물겠다 싶습니다.

어떤 이에게는 지금의 모습처럼 살 수 있는 영광이 시작되었던 고마운 장소, 두고두고 기억하고 싶고 다시 찾아가 보고 싶은 추억의 장소일 것입니다. 또 어떤 이에게는 지금 이렇게밖에 될 수 없었던 잊고 싶은 장소일지도 모릅니다. 또 다른 이에게는 지금이라도 돌아가 처음부터 다시 시작하고 싶은 재기의 장소일 수도 있습니다. 지금 그곳에 머물러야만 하는 수많은 아이들에게는 그저 빨리 벗어나고 싶은, 고난의 장소일 것입니다.

하지만 어느 시대의 '교실' 이나 늘 그 시대의 흐름과 상황에 맞춰 활용되었습니다. 무엇을 배우고 어떻게 가르쳐야 하는가는 '교실'이 처해 있던 시대상황을 반영하였습니다. 가부좌를 틀고 앉아 공자 왈, 맹자 왈 했던 교실도, 나라를 빼앗겨 우리말과 글을 마지막으로 배우던 그날의 교실도, 포탄을 피해 책도 책걸상도 없이 흙바닥에 앉아 소리쳤던 피난 교실도, 나 하나의 출세를 위해 몸과 마음을 내려놓고 밤을 하얗게 지새웠던 교실도, 완득이가 '똥주'에게 엉덩이가 터지도록 맞던 교실도 그리고 지금 우리가 만나고 있는 교실도 모두 '교실' 그 자체만으로 존재하지 않는 장소입니다. 오로지 공부 하나로, 한 방의 시험으로 많은 것들이 결정되는 대한민국에서 교실이 갖는 그 의미는 실로 막강합니다. 그곳에서부터 대한민국에서 어쩌면 평생 이어질 학연學緣, 지연地緣의 연결고리가 시작되니까요.

그런데 어떤 형태의 '교실'이건 그곳은 '수업'으로 채워집니다. 어느 시대, 어떤 상황에서도 교실은 수업이 있어야 존재 의미가 있었습니다. 무엇을 가르치고 어떻게 가르치는지는 다르더라도, 왜 배우고 얼마나 배우는지는 다르더라도 말입니다. 우리의 기억 속 저 밑에는 언제나 교실과 수업이 있습니다. 아련한 추억이든 유쾌하지 않은 감정이든, 「친구」도 「써니」도 「완득이」도 그랬던 것처럼.

최첨단 디지털 세상에서도 교실과 수업은 여전히 의미 있는 장소이고, 활동입니다. 그 장소와 활동에서 각자의 삶이 부딪치고 엮이면서 성장하는 가치도 여전히 유효합니다. 인류의 역사가 곧 가르치고 배우는 과정의 반복이었던 것처럼 말입니다.

21세기 대한민국은 역사상 가장 많은 '교실'과 '수업'으로 넘쳐나는 시대가 아닌가 싶습니다. 그러나 이제는 더 이상 학교만의 교실도 수업도 아닌 시대입니다. 교실과 수업의 의미와 가치, 역할이 달라지고 있습니다. 경우에 따라서는 학창 시절의 교실보다 더 유용한 교실이 많아졌습니다. 꼭 그 안에서 배우는 것만이 수업인 세상이 지나가고 있습니다. 이제 교실과 수업은 더 이상 유일한 장소와 활동이 아닙니다.

여러 개의 놀이기구 중 하나였던 저의 수업 역시 늘 혼자 하고 혼자 결론 내리는 일방적인 강의식 수업이었습니다. 그래서 아이들은 물론 제가 먼저 지쳐갔습니다. 담임으로서의 무기력하고 우유부단한 모습이 교과 담임으로서 수업에서도 나타나고 있었을 즈음이었습니다. 우연하게 인터넷을 뒤적거리다 몇 개의 퀴즈 프로그램을 발견하였습니다. 팀 짜기, 자리 바꾸기, 다섯 단계 퀴즈, 스피드 퀴즈, OX 퀴즈…… 초등학생들에게나 어울릴 것만 같은 플래시 프로그램들이라고 생각하면서도 벌써 내려받기를 하고 있었습니다.

그 이후 수업시간에 간간이 사용해보니 멍한 눈으로 앉아 있는 아이들에게 눈요기가 충분히 되는 듯했고, 실제 효과가 나타났습니다. 아이들이 수업시간에 말을 하기 시작했던 것입니다. 그러다 보니 굳이 필요 없는 상황에서도 화려한 액션과 음향효과가 나오는 플래시를 틀어대곤 했습니다. 물론 냉정하게 돌이켜보면 '재미있다'는 막연한 이유밖에 없었던 수업이었는데 말입니다.

그러나 우리는 늘 수업에서 경험합니다. 아이들의 찰나적인 흥미를. 그리고 수업이 '재미있다'는 것은 또 다른 의미에서 고민할 것들이 많아진다는 뜻임을. 사실, 플래시를 틀고 신나는 이야기를 해도, 겉으로는 '참여'하고 웃으며 빠져드는 듯하지만 많은 아이들은 여전히 수업 자체에 흥미를 갖지 못합니다. 재미는 있을지 몰라도 배움이 없는 수업이기 때문입니다. 마치 각본대로 웃고, 소리 내는 방청객들처럼.

몇 개의 플래시 프로그램의 힘을 빌려 더 많이 '참여'하는 아이들의 모습을 보면서 잠깐이나마 착각했었습니다. '이제야 수업이 조금 살아나는구나.' 하고. 그것이 잘못된 생각이라는 것을 아는 데는 그리 많은 시간이 필요하지 않았습니다. 수업 시작 전 꼭 필요하지도 않은 프로그램 몇 개를 작동시키려고 컴퓨터를 연결하고 화면을 띄우는 것이, 수업 시작이 되어버렸습니다. 아이들보다는 컴퓨터나 텔레비전을 먼저 마주 보았습니다. 그러다 보니 컴퓨터나 텔레비전을 연결하면서 시간을 허비하는 동안 어느 누구도 그 수업을 기다리지 않는다는 것을 느낄 수 있었습니다. 아이들도 저도 언제부터인가 수업을 통해 만나고 있지 않았던 것입니다.

하임 G. 기너트Haim G. Ginott의 통찰처럼 교실은 마치 퀴즈 대회와 같은 분위기로 돌변하기 시작했습니다. 정답이 미리 정해져 있는 닫힌 질문을 하면서 아이들의 사고는 더욱 굳어져만 갈 뿐이었습니다. 이런저런 질문과 대답이 오가는 과정에는 그저 맞거나 또는 틀린 대답밖에 없었습니다.[1]

그렇게 하루하루 수업을 채워가던 어느 날이었습니다. 인근의 학교에서 있었던 연수에 참여하게 되었습니다. 논술 붐이 일고 있던 때, 학교에서도 아이들을 대상으로 논술을 가르쳐보자는 취지로 꾸려진 논술 지도교사 동아리 연수였습니다. 같이 근무하는 국어교사의 제안으로 참여하여, 아이들에게 글쓰기를 시키는 다양한 방법에 대해 몇 개의 강좌를 들었습니다. 그중 하나가 어느 여대 국문학과 교수의 강의였습니다. 강의가 끝날 무렵, 한 교사가 '어떻게 하면 아이들에게 글쓰기를 시작하게 할 수 있겠냐' 고 질문했습니다. 간단한 방법이 있으면 소개 좀 해달라는 의미의 질문이었습니다. 교수의 대답은 의외로 간단했습니다. 학문적이지도, 난 척하는 것도 없었습니다.

아, 뭐. 글쓰기가 별건가요? 그저 자기 생각을 한 줄로만 정리할 수 있어도 대단한 글쓰기죠. 처음부터 크게, 많이 생각하지 말았으면 좋겠어요. 그저 한 줄 쓰기부터 시작하는 거죠.

이 대목이 평소에 다른 사람 말에 솔깃하는 팔랑귀라는 저의 단점이 강점으로 승화되는 시점이었습니다. 그 말을 듣는 순간, 왜 '한 줄' 이라는 단어가 그토록 머릿속에서 맴돌았던지. 오래전에 어디선가 읽은 신문기사가 떠올랐습니다. 정확한 내용이 기억나지 않아, 그날 저녁 밥을 먹자마자 검색해서 찾아낸 그때 그 기사. 제목이 '엄지 경제의 힘' 이었습니다. 2005년 중국 경제에 관한 기사로 급성장하고 있는 휴대폰 문자 메시지 시장 규모에 대한 내용이었습니다.[2]

엄지 경제? 아, 그랬습니다. 지금이야 IT 기술이 발달해 불과 몇 년 만에 스마트폰이 대세입니다. 스마트폰은 화면 터치 방식입니다. 그렇기 때문에 엄지손가락보다 검지손가락을 사용해야 편리한 기능이 더 많습니다. 이전의 폴더형, 슬라이드형 휴대폰은 지금 제가 하고 있듯이 자판을 두드려야 했습니다. 독수리 타법을 사용하는 어른들보다 젊은 사람들이 현란한 엄지손가락의 움직임을 자랑하곤 했지요. 그때의 아이들은 수업시간에 책상 밑으로 휴대폰을 감춘 채 수도 없이 문자를 보냈습니다. 바로 그들이 엄지황제였던 것입니다.

그렇게 해서 우연하게 '탄생'한 것이 바로 '엄지통신'이라고 이름 붙은 수행평가 과제였습니다. 예를 들어 일주일에 세 시간의 수업이 들었다면, 반마다 '엄지통신'을 보내는 대상이 되는 수업 일을 정합니다. 1반은 월요일 수업시간, 2반은 화요일 수업시간, 3반은 금요일 수업시간 식으로. 그 수업시간이 끝난 후 다음에 돌아올 수업시간 전까지 그날 배운 내용에서 가장 중요하다고 생각되는 것을 하나의 문장으로 만들어 저에게 문자를 보내는 방식입니다. 문장 뒤에 반 번호만 쓰도록 하고 긴 문자 말고 짧은 문자로 보냅니다.

반별 수업 도우미 아이들이 약속된 요일, 점심시간에 교무실 제자리에서 수업용 홈페이지 게시판에 자기 반 아이들이 보낸 문자를 골라서 올립니다. 그런 뒤 두 번째 도우미가 그것을 간단한 태그를 활용해서 문제로 만들어놓습니다. 그럼, 수업시간에 저는 이 화면을 캡쳐해서 전시학습 확인, 형성평가, 수행평가 등으로 활용하는 방식으로 진행했습니다.

'엄지통신'은 몇 년 동안의 수업에서 처음 느껴보는 대단한 성공이었습니다. 보내고 싶은 사람만 보내면 된다고 했음에도 불구하고 많은 아이들이 수행평가를 챙기기 시작하였습니다. 학원에서 보내고, 야자시간에 보내고, 집에서도 보내고, 늦은 새벽에도 아침 등교시간에도 보냈습니다. 휴대폰이 없는 아이들은 수업이 끝나자마자 포스트 잇에 하나의 문장을 써서 제출하는 성의를 보이기도 했습니다. 잠깐의 '재미'를 추구하던 수업과는 전혀 다른 차원에서 아이들은 조금씩 수업에 진짜 '참여'를 하고 있었습니다. 비평준화 지역에서 중학교 때 일찌감치 공부, 수업, 학교로부터 멀어진 아이들이 많았던 상황이었기에 더욱 의미 있었습니다.

그런데 '엄지통신'의 진짜 효과는 다른 데에 있었습니다. 아이들이 제출한 '엄지통신'을 수업시간에 다양하게 활용하는 동안, 아이들은 깨어 있었습니다. 졸지 않았다는 말이 아니라, 예전과는 전혀 다르게 몸으로 수업에 '참여'했습니다. 서로 발표하려고 손을 들고, 잘못된 부분을 찾아내고, 친구의 발표를 듣고 박수를 보냈습니다. 이것을 통해 처음으로 아이들이 수업에 '참여'한다는 것의 의미를 어렴풋이 알게 되었습니다. 아무것도 아닌 것처럼 보일지도 모르는 작은 수행평가 하나였는데. 물론 개중에는 여전히 숙제로 여기면서 참여하지 않는 아이들도 있었지만, 그건 더 이상 저에게 중요하지 않았습니다. 교실과 관련된 대부분의 일에서 '전원 다'를 강요하던 저에게는 의식의 혁명이 일어나는 순간이었습니다. 분명히 최초의 작은 혁신이었습니다.

그 무렵 저는 아이들의 수업 '참여'란 곧 아이들을 수업시간에 '주인공'으로 만드는 전략이라고 결론을 내리고 있었습니다. 공부 잘하는 몇몇 아이들의 발언에 의존하고 대다수의 아이들은 평화로운 침묵을 강요받던 수업이 아니라, 대다수 평범한(?) 아이들이 답변을 하고 수업에 기웃거리게 만드는 전략이었습니다. 그리고 그 길은 의외로 아주 간단했습니다. 아이들의 이름을 자주 수업에서 거론했습니다. 자기가 만든 문장, 문제, 발표 내용을 토대로 수업을 진행했습니다. 수업을 살리는 방법은 아이들에게 수업에서 작은 성공의 경험을 해보도록 하는 것이라는 생각이 들기 시작했습니다.

이런 맥락에서 아이들을 담아낼 수 있는 몇 가지 기교를 더 부려보았습니다. '다섯 고개 퀴즈', '지리용어 이미지 북', '지리 마블'……. '다섯 고개 퀴즈'는 말 그대로 다섯 개의 힌트를 제시하면서 정답을 좁혀가는 방식으로 아이들이 출제했던 문제를 활용하는 퀴즈였습니다. '지리용어 이미지 북'은 단원별 · 차시별로 세분화하여 정리한 지리 용어를 이미지로 표현하는 과제였습니다. 아이들은 제가 제시한 목록 중 원하는 단원, 차시의 용어 중 10개를 고릅니다. 그런 후 인터넷 검색을 통해 해당 용어를 가장 잘 나타내는 이미지 10개를 골라 간단히 편집한 후 제출하면 됩니다. 이때 10개 중 반드시 2개는 직접 그려 넣어야 한다는 제한 조건을 달았습니다.

이렇게 홈페이지를 통해 제출된 아이들의 과제를 종합해서, 정기고사 전에는 지리 마블이라고 이름을 붙인 수행평가를 실시했습니다. 부르마블이라는 보드게임에서 따온 이름입니다. 출발에서 도착까지 총 50칸으로 만들어놓은 각 칸에는 다양한 형태의 다섯 고개 퀴즈, 지리용어 이미지 북, 엄지통신 등의 문제가 개인 문제와 팀 문제로 제시되도록 만들어놓은 지리 보드판입니다.

지리 마블판은 전지 크기로 확대 출력하고 코팅한 것을 칠판에 자석으로 고정시켜 놓고 사용했습니다. 먼저 모둠별 진행 순서를 정합니다. 그리고 그 순서대로 프로그램 주사위를 클릭하여 나온 개수만큼 보드판을 이동합니다. 칼라 자석으로 말판을 사용하여 모둠을 구분했습니다. 보통 35분 정도 모둠원들이 협력하여, 때로는 개별적으로 제시되는 문제를 풀이하다 시간 종료 시점에 해당 모둠의 말판이 위치한 지점에 해당되는 스티커를 부여받게 되는 방식으로 진행했습니다.

'지리 마블' 수행평가가 아이들에게 재미를 넘어 의미 있었던 것은 대부분의 문제들이 자신과 친구들이 수행평가 과제로 제출했던 문제의 재활용이라는 점이었습니다. 그 어떤 잘 만들어진 교재보다

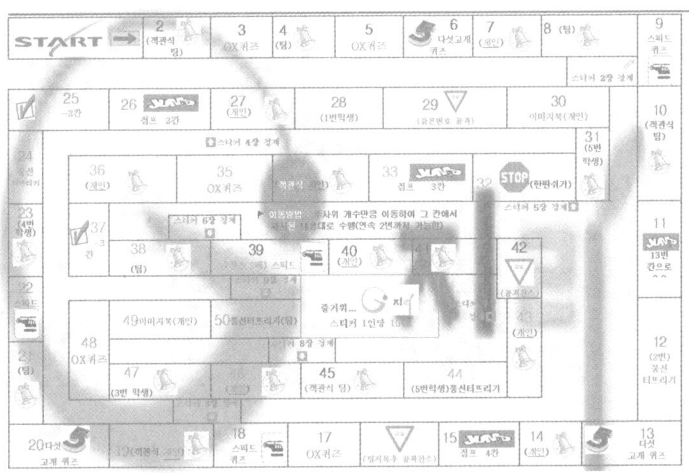

지리 마블판

자신들의 과제가 수업시간에 효율적으로 쓰일 수 있는지를 처음으로 경험하게 된 아이들은 무척 적극적이었습니다. '엄지통신'에서 제가 그랬던 것처럼 말입니다. 이러한 수행평가 시도가 우연하게 찾아온 저의 클리나멘clinamen이 된 것이었습니다.

지금까지 말씀드린 형태의 수업은 일반적으로 학습 형태상 게임 학습이라고 분류될 수 있습니다. 수업 동기를 외부적으로 자극할 때 흔히 쓰는 방식입니다. 수업의 질적인 면에서 볼 때 거창한 변화라고 하기 힘들겠죠. 그런데 2007년, 우여곡절 끝에 만들어낸 '지리 마블' 수행평가가 경기도교육청 인증 '명품 수행평가'에 지정되었습니다.

당시 교육감이 추구하던 교육정책과 관련한 키워드들이 '명품 수업'과 '수업 잘하는 교사가 대우받는 학교문화'의 조성이었습니다.

수업에 대한 안목이 지금 만큼도 없던 때라 용감하게도 홈페이지에 '지리 마블' 수행평가를 자랑하는 글을 올렸던 것입니다. 1차 통과는 홈페이지에 접속해서 이 글을 많이 읽고 일정 기준의 추천수가 많은 게시물을 통과시키는 식이었습니다. 그 추천 클릭을 누가 했을지는 굳이 이야기하지 않아도 아시겠죠. 물론 우리 아이들만 그렇게 한 것은 아닐 테지만 말입니다. 어찌 되었든 아이들 덕분에 1차 통과를 한 뒤 교육청에서 모니터링 요원이라는 사람들의 전화가 왔습니다. 한 번은 저한테, 세 번은 아이들한테. 수업시간에 전화를 받은 아이들이 전해줘서 알았습니다. 모니터링 요원이란 사람들이 전화를 해서 '실제 그런 수업을 하는지', '효과는 있는지' 등을 물어봤다는군요. 그리고 한 해가 다 가던 12월 말쯤, 교육감상이 내려왔습니다.

'수업 잘하는 교사가 대우받은 학교문화.'

이것은 분명 대한민국 교사라면 누구라도 염원하고 동의하는 희망일 것입니다. 그럼에도 불구하고 '명품 수행평가' 인증이란 기상천외한 이벤트성 행사에 덥석 달려들어 맞장구를 친 것에는, 명품 좋아하는 행정가들의 머릿속에서 나온 듯한 '명품 수업'이란 업적주의와 '적어도 내 수업은 짝퉁은 아니다'는 짧은 생각의 보상심리가 결탁한 것만 같았습니다.

이러한 시행착오 덕택에 수업을 바라보는 시각에서 커다란 변화가 일어났습니다. 앞에서도 잠깐 이야기했던 것처럼 아이들의 수업 '참여'에 대한 생각의 변화입니다. 이전에는 '참여'란 손들고 대답 많이 하고, 발표 잘하는 정도로 여겼었는데, '지리 마블' 수행평가를 통해 '참여'에 대한 진실성을 엿볼 수 있었습니다. '지리 마블'의 출발은 수업을 변화시키고 싶은 저 개인의 얄팍한 열망이었겠지만 분명한 건 수업을 바꿔보자는 갈증의 표현이었습니다.

그리고 그 속에는 지금까지도 유효한 두 가지 결론이 숨어 있음을 발견했습니다. 첫째는 수업에서 아이들이 할 수 있는 역할에 대한 생각이 변했다는 것입니다. 그 이전에 수업에서 아이들은 자리를 지키고, 얌전하고 예의 바르게 앉아 묵묵히 들어줘야 하는 존재였습니다. 가끔 질문을 하고, 몇 마디 주고받으면서 침묵을 강요당하는 존재였습니다. 그러나 시끌벅적한 수업에서 아이들은 빛이 났고, 서로가 주인공이 되고 있음을 발견하기 시작했습니다. 둘째, 아이들 사이의 학습활동에서 동료장학의 가능성을 발견했습니다. 교육학 책 저 구석에 적혀 있는 동료장학이란 거창한 것이 아님을 알게 된 것입니다. 그 핵심 원리는 간단했습니다. 아이들은 교사가 출제한 쉬운 문제는 틀려도 당연하게 생각했지만, 친구들이 낸 다소 어려운 문제는 꼭 맞히려고 했습니다. 그리고 그것을 서투른 수업에서 직접 경험하게 된 것입니다.

아이들을 바라보는 시각이 조금씩 변해가던 2008년, 고3 수업을 담당하게 되었습니다. 고3 수업에도 당연히 모둠수업으로 진행하였습니다. 이번에는 조금 더 정리된 모습으로 게임적인 요소에 협동학습 모형을 적용하였습니다. 물론 몇 분짜리의 짧은 학습활동 위주였고, 그것도 매시간보다는 필요할 때만 적용해보는 형태였지요. 그렇게 고3 수업을 끌어가던 어느 날, 어느 선생님으로부터 '수업실기대회'에 참가해보라는 권유를 받았습니다. '이상한 수업'을 하니까 한번 도전해보라고……. 아마도 고3 아이들을 데리고 모둠수업을 하는 게 이상하게 보였나 봅니다.

교장선생님이 반드시 접수하라고 지시하셨다지만, 접수 마감 시한도 며칠 남지 않았고 더욱이 고3 아이들이었던 터라 망설였습니다. 그래도 평소에 모둠활동에서 흥미를 느끼며 잘 따라와주는 아이들의 의견에 힘입어, 좋은 추억 만들어보겠다는 생각으로 원서접수를 했습니다. 수업실기대회 일정대로 1학기에 예선, 2학기에 본선이 치러졌습니다. 공개수업이 있던 날 더욱 잘해준 고3 아이들, 너그러웠던 채점관들 그리고 화려하기만 했던 파워포인트와 객관식 문제풀이용 칼라번호판, 딱 떨어지게 맞춘 수업시간 등의 기교들이 운 좋게 잘 버무려져서 수업실기대회 1등급의 결과를 만들어 냈습니다.

그런데 수업실기대회라는 프로그램의 근본적인 취지는 다른 데 있었습니다. 미리 검토하고 계획했던 시간이 부족했기 때문에 살피지 못했던 부분이 나중에야 보였던 것입니다. 그것은 수업실기대회 수상자들은 그 다음 해에 도내 수업 컨설팅 장학요원으로 활용된다는 단서가 있었던 것입니다. 그 한 줄의 단서가 저로 하여금 학교 밖에서 많은 교사들을 만나게 하고 지금까지 이어져 이 글을 쓰게 만든 출발점이 될 거라는 생각은 전혀 못한 채 말입니다.

수업실기대회의 결과로 인해 본의 아니게 컨설팅이라는 이름으로 교사들을 대상으로 한 강의를 하기 시작했습니다. 저 개인적으로 그저 수업시간에 어떻게 하면 우선 내가 덜 지루할까라는 얄팍한 고민의 출발이 그렇게 판이 커져버리기 시작한 것이었습니다. 물론 수업 실기 이전에 교사들을 대상으로 하는 연수를 진행한 적이 가끔 있긴 하였습니다. 그것은 '참여소통교육모임www.chamtong.org'에서 많은 분들을 만나서 이야기를 나누기 시작한 것이 계기가 되었습니다. 2007년에 시작된 모임은 한 연수에서 만났던 강사 선생님과 그 뒤 비슷한 연수에 참여했던 몇몇 교사들이 모여서 만든 모임입니다.

지금도 참 다행이라는 생각이 듭니다. 성격상 사람 만나는 데 적극적이지 못해 나서서 뭔가를 해나가는 추진력도 없던 사람이 모임에 참여하겠다고 주중 저녁에 의정부에서 아차산 막걸리 집까지 달려갔었던 게 말입니다. '참여소통교육모임'에서 이야기를 나누고 있는 많은 교사들은 교실 변화의 화두를 '참여'와 '소통'으로 보고 있습니다. 그들은 모두 하나같이 참여와 소통이 곧 지금의 학교문화를 변화시킬 수 있다는 점을 담임과 수업, 학교단위 생활지도에서 풀어내고자 애쓰고 있습니다.

저는 이 모임을 통해 천군만마를 얻었습니다. 어떤 특별한 인맥이 생기고, 유용한 정보가 생겼다는 의미가 아닙니다. 거기서 만나는 사람들을 통해 처음으로 저의 삶을 돌아보게 되었던 것입니다. 비슷한 고민과 경험, 비슷한 해결책으로 고군분투하는 모습들을 발견했습니다. 그것은 그저 동병상련의 인지상정이었을 뿐이었는데도 다른 지역, 다른 상황에 있는 많은 교사들 역시 비슷한 이유 때문에 담임으로 수업으로 힘들어한다는 당연한 이야기에 위로가 되기 시작했습니다. 자기 치유가 일어나기 시작한 것이었습니다. 그간 몸은 물론이고 마음마저 얼마나 철저히 혼자였는지를 스스로 깨닫게 된 것이었습니다.

교사를 병들게 하는 것은 문제와 개인적으로 싸우는 학교문화 때문이라고 했던 요하임 바우어Joachim Bauer의 이야기가 떠오릅니다.[3] 사실 힘들어하는 누구나 자기의 아픔을 들어주고 맞장구쳐 주는 사람을 만난다는 것만으로도 많은 치유가 되는 것인데, 아이들에게는 틈만 나면 그렇게 생활하라고 훈계하면서 정작 우리끼리는 그러지 못하고 사는 게 사실입니다.

가끔 만나게 되는 모임과 홈페이지에 올라오는 학교 이야기를 통해 저는 많은 교사들이 '성공'의 경험보다는 '실패'의 경험을 나누고 있는 것에 놀랐습니다. 그저 꼭꼭 실패를 숨기기만 했던 저였기에 그들의 건강한 사고는 그 자체가 큰 자극이고 가르침이었습니다. 그리고 그 가르침은 학교에서 필요한 참여와 소통이 곧 '나눔'이라는 결론에 이르게 했습니다. '공유'함으로써의 '나눔.' 그렇습니다. 우리의 학교문화는 '나눔'이 없는 '나뉨' 상태입니다. 분리된 교실처럼 철저히 갈라져 있습니다. 관리자와 교사가 나뉘어 있고, 교사와 교사가 나뉘어 있습니다. 교사와 아이들이 갈라서 있고, 학교와 부모가 등지고 있으며, 그 속에서 아이들끼리도 나눔이 일어나지 않습니다. 그저 각자 개인적인 삶을 유지하기 위해 기계적으로 만났다 헤어지기를 일정기간 동안 반복할 뿐입니다. 그 속에 학급이 있고, 수업이 있습니다. 그리고 그 과정을 고스란히 아이들이 지켜보고 있습니다.

'참여소통교육모임'에서의 만남 덕분에 교사들 앞에서 학교 이야기를 사례로 나누기 시작한 지 벌써 햇수로 5년째에 접어듭니다. 이 글을 쓰려고 정리해보니 고양시의 송산중학교에서 시작된 첫 강의가 2011년 12월까지 총 200회 정도가 되었습니다. 어떤 해에는 반 아이들이 '출장 전문'이라는 별명으로 부르기도 했을 정도로 한 달에 평균 3~4회의 출강이 생겨나기 시작했습니다. 학기 중에는 주로 인근 지역의 중고등학교, 방학 중에는 서울, 인천, 경기, 강원,

충북, 전북, 전남, 대구, 광주의 시도 연수원과 경희대, 한국외국어대 등의 대학에서 교사 대상 강의를 하였습니다. 그런데 강의 횟수가 조금씩 늘어나면서 커다란 것을 발견하게 되었습니다. 그것은 바로 '옳은 것이라고 생각하면 무조건 따라' 하려는 모습과 함께 '사람들과 이야기하기를 좋아하고, 그럭저럭 이야기를 잘 이끌어나가는' 저 자신을 발견하게 된 것입니다. 바로 서른을 한참 넘어설 때까지도 몰랐던 저의 숨은 에너지 말입니다.

그런데 제가 이 이야기를 하는 이유가 있습니다. 저는 참으로 나의 단점에 철저히 민감하게 살았던 사람이었습니다. 그러다 보니 늘 부족한 사람이라는 피해의식 속에 살았습니다. 무엇을 해도 자신이 없었고, 그럴수록 안으로 움츠러들었습니다. 똑같은 일을 해도 나에게만 항상 좋지 않은 결과가 쫓아오는 머피의 법칙이 따라다니는 것만 같았습니다. 항상 열심히 살았으나 자주 즐겁지 않았습니다.

그러나 강의라는 과정을 통해 내 속에 원래 숨어 있었던 에너지들을 발견하게 되었습니다. 그 에너지는 과감하게 꺼내서 나눈 저의 실패 경험에 묻어 있었습니다. 그러는 사이 어느덧 제 강의 속에서 많은 교사들이 아픔을 공감하고 있었습니다. 서로에게 의지하고 있었습니다. 더 많은 이야기를 나누면서 위로받고 싶어 했습니다. 말하는 사람도 듣는 사람도 모두 말입니다. 같은 일을 하는 사람들끼리만 나눌 수 있는 동료애 같은 것이었습니다.

그렇게 강의라는 형태로 더 많이 배우고 다니던 2010년 2월. 『최고의 교수』의 저자인 EBS 채제분 작가로부터 전화 한 통을 받았습니다. 새로운 프로그램을 기획 중인데, 출연을 해달라는 것이었습니다. 그런데 거절했습니다. 일단, '최고의 교사'라는 프로그램 제목이 저를 주눅 들게 했고, 고3 담임을 할 예정이었기 때문에 더더욱 그랬었습니다. 몇 번의 고사 끝에 직접 학교로 찾아온 작가와 이런저런 이야기를 나누다 보니, 프로그램의 컨셉트가 제목과는 다르게 보였습니다. 방송을 위한 방송이 아닌, 삶으로서의 교사를 다루고 싶다는 취지를 듣고 생각이 바뀌게 되었던 것입니다. 물론 국어교사 출신의 작가라는 말에 직업꾼은 아니겠구나 하는 생각을 한 것도 작용한 게 사실입니다.

학교 측의 허락을 받았지만 정작 담임을 맡은 아이들에게는 만나는 첫날 카메라를 들고 들어가 통보하듯이 허락을 받고서, 근 한 달간의 촬영은 시작되었습니다. 그러나 고마운 아이들은 저보다 훨씬 더 자연스럽게 카메라에 적응했습니다. 그러면서 자신들의 일상으로 카메라를 대하기 시작했고, 카메라 앞에서도 자신들의 생각을 거침없이 표현하였습니다. 무거운 카메라를 들고 다니며 한 달여를 늘 같이 출퇴근했던 이광열 PD는 촬영 중에 아이들과 약속했던 피자 파티를 방송이 나가고 난 다음에 다시 학교를 찾아가 지키기도 했습니다.

방송이 나가고 난 다음, 십 몇 년 만에 친구와 연락이 되고, 이웃 주민들과도 조금 더 알고 지내는 사이가 되었습니다. 그런데 무엇보다도 반 아이들, 졸업한 아이들과 소중한 추억을 만들고, 나누고,

서로 더 깊이 있는 이야기를 하는 사이 저도 모르게 선생으로 조금 더 철이 들어가고 있었습니다.

수업행복 과제 9_멘토를 만들자!

교사들이 일상에서 힘들고 지쳐 병드는 것은 학교에 문제가 있을 때 개인적으로 싸워야 하는 외로운 학교문화 때문이다. 이 외로움에서 벗어나기 위해서는 멘토와 함께해야 한다. 그것이 교실 수업을 변화시킬 수 있는 가장 빠른 지름길이다. 나의 멘토는 늘 가까운 곳에 있다.

수업의 정체성

지금까지 이야기한 내용은 수업혁신에 대한 관점이 지금보다도 없을 때 그저 아이들이 졸지 않고, 멍하니 앉아 있지 않기를 바라는 마음에서 좌충우돌했던 과정에서 얻은 것들입니다. 그런데 그 과정에서 수업혁신에 대한 새로운 시각을 갖게 되었고, 수업 자체의 정체성에 대해 좀 더 깊이 있게 고민하는 계기가 되었다는 점을 말씀드리고 싶었습니다. 그럼, 지금부터는 수업의 정체성에 대해 좀 더 이야기를 나눠볼까 합니다.

'나는 가수다(일명 나가수)' 라는 TV 프로그램이 있습니다. 대한민국에서 내로라하는 가수들이 노래라는 본연의 역할로 자존심 대결을 벌이는 과정에서 여러 가지를 생각하게 됩니다. 가수의 생명은 두말할 나위 없이 노래입니다. 의사에게 의술이, 댄서에게는 춤이 자기의 존재 이유인 것과 같습니다. 우리에게는 수업이 그렇습니다. 그런데 가수든 의사든 댄서든 자기가 잘해야 하는 노래, 의술, 춤이 가장 부담되는 것이 사실입니다. 취미가 아니고 직업이니까, 그것으로 밥 먹고 살고, 그것으로 자아를 찾아갈 수 있는 것이니까 말입니다.

도날린 밀러Donalin Miller는 『수업 중 15분 행복한 책읽기』에서 루시 칼킨의 말을 다음과 같이 인용하고 있습니다.[4]

『쓰기를 가르치는 기술The Art of Teaching Writing』에서 루시 칼킨이 한

> 말이 생각난다. "아이들이 내내 지루해하며 앉아 있거나, 참여할 생각은 않고 수업종이 울리기만을 기다리는, 그런 활기 없는 수업을 우리가 하고 있다면, 그건 의미 없는 짓이다."

'그런 활기 없는 수업', '의미 없는 짓'에 우리는 서로 너무나 익숙해져 있습니다. 오늘도 우리는 그런 수업으로 하루를 채우게 됩니다. 처음에는 많이 준비한다고 해서 아이들이 많이 배우려 하지는 않는다고 느꼈지만, 이제는 그나마 준비도 많이 하지 않고 있습니다. 그런데 왜 이런 상황이 자꾸 반복되는 것일까요? 그 원인을 어디에서 찾아야 할까요? 그저 많은 업무, 입시 위주 정책에만 그 원인이 있을까요? 이제는 현실적인 상황에서 그 원인을 찾아내고 해법을 스스로 찾아내야 할 시점입니다.

뒤에서 더 많은 이야기를 하겠지만, 수업은 '읽고, 생각하고, 쓰기'의 사고과정이 연결된 합작품이어야 합니다. 수업을 통해 전달해야 할 내용을 텍스트, 그림, 영상 등을 통해 읽어야 합니다. 그리고 읽은 결과에서 각자 자신의 생각을 끄집어냅니다. 주요 텍스트의 생각과 교사의 생각에 자신들의 생각을 섞어보는 생각의 접합이 필요합니다. 그리고 마지막으로 그 생각의 접합과정과 결과에 대해 글로 표현하는 것이 자기 생각의 탄생입니다. 다 아는 이야기지만 어떤 형태의 수업이건 원래 이러한 과정으로 이루어져야 합니다. 그래야 문제를 해결하려는 능력이 향상되고, 창의적인 사고를 할 수 있습니다. 따라서 수업의 변화에서 질적인 변화는 곧 이 과정에 대한 실천과 평가에서 시작되어야 합니다. 수업을 진행하는 교사도 수업에 참여하는 아이들도 모두 이 과정에 익숙해져야 합니다. 그래야만 지적 갈증의 유희를 즐길 수 있고 더 나아가 삶의 의욕을 맛볼 수 있습니다. 배움에 대한 욕구가 내부에서 일어나고 가르침에 대한 열정에 몸과 마음이 가벼워지는 경지에 이를 수 있습니다. 물론 이런 거창한 수업 본연의 결과는 곧, 학교에서 삶의 행복을 연습해 볼 수 있는 차원 높은 것이기도 합니다.

그러나 우리의 수업은 읽지 않고, 생각하지 않고, 쓰지 않습니다. 그것들을 다만 잘 정리된, 토막 난 지식의 단편들이 채우고 있습니다. 정형화된 교과서 내용을 기준으로 요약하고 또 요약하는 과정을 반복할 뿐입니다. 그리고 그런 수업은 온통 '교사의 말'로만 채워져 있다는 특징이 있습니다. 교사는 '말'로만 수업을 하게 되고 아이들은 교사의 수많은 혼잣말 때문에 말문을 닫아버립니다. 읽지 않으니 생각이 일어나지 않고, 글로 옮길 게 없는 과정이 반복됩니다. 그런 반복 때문에 가르치는 이는 더욱 목청을 높이게 되고 듣는 이는 참여는커녕 종소리만 기다리게 됩니다. 교사뿐만 아니라 아이들도 학교생활의 중심에 수업이 없습니다. 그렇기 때문에 수업이 없는 학교생활에서 많은 에너지가 교실 관리와 적절한 시간 때우기에 쓰이는 것입니다.

그런데 수업을 방해하는 요인이 읽고 생각하고 쓰지 않는 것 그 자체는 아닙니다. 그것보다 더 위험한 요인이 가려져 있습니다. 그것은 바로 수업에 관계된 이들 서로가 읽고 생각하고 쓰지 않는다는 것을 가리기 위해 일종의 '가면수업' 을 하고 있다는 것입니다. '가면수업' 이란 마치 가면을 쓰고 자신의 모습을 드러내지 않은 채 무도회를 화려한 복장과 현란한 춤솜씨, 뛰어난 언변으로만 채우고 있는 상황을 일컫기 위한 저의 표현입니다. 그런 무도회에서는 적당한 유희와 말장난 수준의 꼬드김만 있을 뿐 진심 어린 내용으로 만나지는 못합니다. 그래서 무도회 밖의 원래 자기 모습은 중요하지 않습니다. 외형만 갖추면 무도회에 참석하는 데는 아무런 문제가 없기 때문입니다.

이러한 상황은 필립 W. 잭슨Philip W. Jackson이 이미 40여 년 전에 지적했듯이, '딴짓' 하지 않고 눈만 교사를 쳐다보는 아이들의 '주의집중' 을 수업에 참여하고 있다고 착각하는 것과 같은 이치입니다.[5] 그러나 우리에게 주어진 시간 대부분은 무도회 밖의 삶입니다. 그것이 일상이고, 그것이 모여 일생이 됩니다. 그래서 이만하면 서로 정말 열심히 잘 되어가고 있다는 집단 최면에 걸려 있는 '가면수업' 은 현실 타협입니다. '가면수업' 을 하는 이들은 어떻게 '읽고, 생각하고, 쓰는' 기회를 만들 것인가를 고민하기보다는 늘 최선을 다하려고 하지만 여건이 문제라고 스스로를 위로하고 자기합리화에 매진하게 됩니다. 무도회 밖의 일상에서는 늘 상황이 맞지 않아 나의 능력을 발휘하지 못한다고 하소연합니다. 그러다 서로를 공격하고 서로를 업신여깁니다. 서로에게 믿음이 없고 배울 게 없다고 투덜거립니다. 다 서로의 탓으로 돌립니다. 어떻게 읽고 어떻게 생각하고 어떻게 쓸 것인가를 고민해야 하는 시간을 서로 신체적 · 정신적 공격방법을 고민하면서 허비해버립니다. 좀 더 화려한 복장과 춤솜씨, 말솜씨를 연마하는 데 더 많은 시간을 할애하는 것을 당연한 것으로 받아들이며 살아갑니다. 이러한 문화가 '가면수업'을 만들어내는 근본적인 이유입니다. 화려한 무도회를 벗어나지 못하는 이유입니다. 아이들은 화려한 춤솜씨, 말솜씨가 아니라 자기 생각을 표현할 수 있는 것에, 바로 돌아보는 교사의 긍정적 피드백에 열광합니다. 나의 수업을 방해하는 진짜 이유는 결코 아이들이 아닙니다.

수업행복 과제 10_읽을 기회를 주자

가면 수업을 하는 가장 큰 이유는 교사가 너무 많은 말을 하기 때문이다. 수업에서 가면을 벗기 위해서는 우선 아이들에게 자주 읽을 수 있는 기회를 주어야 한다. 그러면 아이들이 수업에서 말을 많이 하게 된다. 물론 그렇게 될 때까지 기다리는 것이 큰 과제이기 때문에 힘든 것이다.

당연하지만 우리가 잊고 있는 게 있습니다. 그것은 바로 우리 모두가 '처음'에서 시작되었다는 사실입니다. 여기에는 어느 누구도 예외가 없습니다. '처음'은 단 한 번뿐임을 의미합니다. 그런데 자세히 들여다보면 그 속에는 '끊김'이 아니라 '이어짐'의 의미가 담겨 있습니다. 왜냐하면 우리의 평균적인 삶이 모두 '처음'이란 시간의 누적일 뿐이기 때문입니다. 우리 삶은 '처음'의 연속적인 반복입니다.

나는 처음으로 태어났습니다. 나는 처음으로 혼자 숨을 쉬었고, 처음으로 누워만 있다 뒤집었습니다. 나는 처음으로 걷기 시작했고 처음으로 말을 하였습니다. 나는 처음으로 부모님을 만났고, 처음으로 부모님을 떠났습니다. 나는 처음으로 집을 떠나 유치원에 입학했고, 학교에 들어갔습니다. 나는 처음으로 자전거를 배웠고, 자전거 때문에 처음으로 병원에 입원했습니다. 나는 처음으로 소풍을 갔고, 처음으로 운동회를 했습니다. 나는 처음으로 친구라는 걸 사귀었고, 처음으로 헤어짐의 아픔을 느끼면서 만나면 헤어짐도 따라올 수 있다는 걸 알게 되었습니다. 나는 처음으로 친구와 싸움을 했고, 처음으로 친구에게 도움을 받았습니다. 나는 처음으로 선생님을 만났고, 공부라는 걸 시작했습니다. 나는 처음으로 공부가 중요하다는 걸 알게 되었고, 처음으로 공부 때문에 슬퍼졌습니다. 나는 처음으로 상을 탔고, 리더를 했습니다. 나는 처음으로 입학을 했고, 처음으로 졸업을 했습니다. 나는 처음으로 합격을 했고, 처음으로 시험에 낙방을 했습니다. 나는 처음으로 성적이 올랐고(또는 떨어졌고), 처음으로 칭찬을(또는 야단을) 받았습니다. 나는 처음으로 컴퓨터 게임을 했고, 처음으로 담배(또는 술)를 먹었습니다. 나는 처음으로 거짓말을 했고, 처음으로 진실을 다하였습니다. 나는 처음으로 결혼(또는 이혼)을 했고, 처음으로 아이가 생겼습니다. 나는 처음으로 기저귀를 빨았고, 처음으로 가슴으로 안았습니다. 나는 처음으로 유모차를 밀었고, 처음으로 육아일기를 썼습니다. 나는 처음으로 봉사활동을 했고, 처음으로 남으로부터 큰 도움을 받았습니다. 나는 처음으로 돈을 빌렸고, 처음으로 이자를 지불했습니다. 나는 처음으로 출근을 했고, 처음으로 아파서 결근을 했습니다. 나는 처음으로 월급을 받았고, 처음으로 외식을 했습니다. 나는 처음으로 우리 집 앞에 사는 사람과 인사를 나눴고, 처음으로 이웃과 말다툼을 했습니다. 나는 처음으로 이사를 했고, 처음으로 내 집을 마련했습니다. 나는 처음으로 자동차를 샀고, 처음으로 교통사고를 당했습니다. 나는 처음으로 병원에 갔고, 처음으로 링거를 맞았습니다. 나는 처음으로 시말서를 썼고, 처음으로 표창을 받았습니다. 나는 처음으로 휴가를 보냈고, 처음으로 비행기를 탔습니다. 나는 처음으로 사직서를 냈고, 처음으로 직장을 옮겼습니다. 나는 처음으로 좌절의 아픔을 느꼈고, 처음으로 재기의 욕망을 가졌습니다. 나는 처음으로 나의 나약함을 인정하게 되었고, 처음으로 나의 강점을 발견하게 되었습니다. 나는 처음으로 내 아이의 결혼식을 지켜봤고, 처음으로 사위(또는 며느리)가 생겼습니다. 나는 처음으로 해외여행을 했고, 처음으로 터키에 갔습니다. 나는 처음으로 환갑을 지냈고, 처음으로 은퇴를 했습니다. 나는 처음으로 혼자라는 걸 느껴봤고, 처음으로 칠순 잔칫상을 받았습니다. 나는 처음으로 진정한 행복을 느꼈고, 처음으로 사는 게 괜찮다는 생각을 했습니다. 그리고 나는 처음으로, 단 한 번 죽었습니다.

'처음으로'가 반복되다 보니 읽기가 조금 어렵고 답답하셨지요? 위의 글에서 '처음으로'를 빼고 읽어보면 그것이 곧 우리의 일상이 쌓인 일생입니다. 조금은 어렵고 답답하게 느껴지는 일상 말입니다. 하지만 우리 일생의 순간순간인 일상은 온통 '처음이자 마지막'입니다. 다만, 그것들을 인식하지 못한 채 지나갈 뿐입니다. 입학도 졸업도 여러 번 하는 듯하지만 그때 그 상황은 처음이자 마지막이었습니다. 담임을 수십 번 한 것 같지만 그해 그 아이들과는 처음이자 마지막이었습니다. 물론 수업도 마찬가지입니다.

우리는 처음 태어나, 처음 살다가, 처음 죽습니다. 이처럼 우리의 일생은 한 해 한 해가 모두 처음입니다. 다시 오지 않는 유일한 시간입니다. 다만 우리는 매 순간의 일상에 매우 익숙한 듯 생활할 뿐입니다. 어제와 꼭 같은 일이라고 받아들일 뿐입니다. 같은 사람들을 만나고 같은 업무를 해나가는 것 같다고 느끼며 살 뿐입니다. 그러나 우리가 늘 익숙한 듯 생활하는 것들은 사실 모두 '처음'의 연속일 뿐입니다. 어제와 꼭 같은 오늘, 꼭 같은 시간은 없습니다. 매

순간이 다른 상황, 다른 느낌입니다. 그리고 그 상황에 대해 나 스스로는 잘 알고, 다 알고 있다고 생각합니다. 그래서 그 사람도 그 업무도 잘 안다고 생각합니다. 그래서 그 사람도 그 업무도 당연하다고 받아들입니다. 그러나 익숙한 것이 곧 알고 있는 것은 아닙니다. 그건 착각입니다.

반복되어서 익숙한 듯 여겨지는 일상에 학교만 한 곳이 없습니다. 처음으로 발령을 받고, 처음으로 교단에 섰습니다. 처음으로 아이들을 만났고, 처음으로 수업을 했습니다. 처음으로 담임을 했고, 처음으로 조회와 종례를 했습니다. 처음으로 아이들과 소풍을 떠났고, 처음으로 체험활동을 했습니다. 처음으로 생일잔치를 했고, 처음으로 눈물을 흘렸습니다. 처음으로 아이와 상담을 했고, 처음으로 아이와 가까워졌습니다. 처음으로 아이를 졸업시켰고, 처음으로 아이가 찾아왔습니다. 그리고 처음으로…….

학교에서 일어나는 일들은 학교라는 특성상 비슷한 시기에 비슷한 업무가 반복되는 느낌이 듭니다. 교무실에서도, 교실에서도. 아이들이 학교를 오고 가고, 조회 종례를 하고, 청소 지도를 하고, 수업을 하고, 밥을 먹고, 공부를 하고, 각종 검사를 하고, 문제를 출제하고, 시험을 보고, 채점을 하고, 성적을 내고, 상담을 하고, 공문을 처리하고, 야근을 하고…… 매일 같은 일이 벌어지는 듯합니다. 매 순간 언젠가 했던 과정이 반복되는 듯합니다. 앞에서 이야기한 '가면수업' 도 반복되는 과정에서 만들어진 자기최면일 뿐입니다.

그러나 학교만큼 매일, 매 순간이 새로운 곳도 없습니다. 교실에서 만나는 아이들은 매년, 매달, 매일이 다릅니다. 급격한 신체적·정서적 변화를 겪고 있는 아이들이기 때문에, 재능과 능력과 관심이 다 다른 아이들이기 때문에, 어제와 오늘이 같을 수 없습니다. 다만 대부분의 아이들 역시 각자가 선택한 학교 적응 방식을 고수하고 있기 때문에 같아 보일 뿐입니다. 마치 우리가 그렇게 살고 있는 것처럼 말입니다. 그러나 같은 요일 같은 학급에서 반복되는 수업이라고 하더라도 결코 같은 수업일 수 없습니다. 수업의 분위기가 다르고 숨결이 다르고 구체적인 언행이 다릅니다. 가르치는 이의 상황도 다르고, 가르치는 내용도 매번 다릅니다. 배우는 아이들의 상태도 다르고, 받아들이는 정도도 다 다릅니다.

'처음'을 당연하게 받아들이지 않는 사람에게는 늘 설렘과 떨리는 긴장이 함께합니다. 설렘은 자기확신과 각오이고 떨리는 긴장은 자기반성입니다. 내 것만을 주장하고 내 것만이 옳다고 생각하지 않겠다는 겸손의 다짐입니다. 우리가 일상에서 빨리 되찾아야 할 것들입니다. 오늘의 일상이, 만남이, 일이, 사람이 '처음'처럼 설렘으로 다가와야 합니다. 우리 일생은 모두 '처음'인 '만남'의 연속입니다. 나 자신과의 만남, 부모형제와의 만남 그리고 타인과의 만남. 그러나 우리는 늘 그 '처음'을 잊고 삽니다. '처음'으로 다시 돌아가는 것, '처음'의 설렘과 떨리는 긴장감을 간직하고 살아가는 힘, 그것이 곧 자기혁신의 출발이자 전부입니다. 늘 바라볼 수 있는 태양이 익숙하다고 해서 우리가 그 태양을 다 알고 있지 못하듯 공기도, 바람도, 심장의 움직임도 어느 것 하나 익숙할 뿐 당연한 것은 아무것도 없습니다.

무엇인가를 당연하다고 생각하는 사람들은 흔히 자신이 상대방을 아주 잘 알고 있다고 착각하고 있습니다. 그렇기 때문에 주위의 말에 주의를 기울이지 않습니다. 무엇을 말하려고 하는지, 무엇 때문에 말하려고 하는지를 안다고 생각하기 때문입니다. 그것은 심리적인 거리가 가까울수록 더욱 그렇습니다. 스스로 표현하지 않고 기대로만 가득 차게 됩니다. 그래서 가족이 가장 만만하면서도 가장 섭섭한 사이가 되어버리기 쉬운 것입니다. 학교에서 만나는 이들은 우리의 두 번째 가족입니다.

수업행복 과제 11_학교는 일주일의 리듬놀이이다

반복되는 일상에 모든 정답이 있다. 하루하루가 채워지지 않으면 일주일도 한 달도 일 년도 만들어지지 않음을 알고 있다면, 일주일간의 자기 리듬을 찾아야 한다. 리듬이 있는 반복과 단순한 반복의 연속에 차이가 있을 뿐이다.

우리 일상에 접근할 수 있는 힘

인터넷에서 수업 자료를 찾다가 우연히 보게 된 영상이 있습니다. 1분 남짓한 짧은 영상인데, 첫 장면은 산부인과 수술실에서 시작됩니다. 가쁜 호흡을 하며 산소호흡기를 스스로 빨아들이는 산모의 얼굴은 땀범벅입니다. 이제 곧 아기가 태어날 것 같습니다. 의사와 간호사가 아기를 받아내려 애쓰고 있습니다. 이때 산모가 고통으로 괴성을 지르는 듯싶더니, 이내 아기가 태어납니다. 아니 튀어나옵니다. 그러더니 병원의 벽을 뚫고 건물 바깥 허공으로 쏜살같이 날아갑니다.

40여 초를 날아가는 동안 아기의 얼굴은 점점 아이로 변합니다. 그러면서 팔과 다리가 길어지며 성장을 합니다. 그러다 곧 아이는 청년으로 바뀌고, 다시 장년으로 바뀌더니 이내 이가 상하고 주름이 많은 백발의 노인으로 변합니다. 그렇게 날아간 노인이 향한 곳은 바로 어느 묘지의 관 속입니다. 그러고는 메시지 하나로 화면이 마무리됩니다. "Life is short."

몇 해 전에 본 영상인데 가끔 기억에서 되새김질됩니다. 그 속에서 이야기하고자 하는 의미가 너무나도 명확하기 때문입니다. 우리 인생, 참 짧습니다. 월요일 시작인 것 같았는데 벌써 주말입니다. 좀 추워지는가 싶더니 벌써 봄입니다. 한바탕 소주 들이켜며 나라를 걱정했던 이십대가 엊그제 같은데 벌써 나 하나도 추스르기 쉽지 않은 사십대를 넘어섰습니다. 우리는 흔히 세월이 '유수流水' 같다고 합니다. 속도도 속도지만 어느 지점을 흘러간 물은 다시 그 자리로 돌아오지 않는다는 의미겠지요. 시간의 흐름을 막을 수는 없다는 의미입니다.

하지만 그것이 결코 완벽하게 불가능한 것은 아님을 보여주는 재미난 실험을 소개해보겠습니다. 하버드대 심리학과 교수인 엘렌 랭어Ellen J. Langer는 1979년 노인들을 대상으로 '시계 거꾸로 돌리기' 실험을 하였습니다.[6] 실험 참가자는 모두 70대 후반에서 80대 초반의 고령 남자. 이들은 실험집단과 대조집단으로 나뉘었습니다. 두 집단 모두 일주일 동안 실험이 진행되는 수도원에서 실제 생활을 하였습니다. 그런데 생활하는 방식에 차이가 있었습니다. 실험집단은 일주일 동안 그들의 20년 전의 모습 그대로 재현이 되어 있는 공간에서 생활을 하였습니다. 그 당시의 식사 메뉴, 영화, 음악, 정치 상황, 신문, 텔레비전 방송은 물론 집 구석구석의 작은 소품까지 20년 전의 것이 완벽하게 배치되었던 것입니다. 게다가 실험 대상자들의 소지품 역시 1959년 이후의 것은 절대로 가져오지 않도록 하였습니다. 완벽하게 1959년으로 사는 것이었습니다. 반면 대조집단은 일주일 뒤 같은 수도원에서 실험을 진행했지만, 자기소개를 위한 사진 등 소지품은 현재 사용하는 것이었고 일주일간 지금이 1959년이 아니라는 사실에 집중하면서 과거를 추억하는 토론을 벌이는 방식으로 진행되었습니다. 예를 들어, 1958년을 지칭할 때 실험집단이 '작년에는' 이라고 한 반면 대조집단은 '1959년에는' 하는 식으로 말입니다.

실험 결과는 두 집단 모두 실제 더 젊어지는 결과를 나타냈습니다. 실험에 참가하러 올 때는 고령인 탓에 동반한 가족에게 극도로 의존했었습니다. 그런데 이틀이 지나면서부터 스스로 일어나 음식을 차리고 뒷정리를 하기 시작한 것입니다. 또한 두 집단 모두 청력, 기억력, 악력이 현저히 향상되었고 체중도 평균 1.5킬로그램 늘었습니다. 지능검사에서는 대조집단이 44퍼센트가 향상된 반면 실험집단은 63퍼센트가 향상되는 결과를 보였습니다. 시력 때문에 그만두었던 독서는 물론 골프까지 새로 시작하겠다는 의지를 보여준 것입니다.

이 실험의 결과가 알려주는 조언은 간단합니다. 엘렌 랭어의 표현을 빌리면 "육체를 지배하는 마음의 힘"이 의외로 강력하다는 것입니다. 우리의 일상에서 어떤 마음으로 의식을 집중하는가가 곧 우리 일상의 삶의 질을 결정하게 된다는 것입니다. 많은 이들이 다른 사람들과의 '사이' 때문에 피곤해합니다. 우리나라 사람들은 자기에게 가장 큰 힘이 되는 존재 1위가 가족이면서 동시에 가장 부담스러운 대상 2위 역시 가족입니다. 직장인들은 상사를 허드렛일을 하는 것보다도 더 힘든 존재로 꼽습니다.

학교에서도 마찬가지입니다. 관리자들은 교사들이 따라주지 않는다고 호소합니다. 교사들은 아이들 때문에 교실이 힘들다고 하고, 동료 교사와의 단절 때문에 외롭다고 합니다. 아이들은 답답한 교사 때문에 아우성입니다. 저희들끼리도 마찬가지입니다. 그런데 이러한 상황을 극복하기 위한 방법이 있습니다. 그것도 지금 이 순간부터 당장 할 수 있는 방법 말입니다. 그것은 바로 '없는 사람 말하지 않기' 입니다. 뒷담화입니다. 심리학에서는 이를 말로 하는 그루밍grooming이라고 하는가 봅니다.[7] 그루밍이란 원숭이나 고양이 등이 같은 개체나 다른 개체의 털을 다듬는 행동을 의미하는데 직장 동료와 함께 없는 사람에 대해 불평을 늘어놓으면서 유대감을 형성하는 과정을 비유적으로 표현하는 말입니다.

수업하기가 버거운 반의 수업을 마치고 평소에 친분이 있는 동료와 점심을 먹습니다. 점심을 먹는 동안 주 반찬거리가 4교시의 버거웠던 반의 특정 아이에 대한 이야기입니다. 태도와 말투 등을 타박하며 동료와 의기투합합니다. 서로의 의견이 일치한다는 것에 안도하며 스스로를 위로합니다. 사적인 자리에서 자리에 없는 동료, 관리자에 대한 이야기도 마찬가지입니다. 그러고 있을 때 자리에 없는 사람 역시 어느 자리에선가 자신의 뒷담화를 한다는 것은 염두에 두지 못한 채 말입니다. 그러나 이러한 대화의 끝은 아무것도 남지 않습니다. 오히려 그렇게 뒷담화를 했던 대상에 대한 부정적인 인식을 더 강하게 갖기만 할 뿐입니다. 그리고 그 대상을 다시 만났을 때 더욱 그렇게(자기가 불평했던 모습으로만) 바라보게 될 뿐입니다. 그러니 당연히 같은 언행을 해도 눈과 귀에 거슬리게 마련입니다. 그렇고 그렇게 누적되는 과정이 반복되면 어느 순간 작은 실마리로 인해 큰 갈등으로 증폭될 수가 있습니다.

오랜 시간이 지났지만 발사대를 떠난 우주왕복선 챌린저호가 불과 73초 만에 공중에서 폭발하는 장면이 TV에서 반복적으로 흘러나오던 것이 아직도 눈에 선합니다. 교사 신분으로 우주인이 되었던 여성을 포함해 7명이 목숨을 잃은 이 사건은 오랜 조사 끝에 연료 누출을 막아주는 이음새의 고무 오링O-ring이 제 기능을 하지 못해서 그랬다는 결론이 나왔습니다. 수십만 개의 부품 중 단 하나 때문에 최초로 시도되었던 여교사의 지구 밖 화상 수업은 진행되지 못한 채 모든 게 끝나버렸습니다. 그러나 그 부품의 다양한 문제점을 이미 파악했던 기술자들은 그날 아침 문제를 제기하겠다고 결심하고 회의장에 앉았지만, 정작 그 자리에서 우려를 나타내거나 질문하기를 꺼려했다고 합니다.[8]

좋은 '사이'를 만들기 전에 우선 많은 말을 나누면서도 정작 문제의 핵심을 공유하지 못하는 말로 하는 그루밍을 멈춰야 합니다. 우리의 기억에는 그루밍을 멈추고 다가섰을 때의 새로운 경험이 이미 있습니다. 나하고 전혀 맞지 않는 사람일 것이라고 생각했었는데 이야기를 나눠보니 통하는 점이 많았다는 사실 말입니다. 행복 연구의 대가인 베일런트George E. Vaillant 교수는 평생 동안 어떻게 하면 행복한 삶을 살 수 있을까를 연구했습니다. 미국 하버드 대학생 268명의 삶을 72년간 조사한 끝에 그가 내린 결론은 이렇습니다.[9]

> 인생에서 가장 중요한 것은 바로 다른 사람들과의 사이이다. 행복하고 건강하게 나이 들어갈지를 결정짓는 것은 지적인 뛰어남이나 경제적 계층이 아니라 인간 사이이다.

70년이 넘는 시간 동안 한 학자가 평생을 바친 연구의 결론이 '사람들과 잘 지내라' 는 단 하나의 문장입니다. 그런데 이 한 문장을 실천하기 위해, '아니 실천해야 해?' 라는 생각까지 가는 데 인생의 대부분을 허비하는 게 우리들입니다. 먼저 난 사람이 후세에게 실천으로 보여주면서 꼭 전해주어야 할 이 한 문장. 그 연습은 수업 시간, 교실에서 '선생先生' 으로부터 시작되어야 합니다.

수업행복 4

아이들은 왜 수업에 머물지 못할까?

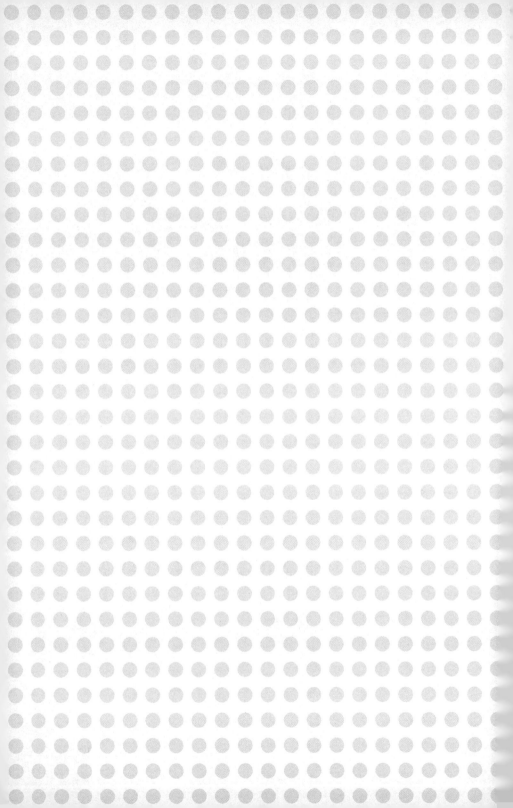

십대의 특징

교실에서 만나는 아이들은 십대들입니다. 이들은 여러 가지 면에서 다른 세대와는 뚜렷이 구별되는 신체적 · 정신적 · 문화적 성장과정을 겪습니다. 몸이 성장하고, 생각이 자랍니다. 가정을 벗어나 다양한 사람들을 만나기 시작합니다. 그러는 과정에서 새로운 문화를 접하고 소화시키는 과정을 반복하게 됩니다. 하지만 언제나 소화력이 왕성하지는 못하기 때문에 다른 세대, 특히 부모나 교사의 적극적인 도움이 필요한 시기가 십대입니다. 물론 겉으로는 도움이 필요 없는 듯 저항하지만 말입니다.

부모와 교사가 잊지 말아야 할 것은 그들이 만나는 아이들은 '학생' 이기 이전에 '십대' 라는 사실입니다. 성장과정상 십대들이 지니고 있는 특징에 대해 살펴보겠습니다.

약 1.4킬로그램으로 체중의 약 2.2퍼센트밖에 차지하지 않지만 기초 대사량의 8~10퍼센트를 소모하고, 몸속에 있는 혈액의 20퍼센트를 사용하며, 들이마신 공기의 20퍼센트를 혼자 쓰는 신체 기관. 그것이 바로 지금부터 이야기를 시작할 우리의 뇌입니다. 뇌는 지하층을 포함하여 3층 구조로 되어 있습니다. 지하층에 해당되는 뇌간은 '생명의 뇌' 라고 합니다. 태어날 때부터 본능적으로 먹고, 자고, 배설하고, 호흡하는 기능을 담당하는 부위입니다. 도마뱀과 같은 파충류는 뇌간만 있어서 기쁨, 슬픔과 같은 감정표현이 없습니다. 그래서 뇌간을 '파충류의 뇌' 라고 부르기도 합니다.

뇌간의 위층인 1층에는 변연계라는 부위가 있습니다. 이 부분은 '감정의 뇌' 라고 하는데, '포유류의 뇌' 에 해당됩니다. 도살장에 끌려가는 소가 눈물을 흘릴 때 이곳이 작용하는 것입니다. 아이들이 어른들의 정당한 지시에 발끈할 때 사용되기도 하지요. 감정을 담당하는 변연계 내에는 외부의 반응에 민감하게 반응하고 그 반응을 뇌 전체에 전달하여 행동하도록 유도하는 중요한 역할을 하는 핵심 부위가 있는데, 이곳을 편도체라고 부릅니다.

마지막으로 2층에 자리하고 있는 부위인 대뇌피질은 이성적인 생각이 가능하게 하는 생각의 뇌, 이성의 뇌인데 비로소 완성된 '인간의 뇌' 입니다. 특히 대뇌피질 중 우리가 흔히 열이 나는지 손을 대어보는 이마 뒤편 안쪽에 있는 부분을 전두엽이라고 부릅니다. 간혹 아이들 중에 일찍 철든 애늙은이들이 있는데, 이 아이들은 또래들보다 전두엽의 발달이 일찍 시작된 경우입니다. 사람의 경우 이 부분까지 완성되는 데 걸리는 시간은 평균 27년 정도인데, 보통 여자가 남자보다 발달 속도가 빨라 평균 24~25세 정도에 완성된다고 합니다. 이에 반해 남자는 30세 정도가 되어야 완성된답니다. 또래 여자아이들이 남자아이들보다 눈치가 빨라 분위기 파악을 잘하는 것이 다 이유가 있었습니다. 여자아이들이 '일찍 철든다'는 것은 과학적으로 맞는 말이었습니다. 물론 어디까지나 통계적으로 평균적인 이야기지만 말입니다.

부모가 집에서 보는 십대, 교사가 학교에서 수업으로 만나는 십대들의 뇌는 어떤 상태일까요? 뇌과학자들에 의하면 일반적으로 십대 때, 특히 만 12~16세(중1 ~ 고2)에는 '감정의 뇌'가 급속히 발달하는 단계라고 합니다.

여기에는 중요한 개념이 들어 있습니다. 이때 말하는 발달이란 최초의 성장이 아니라 리모델링에 해당하는 것이라고 합니다. 리모델링이란 기존에 만들어져 있는 구조가 좀 더 새로운 것으로 정리된다는 개념입니다. 전문적인 표현으로는 시냅스의 전정剪定이라고 합니다. 전정이란 흔히 나무의 가지치기를 의미합니다. 즉 십대 시기의 뇌는 뇌의 신경세포를 서로 연결하는 끝부분인 시냅스의 15퍼센트 정도가 버려집니다. 아동기나 성인기에 일어나는 시냅스의 전정 비율이 1~2퍼센트임을 감안하면 이때 아이들의 뇌는 대공사 중인 것입니다.

여기서 아주 중요한 것은 시냅스가 버려진다는 의미는 이들에게 주어지는 자극이 긍정적이건 부정적이건 관계없이 잦은 자극을 받지 않거나 경험을 하지 않아 쓰이지 않는 시냅스가 사라진다는 뜻입니다.[1] 그러니까 이 시기에 어떤 경험에 자주 노출되느냐가 매우 중요합니다. 어쩌면 평생 각인될 시냅스가 이때 만들어질 수도 있으니까 말입니다.

일반적으로 아이들과 논쟁을 할 때 대부분의 부모나 교사는 이성적인 기능을 담당하는 전두엽을 사용합니다. 하지만 아이들은 대부분 외부의 반응에 민감한 편도체를 사용하게 됩니다. 그래서 Provoking, 즉 '깐죽거리기' 능력이 탁월해집니다. "그냥요, 짜증나, 몰라"라는 반응으로 부아를 돋웁니다.

이렇듯 같은 상황에서 서로 다른 부위를 사용하기 때문에 대부분의 경우 심리적으로 손해 볼 것이 없다고 생각하는 십대들보다 상대방이 더 분노하게 되어, 논리적인 논쟁은 끝내 이겨도 이긴 것 같지 않은 말싸움으로 끝나기 일쑤입니다. 그러다 간혹 싸움이 커지면 편도체보다 한 단계 더 아래에 있는 뇌간으로만 피가 몰리는 파충류가 되는 경우도 왕왕 발생하는 것입니다. 파충류는 두 가지 전략밖에 없습니다. 싸우든가, 아니면 꼬리를 스스로 자르고 도망가든가. 뉴스의 주인공이 되는 대부분의 아이들이 이 전략을 사용한다고 볼 수 있습니다. 양자택일을 가장 많이 하는 나이가 바로 십대입니다. 앞으로 조금 더 이야기를 하겠지만, 결국 부모와 교사가 만나는 십대들이 매우 감정적이고, 간혹 파충류가 되기도 하는 이유가 여기에 있었습니다. 자기를 편하게 드러내지 못하는 십대들이 가장 오래, 많이 머무르는 공간인 교실에서는 더더욱 이러한 선택의 상황이 반복됩니다. 하든가, 참든가 해야지요.

문제는 어느 쪽을 택하더라도 쉽지 않은 선택이라는 데 있습니다. 뭔가를 하려고 선택한 아이들에게는 체계적이고 꾸준하지 못한 개인적인 습관의 문제와 함께 문제풀이, 정답 맞히기 경쟁이 기다리고 있습니다. 반면, 참기로 한 아이들이 계속 반복되는 비슷한 형태의 강의식 수업에서 스스로 할 수 있는 것은 오직 '받아쓰기' 밖에 없다는 사실을 아는 데는 얼마 걸리지 않습니다. 하려고 한 아이든, 참으려고 한 아이든 수업에서 자신이 할 수 있는 역할이 없다고 판단하게 되면 수동적으로 변하게 되어 심리적·육체적으로 수업 이외의 것에 신경을 쓰게 될 수밖에 없습니다. 그러면 이를 제지하는 교사 역시 수업의 본론에서 벗어나 변두리를 서성거리다 지치는 악순환을 반복하게 될 뿐입니다.

수업행복 과제 12_바람직한 경험을 많이 갖게 하자

두뇌에서 시냅스의 전정이 일어나는 십대 아이들은 '좋은 경험', '긍정적인 경험'에 많이 노출되어야 한다. 그러한 기회는 그 어떤 가르침보다도 중요하다. 수업에서 자신의 의견을 합리적인 절차를 통해 표현해보는 경험도 그중의 하나일 것이다.

남학생과 여학생

십대들의 발달과정상 특징은 남녀 간에 커다한 차이를 보입니다. 여자는 남자에 비해 좌뇌와 우뇌를 연결하는 다리가 굵습니다. 뇌량腦梁이라는 부분인데, 이 부분이 굵다는 것은 좌뇌와 우뇌의 신호가 원활하고 빠르게 이루어진다는 의미입니다. 인터넷 전송 속도가 좀 더 빠르다는 뜻입니다. 좌뇌와 우뇌가 각기 맡은 다른 기능간의 신호가 원활하게 흐르면 곧 다양한 기능을 동시에 활용할 수 있다는 의미입니다. 멀티태스킹이 가능하다는 것이죠.

오랫동안 방영되었던 「가족오락관」이라는 TV 프로그램이 있었습니다. 거기에 지폐를 세면서 동시에 상대방이 내는 퀴즈 문제를 맞히는 게임이 등장했었습니다. 자세히 보면 대부분의 남녀 대결에서 여자 출연자들이 이기곤 했습니다. 굵은 뇌량 덕분에 여자들은 커피를 타면서 전화로 수다를 떨고, 동시에 다리미질도 할 수 있습니다. 그렇기 때문에 친구와 소곤소곤 수다를 떨면서도 노트 필기할 건 다하고, 가끔 노려보는 선생님을 향해 해맑은 미소를 보일 수 있는 게 여학생들입니다. 눈이 마주치면 밤길 자동차 라이트 앞에 멈춰 선 고양이가 되는 남학생들과는 다르게 말입니다.

상담을 할 때도 남학생과 여학생의 차이가 나타납니다. 상대적으로 여학생은 남학생에 비해 재잘재잘 말을 잘하고, 많이 합니다. 상담하는 분위기도 잘 맞추고, 상담이 반복되면서 심리적으로 가까워지면 있는 이야기, 없는 이야기를 마구 쏟아내기도 합니다. 부모와 함께 3자 상담을 할 때도 마찬가지입니다. 종종 부모에게 한 질문을 가로채 본인이 이야기를 주도하기도 합니다. 간혹 부모의 말씀이나 걱정에 동조하거나 딴지를 거는 등 감정표현을 자주 합니다. 그러나 남학생은 전혀 다릅니다. 일단 말이 없습니다. 묻기 전에 말하지 않고, 묻는 말에도 단답형으로만 일관하거나 멋쩍은 미소로 대신하는 경우가 더 많습니다. 심리적으로 가까워지더라도 웬만해서는 별반 나아지지 않습니다. 부모와의 3자 상담에서는 더욱 말수가 적어집니다. "요즘 집에서 컴퓨터 게임 얼마나 하니?"라고 물어보았는데, 남학생이 멋쩍은 미소를 짓는 동안 옆에 있던 부모가 "너무 많이 해요"라고 먼저 대답하는 경우가 더 많습니다.

수업에서도 이와 비슷한 차이를 보입니다. 토론 수업을 할 때나 모둠별 학습활동을 할 때 조리 있게 말을 잘하고 수업 분위기를 이끌어 가는 것은 대부분 여학생입니다. 이런 형태의 수업에서는 날개를 단 것 같은 여학생도 왕왕 눈에 띕니다. 상대방의 이견을 잘 듣고 반박할 때도 수위 조절을 더 잘합니다. 단순한 남학생에 비해서 상대의 감정을 격하게 만들 만한 단어를 잘 사용하지 않습니다. 또한 일반적인 수업의 형태에서도 교사의 발문을 적극적으로 듣고 이에 반응하는 것은 여학생 쪽이 더 많습니다.

『말을 듣지 않는 남자, 지도를 읽지 못하는 여자』의 저자 앨렌 피즈Allan Pease와 바바라 피즈Barbara Pease의 연구에 의하면 여자는 별 어려움 없이 하루에 평균 6,000~ 8,000단어의 말을 한다고 합니다.[2]

이외에도 8,000~1만여 개의 제스처, 표정, 머리 끄덕임을 사용하고 추가로 2,000~3,000개의 소리를 사용하고 있습니다. 이렇게 볼 때 여자는 자신의 생각을 전달하기 위해 하루 평균 2만 개 이상의 단어를 사용하는 것입니다. 반면, 남자는 하루 2,000~4,000개의 단어, 1,000~2,000개의 소리, 2,000~3,000개의 보디랭귀지를 사용한다고 합니다. 결국 남자는 하루 평균 약 7,000개의 단어를 사용하는 것으로 여자의 3분의 1 수준에 불과하다고 합니다.

친구들과의 우정에 대한 표현도 남학생과 여학생이 다릅니다. 가장 큰 차이점은 남학생들의 우정은 함께 무엇인가를 '하는 것'에 있습니다.[3] 게임을 하건 운동을 하건 어떤 활동을 함께하는 것이 동지라는 징표입니다. 활동을 하는 동안 말은 별로 필요하지 않습니다. 전화 통화보다는 감정표현 없는 간단한 문자를 애용하고 혹시 전화를 해야 하는 경우에는 장소와 시간 정도만 확인하는 등, 말 그대로 '용건만 간단히'입니다. 집단적으로 공을 좇아 이리저리 각자 뛰어다니고, 각자 마음에 드는 장난감을 가지고 놀아도 같이 놀았다고 생각합니다. 반면, 여학생들의 우정은 다릅니다. 함께 무엇인가를 '하는 것'이 아니라 함께 '시간'을 보내고, '대화'를 나누고, '어디'를 가는 것입니다. 집단적이지 않고 두세 명인 경우가 많습니다. 화장실도 같이 가고, 보건실도 같이 가고, 교무실도 같이 와서 그냥 옆에 서 있습니다. 영화도 같이 보고, 여행도 같이 갑니다. 그리고 가는 내내 이야기를 주고받아야 베스트 프렌드입니다. 이렇듯 여학생들 사이의 우정에 가장 필요한 요소는 대화입니다.

심리학자이자 의학자인 레너드 삭스Leonard Sax 교수는 여러 가지

근거를 통해 시력과 청력 면에서도 남녀가 차이를 보인다고 주장합니다. 먼저 시력의 경우 여자들은 한 번에 볼 수 있는 시야의 폭이 넓은 반면, 멀리 있는 것보다는 가까이 있는 것을 더 잘 볼 수 있답니다. 남자들은 그 반대입니다. 즉 멀리까지 볼 수는 있지만 시야폭은 좁다는 것입니다. 남자가 멀리 보면서 여유롭게 운전은 잘해도 옷장에서 어제도 입었던 셔츠를 잘 찾지 못하는 이유입니다. 그렇게 보면 교실 맨 뒤에 앉아서도 여학생들은 교실 구석구석에 있는 아이들의 움직임을 다 보고 있지만, 남학생들은 자기 주변 아이들만 눈에 들어오는 상황이 이해가 갑니다. 교사가 다가가는 것까지 파악하며 자기 할 것 다하는 여학생에 비해 코앞에 가서야 멈칫 놀라는 남학생들을 보면 말입니다. 또 여교사는 칠판 앞에 가만히 서서 아이들의 작은 움직임도 포착해낼 수 있지만 상대적으로 남교사는 이를 놓칠 수 있겠다 싶습니다.

청력의 차이를 보면 여자는 남자보다 청력이 무려 10배 정도 높다고 합니다. 작은 소리를 더 잘 듣는다는 것입니다. 옆에서 소곤거리는 대화 내용을 남자보다 잘 알아듣습니다. 만약 교실에서 쥐죽은 듯 시험을 보고 있다고 가정할 때 시험감독이 무심코 하는 작은 행동, 예를 들면 살짝살짝 슬리퍼 끌리는 소리, 재채기 소리, 교탁을 손가락으로 톡톡 치는 소리 등에 더욱 민감해지는 아이들은 주로 여학생들이란 이야기입니다. 수업시간에 남교사가 작은 목소리로 이야기를 하고 있더라도 여학생에게는 고함소리로 들릴 수도 있는 것입니다. 교탁 근처에서 교실 뒤쪽에서 엎드려 있는 아이에게 일어나라고 지시를 하면, 남학생들은 진짜로 잠에 빠져 듣지 못할 가능성이 크고, 여학생들은 듣고도 못 들은 척할 가능성이 큰 것입니다. 이런 차이는 특히 남녀 간 뇌의 부위별 발달 속도의 차이에서 기인하는 결과이므로 레너드 삭스 교수는 아예 남녀공학의 혼성 교육을 반대하고, 단성 교육을 주장하기도 합니다.[4] 서로 다른 남녀를 모아놓고 같은 방식으로 가르쳐서는 안 된다는 말입니다.

수업행복 과제 13_남학생과 여학생을 차별하자

같은 상황에서도 남학생과 여학생은 다르게 받아들일 수 있다는 생각을 잊지 말아야 한다. 남학생과 여학생의 차이를 세심하게 고려하는 교사는 갈등의 중심에서 조금은 더 멀리 벗어날 수 있을 것이다.

십대들은 어른들 못지않게 많은 스트레스를 갖고 생활하고 있습니다. 그중에서 큰 비중을 차지하는 것이 현실적으로 '공부'일 수밖에 없는 것이 십대들의 생활 구조입니다. 공부를 잘하든 못하든, 구조를 인정하든 원치 않든 간에 말입니다. 그러나 십대들의 스트레스가 사토 마나부 교수가 『배움으로부터 도주하는 아이들』에서 말한 것처럼 '원래 무리가 있는 일'인 공부工夫 때문만은 아닙니다. 십대들이 외부의 정보를 잘못 해석하고 반응하는 이유가 오로지 감정을 담당하는 편도체가 모든 것을 관장하고 있기 때문만도 아닙니다. 그것은 십대들의 스트레스 밑바닥에는 사춘기 때 흔히 나타나는 공격성, 분노, 성적性的 호기심 등을 증폭시키면서 몸과 마음의 성장에 급격하게 동반되는 남녀 호르몬이 있기 때문입니다.

청소년 성 전문가 구성애 씨는 십대들을 "걸어 다니는 호르몬 덩어리"라고 했습니다. 사춘기가 찾아오면 남학생의 몸에서는 아동기에 비해 1,000배 이상 많은 남성호르몬이 분비된다고 합니다. 그것도 하루에 열 번 이상. 이렇게 갑작스럽게 많이 분비되는 남성호르몬은 이미 크기가 커진 편도체를 과다하게 자극하게 된답니다. 여학생 역시 사춘기에 많이 분비되는 프로게스테론은 스트레스 호르몬인 코티솔의 활성을 더욱 높인답니다. 이래저래 십대들은 리모델링 중인 뇌에다가 자기조절이 불가능한 성호르몬의 과다 분비로 인해 잦은 흥분상태에 빠져 있게 되는 것입니다. 그리고 그 흥분상태를 유지하기 위한 다양한 행동들을 추구하게 되는 것입니다.

이런 상태에서 십대들은 학교라는 공간에서 자신들만의 생존전략을 가지려는 양상을 보입니다. 그 구체적인 반응은 개인의 성향에 따라 조금씩 다르지만 주로 '회피' 라는 방식으로 나타납니다. 저는 무언가로부터의 '회피' 라는 방식으로 학교생활 전략을 짜는 아이들을 세 가지 유형으로 분류할 수 있다고 봅니다.

첫 번째 유형은 학교라는 제도를 아주 잘 활용하는 소수의 '연출가' 형입니다. '학교' 라는 드라마에서 '성적成績' 이란 두 단어와 관련하여 나름대로 계획한 멋진 장면들을 연출하는 데 익숙한 유형의 십대들입니다. 이들의 학교 생존전략은 '실패' 하지 않기입니다. 이 유형의 아이들은 열심히 했기 때문에 실패하지 않는다는 것을 증명하는 데 목적이 있습니다. 주로 시험을 중심으로 한 학교 일정에 맞춰 일상생활을 해나갑니다. 그 외의 활동이나 개인적인 것에서는 자발성이 나타나지 않는 게 보통입니다. 주로 저학년 때부터 학부모의 적극적인 관리와 지원으로 성장한 이 유형의 아이들에게 공부란 높은 성적을 통해 훌륭한 다음 단계의 학교로 옮겨 가기 위한 단기적 목표 충족의 수단입니다. 그러다 보니 나쁜 결과를 얻지 않기 위해 노력하게 되고 학교생활에서 오로지 관심은 학습에만 있는 것입니다. 때로는 자기주도적인 모습을 보이기도 하지만 공부가 즐거워서 하는 아이들은 분명 아닙니다. 수업시간에 가끔 도전적인 질문을 통해 자신의 입지를 확실히 하려는 시도를 하기도 합니다. 그러나 교사나 친구들을 배려하는 모습은 잘 보이지 않습니다. 규칙을 잘 지키는 이유도 그로 인해 피해를 입지 않기 위한 것에 불과합니다. 소위 "공부는 잘하는데……"라고 표현되는 아이들이 여기에 속합니다. 공부는 잘하지만, 그것만 잘하는 아이들입니다.

두 번째는 가장 많은 유형으로 '방청객'형 아이들입니다. 이들은 자신을 둘러싸고 있는 주위 환경에 대체로 순응하는 아이들입니다. 그래서 가족, 친척, 교사들에게 실망을 안겨주는 것을 가장 경계합니다. 즉 주위의 기대에 대한 '실망감'으로부터 회피 방식을 택하는 아이들입니다. 그래서 학교에서는 열심히 하는 것 같습니다. 수업시간에 잘 졸지도 않고, 노트도 열심히 합니다. 학급의 궂은일도 도맡아 하고자 노력합니다. 가끔은 교사에게 맞장구도 잘 치고 담임에게는 절대적인 아군 역할을 합니다. 교복을 입고 소풍을 간다고 해도, 사복을 입고 소풍을 간다고 해도 언제나 '와~' 하고 박수를 쳐주는 박수부대에 속합니다. 깜박 잊고 교실을 시험 대형으로 맞추지 못했다고 혼자 전전긍긍하는 담임을 묵묵히 기꺼이 도와줍니다. 흔히 말하는 모범적인 아이들로 비치기도 합니다. 그러나 이 유형의 아이들에게 가장 부족한 것은 학습 능력입니다. 이미 오래전부터 학교를 벗어나면 학습과 관련된 행동을 거의 하지 않았습니다. 수업시간의 노트는 그저 습관일 뿐입니다. 그러다 보니 자연히 학교 성적은 하는 짓(?)보다 좋지 않습니다. 이 아이들은 학교에도 공부에도 별 관심은 없지만 자신을 지지해주는 사람들, 특히 부모나 교사를 실망시키지 않으려고 노력합니다. 마치 프로그램의 원활한 진행을 위해서 억지로라도 좋은 반응을 드러내야 하는 방청객들처럼 말입니다. 그래서 교실에 꼭 있어야 하지만 별반 문제가 없어 보이기에 교사로부터 가장 도움을 덜 받는 아이들이기도 합니다.

마지막 유형에 속하는 소수의 아이들은 '엑스트라' 형입니다. 이 아이들은 대체적으로 '성공' 에 대한 회피 방식으로 학교생활 전략을 수립합니다. 즉 열심히 하지 않았기 때문에 당연히 실패한다는 것을 증명하고자 애쓰는 유형입니다. 이 유형의 아이들은 대부분 저학년 때 성공하기 위해 몇 번의 시도를 했지만, 잦은 실패로 끝내 주목받지 못했을 가능성이 큽니다. 그런 후 차츰 학교에서는 자신이 주목받을 만한 능력이 없다는 결론에 이르고, 이를 증명하기 위해 노력합니다. 이들은 홀로 남겨지는 외로움을 가장 두려워하기 때문에 학교생활의 대부분을 또래와 동조해서 몸으로 때우는 방식으로 이를 숨기려고 노력합니다. 보통은 공부를 제외한 다른 영역에 큰 관심과 재능을 보입니다. 수업시간에는 팔짱 끼고 졸기 또는 엎드려 자기, 소곤거리기 또는 큰 소리로 수업 방해하기, 분위기에 맞지 않는 질문으로 영웅되어보기, 교사의 지시에 저항하기 등 주로 저항적 습관이 된 자기만의 방식으로 수업 거부 의사를 표시하기도 합니다. 이 유형의 아이들이 일반적으로 학교 규칙을 잘 안 지키는 것은 자신도 무엇인가 할 수 있는 게 있음을 증명해 보이려는 잘못된 시도 때문입니다.

이러한 십대들의 유형을 비율로 보면 다이아몬드 형태처럼 분포합니다. 즉 연출가형과 엑스트라형이 위와 아래에 소수 분포하고,

가운데를 방청객형이 대부분 차지하는 형태입니다. 그런데 이런 다이아몬드 형태의 위와 아래를 채우는 아이들 중에 자기 파괴적인 극단적인 유형의 아이들이 있습니다. 이들은 '회피' 전략을 직접적이고 구체적으로 활용하는 아이들로 역시 세 가지 유형으로 구분할 수 있습니다.

첫째, 연출가형 중 일부에 속하는 '딴죽'형 아이들입니다. 딴죽은 "씨름이나 태껸에서, 발로 상대방의 다리를 옆으로 치거나 끌어당겨 넘어뜨리는 재주"를 의미합니다. 우리에게는 '딴지 걸다'라는 말로 더 익숙합니다. 이 아이들은 말 그대로 교사를 대상으로 딴죽을 거는 역할에 치중하는 대체적으로 성적이 매우 우수한 아이들입니다. 교사 대 학생이라는 지위상의 권위를 뛰어넘을 수 없다는 판단으로 해당 교과목이나 특정 주제에 대한 논쟁을 통해 지적 권위에서의 승리를 통해 자기 존재감을 맛보려는 아이들입니다. 그런데 이러한 시도는 대부분 지적知的 갈증에 의한 것이 아니라 교사를 흠집 내려는 것입니다. 교사가 당황하고 어쩔 줄 몰라 하는 모습을 통해 길들이는 것이 최종적인 승리의 목표인 것입니다.

그래서 수업 중에 일어날 수 있는 교과목에 관한 교사의 잘못된 설명, 부적절한 사례 등의 실수는 물론 분위기를 바꾸기 위한 농담조차도 받아들이지 않고 공개적인 태클을 거는 경우가 있습니다. 딴죽형이 대체적으로 학교 규칙을 잘 지키는 것은 대다수 연출가형과 마찬가지로 교사로부터 공격을 당하지 않기 위한 노력의 일환입니다. 이렇게 행동하는 데에는 보통 교사와 관련된 과거의 좋지 않은 기억에 대한 복수심 때문입니다. 간혹 학창 시절에 완벽한 감정정리를 하지 못하는 경우에는 성인이 되어서도 좋지 않은 기억을 가지고 살아가게 됩니다.

둘째, 딴죽형이 상대적으로 자신을 긍정적인 방식으로 드러내는 아이들이라면 엑스트라형에 속하는 극소수의 아이들은 부정적인 방식으로 자기 존재감을 드러내려고 합니다. 이들은 온몸으로 학교라는 제도의 통제와 관리를 거부하는 아이들입니다. 가치관이 다른 데서 오는 충돌에 의한 생산적인 거부가 아니라 단순히 자기중심적으로 판단하고 해결하려는 아이들입니다. 그중에 특히 물리적인 충돌을 유도하는 두 가지 유형의 아이들이 있습니다. 그 첫 번째 유형이 '막무가내' 형인데, 어릴 적부터 자신의 욕구를 떼를 써서 충족시켰던 아이들입니다. 사탕가게 모퉁이를 지날 때는 늘 입에 막대사탕을 하나 물어야 합니다. 부모가 사주질 않으면 사탕을 획득하기 위해 바닥에 주저앉아 울며불며 난동을 부린 결과로 사탕을 획득했던 아이들입니다.

이들은 가정에서 부모로부터 적절한 훈육의 경험 없이 학교에 들어온 경우가 대부분입니다. 흔히 집에서도 포기한 아이들입니다. 딴죽형이 대체적으로 가정적인 안정을 이루는 반면 막무가내형 중에는 불안정한 가정이 많습니다. 이러다 보니 중고등학생이 되어서도 막대사탕을 얻기 위해 더욱 막무가내 전략을 고수하다 학교를 벗어날 가능성이 큽니다.

셋째, 가장 강력한 '통제불능' 형입니다. 막무가내형이 주변의 관심과 사랑으로 반전이 일어날 가능성이 크다면, 이 유형은 전문적인 치료와 지속적인 상담이 반드시 따라야 하는 아이들입니다. 이들은 안하무인眼下無人이라는 용어로 표현해도 될 정도로 자기 통제가 극도로 되지 않는 아이들입니다. 이들은 자신이 무시당하고 있다는 판단을 하게 되면 앞뒤 가리지 않고 목표를 공격하려 합니다. 이들이 흔히 쓰는 공격 방식은 아이들 표현으로 소위 '맞짱' 전략입니다. 폭력적인 정면대결입니다.

교실에 있는 아이들의 성향을 분류해본 이유는 무엇일까요. 아이들이 겉으로는 다 같아 보이지만 실은 많이 다르다는 점을, 수업에서 만나는 아이들을 다양하게 바라볼 수 있는 선구안이 필요하다는 것을 이야기하고 싶어서입니다. 이는 정확하게 판단하고 대처하는 아이들 선별 전문가가 되자는 게 아니라 적어도 아이들이 수업에서 불편해하는 원인이 무엇인지를 다양한 관점에서 볼 수 있어야 한다는 말입니다. 그래야 불필요한 갈등, 되돌릴 수 없는 상황, 무의미한 결과로부터 아이들과 우리 자신을 지켜낼 수 있기 때문입니다.

수업행복 과제 14_안목이 우선 필요하다

교사는 언제나 아이들이 어떤 상태인가를 잘 살펴야 한다. 따라서 어떤 상태의 아이인가를 분별해낼 수 있는 안목이 필요하다. 그것만으로도 극단적인 갈등상황을 예방할 수 있다. 만약 정확하게 파악하기 힘들다면 반드시 도움을 요청해야 한다. 스스로 해결하려다 더 큰 갈등을 일으킬 수도 있다.

십대들의 교실 속 공통 전략

'회피' 전략을 고집하려는 십대들은 물론, 학생이기 때문에 교실에서 아이들이 보이는 공통점이 있습니다. 이는 그들이 어떤 유형이건 간에 살아남기 위한 교실 생존전략입니다. 그 궁극적인 목표는 자기 존재에 대한 인정의 욕구를 충족시키는 것입니다. 혼자가 아니고 무능력하지 않다는 것을 증명하고자 하는 전략입니다. 멜 레빈Mel Levine 박사는 『아이의 뇌를 읽으면 아이의 미래가 열린다』에서 이런 공통점으로 단짝 친구 만들기, 인기 얻기, 정치력 발휘하기의 세 가지 생존전략을 언급하고 있습니다. 이에 더해 이 전략을 취하는 아이들의 특징에 대해 생각해보겠습니다.

우선, 단짝 친구 만들기입니다. 누구에게나 단짝 친구만큼 소중한 존재도 없습니다. 단짝 친구는 그냥 알고 지내는 사이에서는 생길 수 없습니다. 혈연관계인 가족에 비해 단짝 친구는 늘 뜻을 함께하는 동맹관계입니다. 가족과는 또 다른 차원에서 나를 지켜봐주고 지지해주고 인정해주는 정신적 기둥입니다. 맹목적으로 내 편에 서주고, 아무런 대가 없이 나를 도와주고, 기다려주고, 믿어줍니다. 몇 년 만에 만나도, 더 많은 세월을 뛰어넘어 오랜만에 통화를 해도 늘 보고 이야기를 나누는 것 같은 사이가 단짝 친구입니다. 기쁨은 물론 슬픔과 아픔을 같이했던 시절의 친구라면 더더욱 그렇습니다. 십대들의 단짝 친구는 학교에서 동병상련의 희로애락으로 맺어진 사이입니다. 많은 설문조사에서 십대들이 고민을 털어놓는 대상 1

위가 친구라는 사실은 이것을 잘 뒷받침하는 결과입니다.

아이들에게 단짝 친구가 어떤 의미인지를 보여주는 이야기가 있습니다. 베트남전 당시 있었던 실화입니다. 미국인이 운영하던 고아원에 미군의 오폭으로 폭탄이 떨어져서 많은 아이들이 죽거나 다쳤습니다. 그중 아홉 살 난 한 소녀가 심각한 중상을 입었습니다. 수술이 급했는데, 소녀에게 수혈할 같은 혈액형을 찾을 수 없었습니다. 그래서 미국인 의사가 고아원에 있는 아이들에게 부탁을 했습니다. 한참 만에 한 소년이 손을 들었습니다. 다행히 소녀와 혈액형이 같아 소년에게서 피를 뽑기 시작했습니다. 그런데 피를 뽑는 내내 소년은 소리 없이 울고 있었습니다. 나중에 알고 보니 이 소년은 자신의 몸에서 피를 전부 뽑아내고 자신은 죽는 줄 알았답니다. 미국인 의사가 물었습니다. 죽는다는 것을 알면서도 어떻게 피를 뽑아줄 생각을 했느냐고. 그랬더니 그 소년이 이렇게 대답하더랍니다. "우린 친구니까요."[5] 단짝 친구는 나이가 들수록 이와 비슷한 상황에서 서로 손을 내밀어줄 수 있는 사이입니다. 같은 처지에 있어 서로를 더 잘 이해하고, 위로를 주고받을 수 있습니다. 그래서 십대들의 단짝 친구는 더욱 '끼리끼리' 모이곤 합니다. 어른의 시각에서 보면 말이죠. 십대들이 학교에 가는 이유는 친구 때문인 경우가 많습니다. 그리고 학교에 가기를 거부하는 이유 역시 친구 때문입니다.

둘째, 인기 얻기입니다. 학기 초인 3월, 교실에서는 서서히 인기 다툼이 벌어집니다. 물론 공부라는 한 종목이 아닙니다. 이미 많은 수의 아이들이 이 종목에는 출전하기를 거부하고 있기 때문입니다. 그들은 각자의 종목에서 좀 더 높은 고지를 선점하기 위한 활동을 시작합니다. 어떤 아이는 특정 과목을 잘해서 인기가 높아집니다. 수업시간에 몇 번 똑 부러지는 발표를 하거나 교사에게 공개적인 칭찬을 받는 경우가 큰 계기가 되기도 합니다. 우리 반에서 무슨 과목 하면 누구라는 식입니다. 많은 아이들이 그 친구에게 물어봅니다. 교실에서 제2의 교과 담임이 되는 것입니다. 물론 소수의 아이들이 독식하는 이 종목을 완전히 포기하지 못한 아이들 중 누군가에게 그 친구는 시기의 대상이 되기도 합니다.

반면, 많은 아이들이 다른 종목을 선택합니다. 어떤 아이는 개그맨 뺨치는 유머로 아이들을 사로잡습니다. 말과 행동을 너무나도 잘 재연하는 재연의 달인입니다. 같은 이야기를 하더라도 친구들의 배꼽을 잡아떼는 능력이 탁월합니다. 물론 유치한 면도 있지만 팍팍한 일상에 활력소가 되는, 개그 작가의 기질이 보이는 아이입니다. 또 어떤 아이는 악기를 잘 다루고, 어떤 아이는 청산유수같이 말을 잘하고, 어떤 아이는 싸움을 잘하고, 어떤 아이는 이야기를 잘 들어주는 등 아이들은 저마다의 분야에서 서서히 능력을 발휘하면서 자기에게 가장 잘 어울리는 영역을 선점하려 애씁니다.

각자의 전략을 통해 교실에서의 인기도가 분야별로 서서히 결정됩니다. 멜 레빈 박사에 의하면, 인기도에 따라 교실 속 아이들은 또래 아이들 거의가 좋아하고 심지어는 존경까지 하는 인기 절정의 아이, 어떤 아이는 좋아하지만 어떤 아이는 싫어하는 논란이 있는 아이, 드러나지는 않지만 자기를 좋아하는 소수 집단을 공공연하게 갖고 있는 언더그라운드 아이, 스스로 또는 결과적으로 누구도 관심을 보이지 않는 아웃사이드 아이, 마지막으로 적극적으로 배척당하는(예를 들면 집단 따돌림, 폭력, 왕따 등에 노출된) 아이로 구분할 수 있다고 합니다. 그런데 여기서 구분해야 할 것이 있는데, 인기 절정의 아이보다 언더그라운드 아이가 더 단짝 친구가 많다는 사실입니다. 즉 인기와 단짝 친구의 수는 비례하지 않는 경우가 더 많습니다. 인기 절정의 아이들이 많은 학급의 수업은 다소 동적인 강의식 수업이 잘 맞지만, 언더그라운드 아이들이 많은 수업은 정적이면서 동시에 모둠별 학습활동에서 더 활기를 띠는 경향이 있습니다. 그렇기 때문에 인기를 중심으로 해서 아이들을 구분하는 것은 구체적인 학습활동 적용에 큰 도움이 되므로, 아주 중요한 과제입니다. 물론 적극적으로 배척당하는 아이에 대한 파악 역시 마찬가지입니다.

셋째, 정치력 발휘하기입니다. 소위 연줄 대기 전략입니다. 인간은 정치적이라는 것을 아이들도 본능적으로 교실에서 실천합니다. 정치력 발휘하기의 핵심은 누가 나에게 도움이 될 것인가입니다. 누가 나에게 조언을 해주며, 나를 인정해주고, 도와주고, 위로해줄지에 대한 탐색 능력입니다. 교실에서 자신이 가장 선호하는 종목에서 누가 가장 큰 영향력이 있는지 파악하고 그들에게 영향력을 행사하고자 하는 노력입니다. 교실에서 정치력 발휘하기가 중요한 이유는, 아이들에게는 일반적으로 옳고 그른가의 진위 여부보다는 내 편인가 아닌가가 더욱 중요하기 때문입니다.

물론 전체를 대상으로 정치력을 발휘하고 싶어 하는 아이들도 있고, 알짜배기 소수 집단을 대상으로 숨은 정치력을 발휘하고 있는 아이들도 있습니다. 긍정적이고 도덕적인 방향으로 정치력을 발휘하는 아이들(연출가형, 방청객형)도 있지만 그 반대의 상황에서 정치력을 발휘하는 아이들(엑스트라형, 딴죽형, 막무가내형)도 있습니다.

지금껏 이야기했듯이, 십대들은 몸과 마음이 모두 공사 중이고 미래에 대해 아무것도 결정된 것이 없기 때문에 자신에게 가장 잘 맞는 것 같은 성향의 정치력을 발휘하는 친구에게 정신적으로 더 많이 의지하게 됩니다. 공부에 올인하는 아이들은 그 속에서 우두머리를 찾아 서로 돕고 의지하고, 흡연을 하는 아이들은 그 무리에서 짱을 세워두고 기대게 됩니다. 앞에 나서기를 좋아하는 아이들은 학급을 위해, 학교를 위해 봉사하는 형식으로 자신의 정치력을 구체적으로 연습하기도 합니다. 교사가 없는 교실은 질펀한 하나의 작은 정치판입니다. 물론 어떤 종목에도 스스로 끼지 않고 은둔자적 생활을 즐기는 아이들도 있습니다. 주로 이어폰과 친구하며 사색을 즐기는 아이들입니다.

눈이 감긴 채 의식활동이 쉬는 상태. 누에가 허물을 벗기 전에 뽕잎을 먹지 않고 잠시 쉬는 상태. 일생의 3분의 1이란 긴 시간이 소요되는 이것. 우리의 몸과 마음을 온전하게 유지하여 제 기능을 발휘할 수 있도록 해주는 원천. 바로 잠입니다. 수업을 이야기할 때 아이들의 잠을 이야기하지 않을 수가 없습니다. 수업은 곧 아이들 스스로도 교사들에게도 잠과의 전쟁이기 때문입니다.

의사들은 건강을 위해서 몇 시간쯤 자라고 조언을 합니다. 그것이 개개인마다 딱 맞아떨어지는 것은 아니지만, 일정한 수면량을 채워야만 다음날 신체적인 기능이 회복되고 정신적인 활동이 이루어진다는 의미가 클 것입니다. 푹 자고 나면 개운하고 기분 좋아지는 상황 말입니다. 브라운대학 브래들리 수면연구소의 마리 카스카돈 교수는 말합니다.[6] 우리 몸은 적절한 수면량을 필요로 하는데, 낮에는 '수면 압력'이 쌓여 피곤해지고 밤에는 잠에 의해 '수면 압력'이 줄어들어 피로가 풀린다고 말입니다.

알람 소리를 듣고 강제로 일어나는 유일한 생명체인 인간. 우리의 아침은 대부분 억지로 시작됩니다. 그 시간이 스스로 정한 것이든 의무적인 것이든, 정해진 시간에 정해진 역할을 해야 하기 때문입니다. 물론 알람 소리에 반응하는 정도면 매우 좋은 습관을 가진, 자기 역할에 대체로 최선을 다하는 사람이겠구나 싶습니다. 아니면 심리적으로 매우 예민하든가. 얇은 눈꺼풀만큼 세상에서 무거운 것도 없습니다. 그런데 잠자고 일어나는 것도 역시 습관입니다. 습관은 육체적·정신적 근육의 기억 재생입니다. 일종의 비슷한 패턴이 반복되는 것입니다. 특별한 경우가 아니라면 아무리 피곤해도 비슷한 시간에 잠들고 비슷한 시간에 일어납니다. 비슷한 시간에 세수를 하고 옷을 입고 밥을 먹고 있습니다. 물론 많은 수의 교사와 그보다도 더 많은 수의 아이들은 아침밥 대신에 잠을 선택합니다만. 그리고 꽤 부지런하게 움직인 것 같지만 역시 오늘도 비슷한 시간에 차를 타거나 비슷한 장소를 지나갑니다. 비슷한 시간에 버스를 기다리다 보면 기다리는 이들 역시 낯이 익습니다. 시간대별로 함께 모였다 흩어지는 무리들이 정해져버리는 것입니다. 아무리 꾸미고 잘 차려입어도 아직 군데군데 잠이 남아 있는 상태로 말입니다.

그래도 직장인들은 조금 나은 편입니다. 싫든 좋든 자신의 삶을 스스로 꾸려나가야 한다는 책임감이 있으니까 강제적인 움직임에도 나름대로 의미를 부여하며 살아갑니다. 자기 스스로 조절이 가능하니까 잠자고 일어나는 패턴도 십대들보다는 조금 더 여유가 있습니다. 하지만 십대들은 일단 시간 조절을 스스로 할 수 없는 구조적인 문제가 있습니다. 낮부터 저녁까지 대부분 일과시간이 이미 정해져 있습니다. 혼자 쓸 수 있는 시간이 없습니다. 고학년의 경우처럼 학교에서 학원으로 다시 독서실을 경유하여 집으로 와야 한다면 더더욱 그렇습니다. 소중한 것(잠)보다는 급한 것(등교, 공부)을 먼저 해결해야만 하기 때문입니다. 구체적인 일과를 보면 십대들이 웬만한 어른들보다 더 바쁘다는 것은 누구나 인정할 수밖에 없습니다. 그러면서도 그때는 다 그렇게 지내는 거라는 강한 압력도 동시에 주어집니다. 문제는 직장인들처럼 자신이 해야 하는 역할이나 임무에 스스로 의미를 부여하며 학교생활을 하는 십대들이 많지 않다는 데 있습니다.

몇 해 전 아침밥을 먹고 다니자는 캠페인을 펼쳤던 MBC의 「느낌표」라는 프로그램에서 자주 등장했던 장면들처럼 학교의 아침은 유난히 까칠합니다. 때로는 삭막하다는 생각이 들기도 합니다. 잠꼬리가 남은 푸석푸석한 얼굴로 하나둘 모이지만 '굿모닝'을 외치는 경우는 드뭅니다. 상당수가 잠에서 아직 덜 깬 상태로 만나게 됩니다. 그러다 보니 조회 때 눈을 마주치지 못하는 아이들이 많고, 눈을 마주치는 아이들 역시 안쓰러울 때가 자주 있습니다. 그러니 수업, 특히 9시 전에 시작되는 1교시에 아이들은 자꾸만 졸립니다. 어떤 아이들은 오전부터 아예 잠이 들기 시작합니다.

그러다 보니 우리의 수업에서 실제 도입부는 전 시간에 배운 내용을 다양한 방식으로 전달하고, 초롱초롱한 눈망울의 아이들이 손을 들어 정답을 말하는 학습지도안 같은 시작이 아닙니다. 그런 시작은 일 년에 몇 번 있는 각본 잘 짜인 의무적인 공개수업 때나 있을 법한 것이지요. 뒤에서 다시 이야기할 내용이지만 아이들은 영상세대답게 자신들의 모습이 담기는 카메라 앞에서는 평소와는 다른, 연출된 모습을 보여줍니다. 오히려 수업을 진행하는 교사가 버벅거릴 가능성이 더 크지요.

어찌 되었든 우리의 평상시 수업은 시간대와 관계없이 엎드려 있는 아이들을 일으켜 세우고, 정신 차리게 하고, 몇 페이지를 펼치게 하고서야 겨우겨우 시작됩니다. 아무 말 없이 그대로 따라주기만 해도 괜찮습니다. 금방 잡아먹을 듯 오만 인상을 쓰고 게다가 씰룩거리는 입술로는 뭔가 한마디를 내뱉기도 합니다. 아이들이 자꾸 조는 이유는 여러 가지가 있겠지만 원인이야 어떻든지 간에 자야 할 만큼 잠들지 못하기 때문입니다. 야간 자율학습 감독을 마치고 퇴근을 하는 교사들끼리 자조 섞인 농담으로 "조금 있다 봅시다"라는 인사를 나누기도 합니다. 아이들은 친구들에게 "집에 갔다 올게"라고 하루의 마감 인사를 나눕니다. 이래저래 교실은 부족한 잠 때문에 갈등이 웅크리고 있습니다.

십대가 잠 못 드는 이유

새 나라의 어린이는 일찍 일어납니다.
잠꾸러기 없는 나라 우리나라 좋은 나라.

어릴 적 뜻도 모르고 불렀던 동요입니다. 새마을 운동으로 새 나라를 만들자던 시대의 노래입니다. 잘 먹고 잘살려면 새벽종이 울리고 새 아침이 밝아올 때 일찍 일어나 부지런히 움직여야 한다는 국가의 명령이요 행동강령이었습니다. 국민학교 3학년짜리 어린아이가 아침 여섯 시쯤 일어나 빗자루를 들고 학교 가는 길을 친구들과, 동네 어른들과 함께 쓸었습니다. 흘러나오는 이 노래를 들으면서 아침인사를 드리고, 나누면서 그렇게 학교 가는 길을 네 번 왔다 갔다 하였습니다. 그리고 저녁 9시쯤 되면 다리 달린 TV에서 새 나라의 어린이들은 이제 자야 할 시간이라는 방송 멘트가 흘러나오면 신기하게도 졸음이 와서 잠들었던 기억이 납니다.

그런데 거기에는 분명한 이유가 있었습니다. 흔히 초등학교 저학년 정도까지의 어린이들은 사춘기로 접어드는 초등학교 고학년 이후의 청소년들과는 잠자는 패턴이 다릅니다. 이것은 선택이 아니라 성장과정상 나타나는 아이들 몸의 변화 때문에 그렇습니다. 일반적으로 우리가 음식을 어느 정도 먹으면 배가 불러옵니다. 그러면 음식을 그만 먹게 됩니다. 그런데 비만인 사람들은 대체적으로 배가 부르다는 느낌을 늦게 받기 때문에 더 많이 먹게 된다는 것입니다.

뇌에서 '랩틴' 이라는 호르몬이 늦게 분비되어서 그렇다고 합니다. 잠도 마찬가지입니다. 밤에 어느 정도 시각이 되어서 졸립다는 느낌이 드는 것은 뇌로부터의 신호 때문에 그렇습니다. 그 신호를 보내는 역할을 맡고 있는 것은 '멜라토닌' 이라는 호르몬입니다. 유아기부터 초등학교 저학년 정도까지의 어린이들은 이 호르몬이 주로 초저녁에 많이 분비됩니다. 그러니 자연스럽게 저녁 먹고 조금 있다 보면 졸음이 오는 것입니다. 그래서 일찍 자고 일찍 일어나는 게 가능합니다.

하지만 사춘기에 들어서면 멜라토닌이 어린이들보다 2시간 정도 늦게 분비된답니다. 그렇기 때문에 갈수록 늦게 잠들게 되고 당연히 아침잠이 많아지는 것처럼 보인다는 것입니다. 카스카돈 교수는 아침잠이 많다는 건 사춘기의 신호탄이라고 단언합니다. 학교 또는 학원 갔다 돌아와서 피곤하다면서도 컴퓨터 앞에 앉아 있고, 음악을 듣거나 친구와 통화를 하면서 늦게까지 잠들지 않는 이유입니다.

문제는 이러한 상황에서도 어린이와 마찬가지로 청소년들 역시 하루 동안 쌓인 수면 압력을 푸는 데 걸리는 시간은 같다는 데 있습니다. 결국 정상적으로 잠을 잔다고 하더라도 어린이들보다 빠른 등교시간 때문에 수면 압력을 제대로 풀지 못한 채 학교에 오는 상황이 반복되는 것입니다.

카스카돈 교수에 따르면 청소년에게 필요한 수면량은 10세의 아동기 때와 마찬가지인 9시간 정도라고 합니다. 그런데 질병관리본

부가 중학교 1학년부터 고교 3학년 사이의 청소년 7만 5,643명을 대상으로 실시한 '2011년 청소년건강행태 온라인 조사 결과'에 따르면 우리나라 청소년의 주중 하루 평균 수면시간은 중학생이 7.1시간, 일반계 고교생은 5.5시간, 특성화계 고교생이 6.3시간이었습니다.[7] 중고교생 대부분이 만성적인 수면 부족에 시달리고 있는 셈입니다. 특히 일반계고 3학년생은 평균 새벽 1시 16분에 잠자리에 들었다가 5시간 14분 만인 6시 31분에 일어나는 것으로 나타났습니다. 일주일 전체 평균을 따져봐도 우리나라 15~24세 청소년들은 7시간 30분으로 미국(8시간 47분), 영국(8시간 36분), 독일(8시간 6분), 스웨덴(8시간 26분), 핀란드(8시간 31분)에 비해 1시간 정도, 수면 권장량에 비해 2시간가량 잠을 더 못 자고 있습니다.[8]

문제는 여기에서 그치는 것이 아닙니다. 위의 조사에 의하면 잠을 적게 자는 학생들은 충분히 자는 학생에 비해 담배를 피거나 술을 마시는 비율이 높고, 스트레스를 받거나 자살 충동을 느끼는 비율이 높았다는 것입니다. 특성화계 고교생을 기준으로 잠을 5시간 미만 자는 학생의 흡연율은 34퍼센트에 달한 반면, 8시간 이상 자는 학생의 흡연율은 24퍼센트였습니다. 또 두 그룹의 음주율은 각각 48.7퍼센트, 36.0퍼센트, 스트레스 인지율은 각각 61.2퍼센트, 38.8퍼센트로 차이가 컸습니다.

그래서 이 2시간을 채우려고 낮에 쪽잠을 시도 때도 없이 시도하고, 그러다가 졸리지 않아도 졸게 되는 습관이 된 것입니다. 지금 십대들의 공격성, 분노, 무기력, 열등감과 패배감 등은 어쩌면 그때 그때 청산하지 못하고 누적된 '수면 빚' 때문이 아닐까요. 그래서 오늘도 몽롱하게 교실 자리를 지키고 앉아 멍때리고 있는지도 모르겠습니다.

좋은 아침GOOD MORNING을 맞기 위해서는 당연히 좋은 밤GOOD NIGHT을 보내야 합니다. 좋은 밤이란 곧 몸에 쌓인 피로가 완전하게 풀릴 수 있도록 잘 자야 한다는 이야기입니다. 질 좋은 잠을 자려면, 즉 하루 동안의 수면 압력을 제대로 풀기 위해서는 '잠자기 전 30분'의 습관을 바꿔야 한다고 다카시마 데쓰지는 조언하고 있습니다.[9] 보통 잠을 자려 누우면 처음의 1~2시간 동안에는 '렘수면' 상태에 빠집니다. 이는 몸은 잠자고 있지만 뇌는 활발하게 움직이고 있는 상태입니다. 그러다 어느 정도 시간 동안 '논렘수면', 즉 뇌와 몸이 모두 잠든 상태에 빠지게 된답니다. 이것이 흔히 말하는 숙면상태로서 업어 가도 모를 정도로 곯아떨어진 것입니다. 아침에 일어났을 때 몸과 마음이 개운한, 뭔가를 새롭게 막 시작할 수 있을 것 같은 에너지를 느끼는 상태입니다.

그런데 우리 아이들은 잠자기 30분 전, 낮 동안의 갑갑함에서 벗어나고 싶은 보상심리로 소파에 누워 기름기 많은 인스턴트 음식을 흡입하며 상대적으로 화려하고 자유로워 보이는 또래 아이돌 스타들에 열광하며 쇼프로그램에 흠뻑 빠져 있습니다. 컴퓨터 앞에 앉아 열심히 타이핑하고 광클(미친 속도로 마우스를 클릭한다는 십대들의 은어)을 합니다. 컴퓨터도 TV도 부모 눈치 때문에 여의치 않으면 밀폐된 공간에서 휴대폰을 들고 장시간 통화를 하고 미친 속도로 문자를 합니다. 이런 과정에서는 어떤 깊이 있는 사고도 능동적인 자기 의견도 없습니다. 그냥 보이는 대로 웃고, 솟아 나오는 대로 뱉고, 생각나는 대로 떠들어댈 뿐입니다. 멜 레빈 박사가 표현한 '시각과 운동의 황홀경(스케이트보드, 롤러블레이드, 스키를 타거나 고속 주행 등 모두 말이 필요 없는 행동으로, 생각하지 않고 즐긴다는 장점이 있는, 철저히 학습이 배제된 것들[10])에 빠져 있는 상태입니다. 멜라토닌이 늦게 분비되는 2시간이 이렇듯 온통 온몸으로 전자파를 끌어안으면서 몸부림치는 시간이 되어버린 지 오래입니다. 그러니 아침에 스스로 일어나는 것은 거의 불가능에 가깝습니다. 몸 전체가 바닥에 딱 달라붙은 듯 일어날 수가 없습니다. 억지로, 강제로 일어났다 하더라도 몸과 마음이 내 것이 아닌 상태로 다시 교실에 와 앉아 있게 되는 또 하루의 악순환이 반복됩니다. 오자마자 졸리고 벗어나고 싶은 공간이 교실인 것입니다.

이러한 십대들의 생활 패턴은 학습에도 궁극적으로 도움이 되지 않는다는 한 연구에 의하면, 우리가 얻은 정보를 기억하는 데는 '렘수면' 상태가 필수불가결하다는 것이 밝혀졌습니다.[11] 또 다른 연구에 의하면 낮 동안 배우고 익힌 내용의 15퍼센트를 적절한 수면으로 습득할 수 있다고 합니다.[12] 멜 레빈 박사의 조언은 좀 더 구체적입니다. 그에 의하면 장기기억이 가장 잘 정리되는 시간은 잠자기 직전인데, 공부를 하고 나서 친한 친구에게 전화를 걸어서는 안 되고, 일단 친구에게 전화를 먼저 한 다음 공부하고 그리고 잠자리에 들라고 조언합니다. 공부한 내용을 기억에 저장하는 최적의 순서랍니다. 멜라토닌이 늦게 분비되는 사춘기의 야간 2시간. 그 시간을 어디서 어떻게 보내느냐에 따라 아이들의 삶의 질이 달라질 수 있음을 십대들에게 일관되게 알려주고, 실천할 수 있도록 하는 역할이 부모와 교사에게 있는 것입니다.

수업행복 과제 15_좋은 꿈을 꾸기 위한 기술

벤자민 프랭클린(Benjamin Franklin, 1706~1790)의 에세이를 조지 로저스가 엮어낸 『덕의 기술』에서 프랭클린은 '좋은 꿈을 꾸기 위한 기술'에 대해 아주 자세하게 언급하고 있다. 300년을 흐르면서도 여전히 적용될 수 있는 그의 잠에 대한 의견을 간단하게 정리해봤다. 여러분의 건강을 위해 적극 실천해보시기 바란다.

1. 잠자는 동안에도 침실에 신선한 공기를 꾸준히 공급하기

자는 동안 밀폐된 공간의 공기가 호흡으로 배출된 물질로 포화되면, 그 물질이 배출되지 못하고 우리 몸에 남아 병을 만든다. 그러나 그 전에 답답증이나 가려움 등의 증상이 나타나게 된다. 이런 증상은 너무 가벼워서 사람들이 대수롭지 않게 여긴다. 그래서 그 원인을 아는 사람도 적다.

2. 잠자기 전에 적당량의 식사만 하기

식사를 적당히 하면 주어진 시간에 호흡으로 배출되는 물질이 적어져서 침구가 오랫동안 신선함을 유지한다. 따라서 불편한 느낌이 들지 않고 오랫동안 잠을 잘 수 있다.

3. 얇고 공기구멍이 많은 침구 쓰기

호흡으로 배출된 물질이 쉽게 통과하므로 불편함을 덜 느낀다.

4. 불편함에 잠을 자다 깼다면?

베개를 두드려 뒤집어놓고 이불을 20번 이상 흔들어 턴 다음 이불을 젖힌 채로 잠시 둔다. 그리고 옷을 벗고 피부에 쌓인 노폐물이 날아가도록 방 안을 걸어 다닌다. 그러면 공기가 건조하고 차가워지면서 곧 효과가 나타난다. 공기가 차게 느껴질 때 침대로 돌아오면 기분 좋게 잠을 잘 수 있다. 그러면 꿈에 보이는 장면들도 모두 즐거운 것들로 바뀐다.

5. 4번조차 귀찮다면?

만일 이불 속에서 나오기가 귀찮다면 한쪽 팔과 다리로 이불을 들어 올려 신선한 공기가 들어오게 할 수도 있다. 이것을 20번 반복하면 포화상태였던 배출 물질이 날아가서 잠을 편안히 잘 수 있다. 그러나 앞의 방법과 같은 효과를 내지는 못한다.

교사와 학생, 그 간극과 공통점

지금까지 우리가 흔히 '십대' 라고 부르는 아이들의 성장과정상의 신체적 · 정신적 · 심리적 특징을 살펴봤습니다. 그리고 그들이 출발한 각 가정의 상황에 따라, 저학년 때부터 스스로 길들여진 학교 습관에 따라 '교실 수업' 의 가치를 인식하는 정도, 그것에 대처하는 방식에서 차이가 난다는 점을 이야기했습니다. 그리고 그런 차이들을 교사의 안목에서 알고 있어야 한다는 점을 강조하였습니다.

여기서 마지막으로 하나 더 짚고 넘어가야 할 것이 있습니다. 그것은 우리가 만나는 아이들이 그냥 학생들이 아니라 '십대로서의 학생' 이라는 것입니다. 교실에 모여 있는 아이들은 학생이기 이전에 십대입니다. 그 이유는 현실적으로 많은 아이들이 학생이기보다는 십대로서 살기를 바라고 있기 때문입니다. 예전처럼 묵묵히 '목표' 를 향해 공부만 하는 학생들이 아닙니다. 이것은 공부를 잘하고 못하고와는 관계가 없습니다. 공부만 하는 기계로 살기를 거부하고 있습니다. 그것을 스스로 증명하려 몸부림을 치고 있습니다.

이런 이유 때문에 교실 수업에서는 다양한 '간극' 들이 존재하는 것입니다. 수업을 바라보고 수업에 임하는 교사와 학생의 근본적인 차이 말입니다. 우선 '가르치고 싶은 것' 과 '배우고 싶은 것' 이 다릅니다. 몇 십 쪽을 채워도 부족하겠지만, 간단하게 정리하자면 그 차이는 곧 미시적으로는 교과내용에 대한 것이고, 거시적으로는 교사 역할에 대한 것입니다. 아이들 표현대로 하면 가르치는 교과 내용에는 두 가지 문제가 있습니다. '재미없다'는 것과 '비현실적'이라는 것입니다. 이 두 개가 합쳐져 있으니 하고 싶은 생각이 들지 않는 것은 당연할지도 모릅니다. 그래서 아이들이 돌가루 잔뜩 섞여 있는 쌀로 지은 밥을 매끼 먹어야 하냐는 반응을 보이는 것이 아닐까요. 또 수업 속에서 교과서 밖 세상 이야기를 나누고 고민하는 역할의 필요성에 대해서 교사와 학생의 시각이 조금씩 다릅니다. 수업을 내용으로만 채우는, 걸어 다니는 문제집으로만 사는 역할에 만족하는 교사와 학생도 있고, 그렇지 못한 교사와 학생도 있는 것입니다. 그것도 한 교실에 섞여서 말입니다.

그 다음으로, 교사와 학생 모두 스스로를 '성공한(하는) 사람'과 '실패한(하는) 사람'으로 인식하는 정도가 다릅니다. 이것은 교사와 학생이라는 지위적 상황에 대한 자존감의 문제입니다. 이는 교실 궁합의 문제로 이어집니다. 스스로 성공한(하는) 사람이라고 인식하는 교사와 학생이 만나면 서로 주고받을 게 많은 행복한 사이가 됩니다. 서로의 역할에 긍정적인 기대감을 갖게 되어 실제 서로가 발전하는 상황을 경험하게 되는 선순환이 일어납니다. 그러나 그 반대의 자존감을 지닌 교사와 학생이 만나게 되면 서로를 믿지 못합니다. 주고받을 게 없다고 믿는 사이가 되어버립니다. 서로의 부족한 부분만 눈에 보이고, 이를 한 방에 고치려는, 그럴 수 있다고 믿는 무모한 도전을 반복하게 됩니다. 상대방의 흠집을 통해 자신의 허물을 가리려는 이중적인 상황을 연출하게 되는 악순환이 반복됩니다.

마지막 '간극'은 '자발성'과 '강제성'의 충돌입니다. 이는 교사와 학생이란 지위상의 출발에서부터 나타나는 간극입니다. 당연한 이야기지만 교사는 스스로 선택하여 획득한 지위인 데 반해, 학생은 그냥 되는 것입니다. 가만히 있어도 나이가 차면 얻게 되는 강제적인 지위입니다. 그러다 보니 대체적으로 자발적인 교사와 자발적이지 못한 학생과의 만남이 곧 수업인 듯 보이는 것입니다. 그러나 모든 교사가 자발성이 발현되고 있는 것도, 모든 학생이 강제성으로만 수업에 앉아 있는 것도 아닙니다. 오히려 반대인 경우도 있습니다. 어찌 되었건 자발성 가득한 교사 또는 학생이 같은 상황인 교사 또는 학생을 만나는 수업은 그 자체만으로 배움이 발생하게 됩니다. 그러나 여러 가지 개인적 · 구조적 이유로 인해 자발성이 지속적으로 방해를 받거나 나타나지 않는 상태에서 억지로 꾸려지는 수업이 제 기능을 다할 수 없는 것은 당연합니다. 그러한 수업은 머물고 싶지 않은 불편한 상황이 연속됩니다.

이러한 간극에도 불구하고 교사와 학생은 수업에서 여러 가지 공통점을 지니고 있습니다. 우선, 일반적으로 교사와 학생은 감정표현에 있어서 매우 서툽니다. 감정표현을 자제하는 것이 미덕이라는 유교 문화적 특징에 따른 결과이기도 합니다만, 교사는 감정표현을 잘 안 하려는 것에, 학생은 감정표현을 잘 못하는 것에 초점을 맞춰 이야기를 해보겠습니다. 먼저, 수업에서 교사는 자신의 상태가 어떤지를 설명하지 않은 채 상황이 개선되기를 바랍니다. 예를 들어,

소란스러운 경우에 아이들에게 그 상황 때문에 지금 무엇이 문제이고 어떤 것이 불편한지를 설명하지 않습니다. 처음에는 설명해도 학생들이 못 알아듣거나 별반 달라지지 않기 때문이라고 생각했지만, 어느 순간부터는 그 생각마저도 하지 않고 "시끄러워! 조용히 해!"를 반복하게 됩니다. 이때, 학생들은 교사가 일방적으로 화를 낸다고만 생각하지 무엇이 잘못되었는지, 어떤 게 불편한지를 모릅니다. 그렇기 때문에 상황이 개선되지 않습니다. '자기나 시끄럽지, 우리는 괜찮은데' 라고 생각해버리기 일쑤입니다. 반면, 학생들은 자신의 감정을 절제하지 못하고 서투르고 투박한 표현으로 마구 내뱉어버립니다. 그 대표적인 것이 일상화된 욕 문화입니다.

그 다음으로 교사와 학생은 서로의 말과 행동에 대해 일종의 피해의식을 지닌 것처럼 반응하고 있습니다. 교사가 지닌 피해의식은 '내가 부족해서 아이들이 그런가 보다', '나를 공격하려고 저려나 보다' 입니다. 대부분의 경우에 수업시간에 만나게 되는 아이들의 말과 행동은 습관적입니다. 그것이 옳고 그르고를 떠나서 말입니다. 그렇기 때문에 그런 언행의 궁극적인 목적이 교사를 공격하려는 의도라기보다는, 감정 자제가 되지 않아서 그런 언행이 나오는 경우가 더 많습니다. 물론 정면대결의 양상으로 몰아가다 보면 직접적으로 공격을 하기 위해 그런 언행을 할 수도 있지만 말입니다. 그것이 요즘 인터넷과 언론을 통해 친절하게 소개되는 소수의 교실 장면들인 것입니다. 반면, 학생들이 가지고 있는 피해의식은 '나는 쓸모없는 사람' 이라는 데 있습니다. 이는 학교 성적이 그 원인인 경우가 대부분입니다. 공부를 못하니, 학교에서 주목받지 못하는 상황이 여러 해 반복되고, 그 상황 속에서 미래는 물론 당장 현실에서조차 무엇을 해야 할지, 어떻게 해야 할지 몰라 방황하고 있습니다. 그러다 보니 일상의 생활에서조차 무기력에 빠지고 즐겁고 감각적인 것만 추구하게 됩니다. 그렇기 때문에 교사의 어떤 의미 있는 활동도 그 의미를 오해하거나 받아들이지 못하게 되는 것입니다.

마지막 공통점은 '입시' 입니다. 아무리 거창하고 찬란한 취지를 말하더라도 결국 대한민국 교실에서 교사와 학생은 입시 때문에 만나고 있음을 부인할 수 없습니다. 그러나 여기서는 흔히 입시 하면 떠올리게 되는 '수능' 만을 말하고자 하는 것은 아닙니다. 우리 모두가 알고 있는 사실이지만 요즘에는 학령學齡에 관계없이 다음 단계의 학업을 위해, 미리미리 '공부만' 하는 아이들이 늘어가고 있습니다. 그래서 입시에 필요한지 아닌지를 먼저 따져보는 게 어찌 보면 아주 현명한 시간 관리라고 오히려 더 자연스럽게 느껴지기도 하나 봅니다. 그러나 겉으로 '공부만' 하는 아이들이 늘어나는 저 끝에는 '포기만' 하는 아이들도 많이 생기고 있다는 의미이기도 합니다. 그런 입시 때문에 교사도 학생도 모두 지쳐 있습니다. 그러면서 일정한 기간 동안 고뇌하고, 인내해야만 하는 것으로 받아들이고 있습니다.

공부를 잘하는 아이건 그렇지 못한 아니건 '졸업장' 이 목적입니다. 다음 단계의 학교를 위한 용도이건, 잘 참아내어 얻은 종이 쪽지이건 간에 말입니다. 그래서 졸업이라는 과정이 짠한 아쉬움보다

홀가분함이 먼저 다가오는가 봅니다. 아이들이 밀가루를 뿌리고, 미친 듯이 교복을 찢어버리고, 벌거벗은 채로 길거리를 떠돌아다니는 이상한 자기들만의 절차를 밟고 있는 잘못된 이유입니다.

수업행복 5

아이들을 수업에 머물게 하는 방법은 무엇일까?

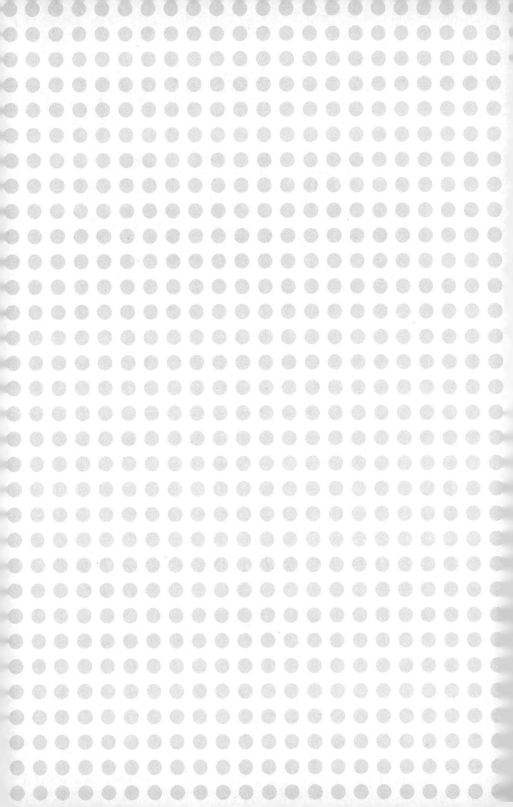

수업에서 필요한 기술

이 장에서는 우리들의 수업이 쉽지 않은 구조적인 이유에도 불구하고 어떻게 수업을 꾸려나갈 것인가에 대해 살펴보려고 합니다. 구조적인 문제를 염두에 두더라도 오늘 하루 당장의 수업을 진행해야만 하는 것이 일선 현장의 현실이기 때문입니다. 한탄만 하고 있는 것은 무의미하기 때문입니다. 우리에게 당장 필요한 것은 어떻게 하면 지금 상황을 나부터 반전시킬 것인가입니다. 그리고 그 구체적인 모습은 소소한 것에서부터 자기 색깔이 있는 평화적인 수업기술들을 효과적으로 활용하는 것에 있습니다. 그리고 그러한 소소한 수업기술들이 모여 적절한 수업 모형으로 표현될 수 있도록 노력해야 합니다.

그런 의미에서 새삼스럽게 수업授業의 개념을 한번 정리해보겠습니다. 교육학적으로 표현하면 "목표를 달성하기 위해 교사의 교수

활동과 학습자의 학습활동이 교실에서 실제적이고도 구체적으로 실시되는 것"이라고 할 수 있습니다.[1] 그런데 이를 좀 더 쉽게 이해해볼까요. 한자를 그대로 풀이하면 앞의 수授는 '주다' 라는 뜻입니다. 그리고 뒤의 업業은 '부여된 과업' 을 의미합니다. 그러면 결국 수업이란 '부여된 과업을 전달해주는' 것입니다. 여기서 말하는 '부여된 과업' 이란 교사가 아이들에게 가르쳐주는 지식이나 기능(기술)을 의미합니다. 우리가 나눠서 담당하고 있는 교과와 구체적인 내용들, 즉 교과서 공부입니다. 이것이 곧 교육과정이라는 이름으로 이미 틀이 정해져 있는 '부여된 과업' 입니다.

수업 모형이란 무엇을 의미하는 것일까요? 수업 모형을 교육학에서는 'models of instruction' 이라고 표현합니다. 바로 교사에게 '부여된 과업' 을 아이들에게 '주는' 방식에 대한 모델이 수업 모형인 것입니다. 원래 모형model이란 개념 자체가 복잡한 현상에 등장하는 구성 요소들 간의 인과관계를 단순화시킨 프로세스process의 집합체입니다. 말이 어려운 듯합니다만, 좀 더 간단하게 표현한다면 수업내용을 효과적으로 전달할 수 있는 다양한 학습활동들을 순서대로 잘 나열해놓은 좋은 본보기라는 뜻입니다. 즉 어떻게 하면 '부여된 과업' 을 효과적으로 '전달' 할 것인가에 대한 일련의 과정을 제공하는 일종의 수업틀frame인 것입니다. 결국 수업이 효과적으로 진행되기 위해서는 '부여된 과업' 만큼 그것을 '주는' 방식에 대한 고민이 있어야 한다는 이야기를 하고 싶은 것입니다. 사실 우리의 일반적인 수업은 이와는 거꾸로인 경우가 더 많습니다. 그리고 매번 많이 알고 있는 것과 잘 가르치는 것은 다른 차원이라는 것을 스스로 증명하기도 합니다. 그러나 여기서 우리가 주목해야 할 것은 수업 모형은 그 자체가 수업이 아니라 효과적인 전달을 위한 훌륭한 도구일 뿐이라는 사실입니다.

2011년 대한민국 학교에서는 '창의인성'과 '배움'을 만들어내야 한다는 요구가 일어나고 있습니다. 물론 교실에서 필요에 의해 요구되는 상황이 아니라 위에서 던지는 교육 아젠다입니다. 그러나 우리의 수업은 언제나 창의성과 인성을 염두에 두는 것이 아니었던가요? 사제동행할 수 있는 진정한 배움을 나누고자 노력하지 않았던가요? 전혀 새로운 게 아닙니다. 표면적으로는 적어도 우리 수업의 대전제는 늘 이 두 가지였고 지금도 그렇습니다. 그리고 문제의 핵심 역시 늘 '어떻게'에 있는 것 또한 마찬가지입니다.

창의성Creativity이란 말은 라틴어의 Creo(만들다)를 어근으로 하는 Creatio라는 말에서 유래되었는데, "무에서, 또는 기존의 자료에서 새로운 것을 발견하고, 새로운 것을 만들고 산출하는 정신적인 과정"을 의미합니다. 즉, 똑같은 상황에서도 남과는 다른 아이디어를 제시하고 이를 가설을 통해 검증하는 일련의 정신적인 활동을 말하는 것입니다.[2] 그런데 이러한 정신적인 활동이 일어나기 위해서는 몇 가지 조건들이 필요합니다. 먼저 특정 교과나 영역에 대한 전문지식이 있어야 합니다. 배경지식입니다. 새로운 아이디어는 기존의 생각에서 출발하는 것이기 때문입니다. 우리가 수업하는 구체적인 교과내용입니다. 그 다음으로 사고기술이 필요합니다. 이는 문제 해결과 의사결정에 요구되는 사고전략을 의미합니다. 교과내용을 어떠한 흐름으로 구성할 것인가에 대한 전략입니다. 그리고 창의적인 사고기술을 하고자 하는 개인의 성격적 특성이 있어야 합니다. 사물과 현상에 대한 호기심을 갖는 생각의 습관은 자기 내부적으로 나올 수 있는 개인의 성향과 관련된 것이므로 곧 사고와 행동의 인성을 의미합니다. 제대로 좀 해보겠다는 학습의지와 행동양식입니다. 마지막으로 이러한 조건을 갖춘 사람이 창의적인 생각을 할 수 있는 물리적·사회적·심리적 환경이 갖추어져 있어야 합니다.

수업에서 '어떻게' 이 모든 것들이 발휘될 수 있을까요? '어떻게' 접근해야 지금의 상황에서 좀 더 창의적인 아이들을 만들고, 창의적인 교사가 될 수 있을까요? 엄청나게 복잡한 문제인 듯합니다. 그러나 오히려 저는 좀 더 쉽게 접근해볼 필요가 있다고 생각합니다. 창의적이지 않은 것 같은 아이들 이야기를 하기 전에 우리 스스로가 창의적인 수업에 대한 경험이 거의 없습니다. 아니, 창의적이기는커녕 수업 자체를 꾸려나가는 것만으로도 버겁습니다. 그럼 어떻게 접근해야 할까요? 그건 의외로 간단할지도 모릅니다.

특정 교과나 영역에 대한 전문지식, 고도의 사고기술, 사물과 현상에 대한 호기심을 갖는 것은 어찌 보면 수업을 듣는 아이들의 몫인 듯합니다. 이런 것들이 준비되어 있는 아이들에게서 더 큰 창의성이 튀어나올 듯합니다. 하지만 여기서 말하는 창의성 있는 수업은 바로 '스스로 생각하게끔' 만드는 것이라는 생각이 듭니다. 그것이 가장 우선적인 출발점이라는 생각입니다. 지금의 모든 상황(교실, 교사, 아이들 그리고 제반 환경들)의 토대 위에서 말입니다. 대니얼 T. 윌링햄Daniel T. Willingham은 철저한 수업계획 속에서 학생들이 해결할 수 있는 인지 과제를 넣어야 한다고 강조하고 있습니다.[3] 여기서 말하는 인지 과제란 '스스로 생각하고 풀 수 있는' 학습활동을 말하는 것입니다.

그러기 위해서 우리가 제일 먼저 변화시킬 수 있는 것은 바로 교사가 연출할 수 있는 수업 환경입니다. 앞에서 이미 이야기했듯이 수업은 '읽기 – 생각하기 – 쓰기'의 합작품입니다. 이 과정을 지금 나의 수업에 녹여낼 수 있는 구체적인 방법을 고민해야 합니다. 그리고 이 과정에서 아이들이 자유롭게 의견을 내고 친구들과 이야기를 나눌 수 있는 기회를 지금보다 더 제공해야 합니다. 결국 쉬는 시간의 수다쟁이들이 수업시간에도 자기 의견으로 수다스럽게 떠들게 만들어야 스스로 생각할 가능성이 커지는 것입니다. 창의성은 거창한 데 있지 않습니다. 지금같이 '나 홀로 수업'에서만 벗어나면 됩니다. 그 어떤 수업 모형을 적용하더라도 말입니다. 필립 W. 잭슨의 지적처럼, 우리의 수업은 눈만 우리들에게 옮겨져 있는 '주의집중'이 최종 목표가 아니라 말을 하고 생각을 나누고 몸을 움직이는 '깊이 있는 참여'가 궁극적인 것이어야 합니다.[4]

요즘 수업혁신의 바람을 타고 여러 학교에서 다양한 수업 모형을 적용하고, 수업을 서로 나누고, 수업에 대해 연구하는 사례가 많아지고 있습니다. 그것이 협동학습 모형, 프로젝트 학습 모형, 배움의 공동체 수업 모형, 프레네 수업 모형 등 그 어떤 것이더라도 우리가 해나가야 할 수업 모형은 단 한 가지입니다. 그것은 바로 아이들에게 더 많은 기회를 주려는 교사의 치밀한 노력입니다. 아이들은 '상상적 청중 현상imaginative audience phenomenon'의 특징을 보인다고 합니다.[5] 자신이 매우 가치로운 사람, 중요한 사람, 결코 무너지지 않는 사람이라고 확신하는 성향입니다. 그런데 이런 성향이 유독 수업시간만 되면 모조리 사라지기 일쑤입니다. 완벽하게 무너지고 결코 자신은 가치 있는 사람이 아니라고 스스로 다짐하는 듯합니다. 이러한 성향을 되살려낼 수 있는 방법이 곧 자기 스타일대로 수업에 참여할 수 있는 기회를 제공하는 것입니다. 수업에서 학습을 통해 협력하고 분업하는 경험을 더 많이 할 수 있도록 유도하는 것입니다. 그것이 우리에게 진정 필요한 수업기술입니다.

수업행복 과제 16_수업은 수다 한판이다.

어떤 형태의 수업 모형이든 궁극적으로는 아이들을 수다쟁이로 만드는 게 목표여야 한다. 아이들에게 수업에서 자기 생각을 주저리 주저리 떠들 수 있는 기회를 많이 줘야 한다. 그래야 아이들이 살고, 수업이 산다. 좋은 수업을 하는 교사는 아이들을 수다스럽게 만드는 능력이 탁월하다. 그런 수업일수록 교사의 말수는 줄어든다.

자체 제작하는 보조교과서의 필요성

수업에는 십중팔구 특정 교과나 영역에 대한 '부여된 과업'과 관련된 내용들로 빼곡이 채워져 있는 교재가 사용됩니다. 그것이 교과서일 수도 있고 지도교사가 만든 자체 교재일 수도 있습니다. 또 수업시간마다 나눠주는 핵심내용이 요약되어 있는 학습지일 수도 있겠습니다. 대부분의 수업 장면을 보면 교과서 또는 학습지를 각자 보고 있습니다. 이때 교사가 말로 설명을 하고, 아이들은 해당 페이지를 눈으로 따라가면서 필요한 내용에 밑줄을 긋거나 표시를 합니다. 또 핵심용어나 판서 내용을 기록하기도 합니다.

하지만 이러한 형태의 수업에서는 각자가 가지고 있는 교재를 사이에 두고 교사와 아이들 간에 직접적으로 만나는 기회가 거의 없습니다. 여기서 만난다는 것은 교사와 아이들, 아이들과 아이들 간의 생각과 의견이 섞이거나 충돌하는 것을 의미합니다. 교사가 교실의 공중에 던진 설명이나 질문을 알아들은 아이들은 교재의 해당 페이지에 표시하고 기록할 수 있지만, 못 알아듣거나 딴짓을 하는 아이들이라면 무엇이 어디인지 모른 채 시간만 흘러가는 수업을 받는다는 이야기입니다. 그런데 문제는 이 상황을 교사가 확인할 수 있는 방법이 없다는 데 있습니다. 겉으로 얌전히 앉아 별 문제없이 교재를 들여다보고 있다면 더더욱 그렇습니다. 결국 소수의 발 빠른, 아니 손 빠른 아이들을 제외한 대다수는 스스로 방치된 수업을 택하고 있는 형국입니다.

그런데 이러한 상황에는 비단 아이들이 수업에 참여하기 싫거나 거부하는 경우라기보다는 무엇을 어떻게 해야 할지 몰라서 헤매다 멈춰버린 경우가 더 많습니다. 교사의 일방적인 강의식 수업인 경우에는 더더욱 그렇습니다. 교사가 잇달아 빠른 톤으로 하는 설명을 교재의 어떤 부분에 어떻게 기록해야 할지 모르는 것은 결코 아이들 개인만의 잘못은 아니라는 이야기입니다.

이러한 상황을 극복하면서 '읽기, 생각하기, 쓰기'의 과정을 충실하게 진행해나갈 수 있는 매개체는 무엇일까요. 바로 가르치는 교사가 스스로 만들어 사용하는 자체 교재입니다. 직접 만들기 때문에 '읽기, 생각하기, 쓰기'의 과정을 원하는 방식대로 녹여낼 수 있습니다. 그리고 이 교재를 가지고 아이들끼리 읽고, 생각을 나누고, 자기 의견을 기록하고 발표할 수 있도록 유도할 수 있습니다. 그러면 개인적인 문제 때문에 수업을 불편해하는 소수의 아이들을 제외한 대다수 아이들이 수업에 의미 있게 '참여'하는 기적이 일어날 수 있습니다.

어떤 형태의 수업 모형으로 실제 수업을 진행하더라도 반드시 필요한 것이 있습니다. 바로 수업교재입니다. 당연한 이야기겠습니다만, 이 수업교재를 어떻게 구성하느냐에 따라 수업의 질적 변화를 도모할 수 있습니다. 어떤 수업 모형이건 교재를 통해 전달되는 것이기 때문입니다. 직접 만드는 보조교과서는 바다 위에 떠 있을 수 있도록 해주는 튼튼한 배입니다.

가르치는 이가 직접 만든 보조교과서를 활용하게 되면 얻을 수 있는 장점 몇 가지를 정리해봅니다.

· 진도를 확보하는 데 유연하다.
· 다양한 형태의 학습활동을 적용하는 데 유리하다.
· 틈새시간이 생겨 수업 외의 토막 활동이 가능하다.
· 정기 고사에서 문항출제의 분명한 기준 역할을 한다.
· 수업 중 수행평가를 진행하는 데 효과적인 지침서가 된다.

진도를 확보하는 데 유연한 이유는 한 차시 분량으로 나뉘어 있어서 그렇습니다. 곶감 빼먹듯 할 수 있다는 의미입니다. 그러면서 동시에 강의식 수업과 다양한 학습활동을 뒤섞어서 진행할 수 있습니다. 융통성 있게. 또 학습활동과 활동 사이에 생기는 몇 분 정도의 틈새시간을 효과적으로 활용할 수 있습니다. 그러면 수업의 모든 시간을 내용으로 가득 채우는 경우가 적어집니다. 물론 수업내용이나 상황에 따라 가득 채워야 할 때도 있지만.

몇 분간의 틈새시간을 이용해서 메시지가 있는 영상을 보여주거나, 아이들에게 도움이 되는 정보, 느낌이 있는 이야기를 나누다 보면 수업 속의 작은 수업 역할을 톡톡히 하게 됨을 느끼곤 합니다. 이야기 구조가 있는 수업에 대해서는 뒤에서 좀 더 언급하도록 하겠습니다. 그리고 그런 틈새시간이 곧 교사와 아이들을 조금 더 가깝게 연결해주는 고리 역할을 하는 것을 맛보게 됩니다. 우리의 학창 시절 기억에도 그렇듯이 수업에서 교사와 아이들은 본 수업의 내용만으로 채워지는 게 아닙니다. 또 있습니다. 수업 중에 아이들이 어떻게 과제에 반응하고 이행하는지에 대한 평가가 쉬워집니다. 수업 중 과제 이행 정도를 평가할 수 있는 참수행 평가가 가능해진다는 말입니다.

앞에서 이야기했던 것처럼 제 수업의 작은 변화는 퀴즈로 시작되었습니다. 오랫동안 혼자 이야기하고 혼자 대답하는 수업을 당연하게 여기던 상황에서 우연하게 접한 몇 개의 플래시 프로그램을 통해 아이들과 함께하는 수업에 대해 눈을 뜨게 되었습니다. 지나고 보니 소 뒷걸음질 치다 쥐 잡은 격이지만, 일단 뭘 잡긴 잡은 기회였습니다. 물론 정해져 있는 정답을 맞혀야 하는 것이었고, 하는 아이들만 하는 수업이었지만 말입니다. 그런데 이런 퀴즈 수업을 하면서 놀이를 수업에 적용하는 것에 대한 필요성을 조금씩 느끼게 된 것은 저 개인적으로는 큰 수확이었습니다. 그 이전까지는 저도 당연히 "놀지 말고 공부해"라는 상투적인 표현에 익숙해 있었으니까요.

그런데 놀이와 공부는 사실 별개가 아닙니다. 창의인성을 강조하는데, 잘 노는 사람들의 자유로운 사고가 독특한 아이디어로 이어진다는 것은 웬만큼 사회생활을 해본 사람들이라면 다 아는 진실 아닙니까. 놀지 못하면 생각의 틀은 고정돼버립니다. 무엇보다도 놀이의 가장 큰 효과는 사회성이 길러진다는 데 있습니다. 예전에 골목골목에서 동네 형, 누나, 동생들과 몸으로 다양한 놀이를 하면서 자란 아이들은 그 속에서 자연스럽게 위계질서를 익히고 예의를 배웠습니다. 지금처럼 독립된 공간에서 혼자 컴퓨터 게임을 하는 상황에서는 경험할 수 없는 소중한 배움입니다. 그러니 사람에 대한 관계 연습이 갈수록 없어지는 것은 당연합니다. 이런 측면에서라도 수업시간에 놀이를 통해 사회성을 맛볼 수 있는 기회가 필요합니다. 교류 분석Transactional Analysis 이론을 세운 미국의 정신의학자인 에릭 번Eric Berne은 가장 큰 만족을 주는 사회적 접촉 형태가 '놀이(게임)'를 통한 '친밀함'이라고 했습니다.[6] 중요한 사회적 교제에서 가장 흔한 형태가 게임이라는 말입니다.

수업시간에 자체 교재를 활용하여 협력학습을 진행하면 학습활동과 활동 사이에 교과서를 가지고 수업할 때보다 상대적으로 틈새시간이 좀 더 생깁니다. 이때 집중력을 높이고 친목을 도모할 수 있는 간단한 '스팟SPOT' 놀이들을 할 수 있습니다. 스팟이란 원래 반점이나 얼룩 등을 의미하는데, 영화나 드라마 중간에 나타났다 사라지는 반짝 광고 등을 일컫는 용어가 되었습니다. 그래서 수업 중간에 잠깐 하는 놀이활동을 그렇게 부르는 것입니다. 즉 수업을 이어주는 윤활유 같은 역할로서의 놀이입니다. 여기에는 몸 풀기 놀이, 파트너 놀이, 인성 놀이, 단체 놀이 등 다양한 놀이들이 있습니다(좀 더 자세한 내용은 놀이교사 모임인 '가위바위보www.gababo.com' 등을 통해 더 많은 정보를 얻을 수 있습니다).

이러한 놀이들이 협력학습 활동을 이어주는 윤활유 역할만 하는 것은 아닙니다. 학습 자체에서 학습내용에 대한 기억력을 향상시키는 데 도움이 되는 것들도 많습니다. 즉, 구체적인 수업 모형 속에 숨어 있는 놀이 학습의 형태로 말입니다. 간단한 발문을 통해 교사가 확인할 수 있는 학습내용을 놀이형태의 학습과정을 통해 아이들이 스스로 확인할 수 있도록 하는 방식으로 말입니다. 스스로 체험하여 익힌 것은 평생 잊지 않는 법입니다. 이 중에 '가라사대' 놀이란 것이 있습니다. 한번쯤은 해보셨을 텐데, 어떤 행동을 지시할 때 그 앞에 '가라사대' 라는 말을 붙이면 행동을 따라 하고 그렇지 않으면 하지 않는 방법으로 진행되는 놀이입니다. 예를 들어 교사가 "가라사대, 오른손을 올리세요." 하면, 이 말을 들은 아이들은 오른손을 올려야 하고, '가라사대' 를 빼고 그냥 "오른손을 올리세요." 하면, 지시한 내용을 따라 해서는 안 되는 것입니다. 이 놀이는 멜 레빈Mel Levine 박사의 표현대로 이야기하면 아이들의 능동기억(즉 지금 막 머릿속에 들어온 말에 귀를 기울이면서, 애초의 지시사항을 기억할 수 있는가?)을 자극하는 데 큰 효과가 있다고 합니다.[7] 이러한 놀이활동을 하면서 주의력 조절을 유도한 뒤 예를 들어 브레인스토밍, 돌아가며 말하기(쓰기), 동시다발적으로 말하기(쓰기), 모둠성취분담 모형STAD을 응용한 동료 가르치기 또는 교사가 의도한 여타 활동 등의 구체적인 협력학습 활동으로 이어지면 아이들은 좀 더 집중력 있게 학습에 참여하고 협동하게 됩니다.

댄 애리얼리가 소개하는 경제심리학 이론 중에 '달걀이론' 이라는 게 있습니다.[8] 우리가 마트에서 흔히 볼 수 있는 제품 중에 베이킹 믹스, 파이 믹스, 비스킷 믹스, 호떡 믹스, 3분 요리, 전자레인지에 돌려 먹는 밥 등이 있습니다. 이들 제품의 특징은 바로 먹을 수 있도록 미리 다 만들어져 있는 간편 조리 식품이라는 점입니다. '달걀이론'의 핵심은 이런 완제품보다 반조리 제품이 더 인기가 있다는 것입니다. 그 이유는 아주 간단합니다. 예를 들어, 케이크를 만드는 베이킹 믹스에서 '건조달걀'을 뺐더니 매출이 더 증가했답니다. 엄마가 직접 뭔가를 더 집어넣고 요리해서 탄생한 '엄마표 케이크'라는 의미가 더 부가된 음식이기 때문입니다.

최근 들어 스마트 기기의 발달에 발맞춰 특정 교과를 중심으로 'e－교과서'가 개발되고 있습니다. 일부 교과는 이미 CD롬의 형태로 보조자료처럼 제공되고 있습니다. 그러나 수업시간에 활용될 수업교재는 어떤 형태가 되었건 가르치는 이의 숨결이 담겨 있어야 합니다. 의도가 포함되어 있어야 합니다. 그래야 좀 더 명확한 목표를 가지고, 신명 나게 가르칠 수 있습니다. 그래야 진정한 의미의 '자기표 수업'이 되는 것입니다. 남의 옷이 아닌 자기 옷을 입고 있어야 똑같은 동작도 더 편하게 느껴지듯이 말입니다.

수업행복 과제 17_내 수업교재로 같이 놀자

수업교재를 직접 만들어 쓰면 많은 점에서 편리하다. 가장 편리한 점은 아이들과 수업시간에 제대로 같이 놀 수 있다는 점이다. 아이들은 놀면서 생각을 말한다. 문제를 제기한다. 그러다 그러고 있는 자신들을 보면서 우쭐해한다. 잘 노는 반 아이들의 수업은 늘 기다려진다.

수업에 필요한 질서

사회학자 존 롤스John Rawls의 『사회정의론』에는 케이크 하나를 가장 공정하게 나누는 방법에는 어떤 것이 있을 수 있을까 하는 질문이 등장합니다. 예를 들어 40명의 아이들에게 케이크 하나를 가장 공정하게 잘라서 나눠주는 방법은 무엇일까요? 교사가 아주 정확하게 각도기를 들고 40등분을 하면 될까요? 아니면 아이들 중에 가장 신임이 두텁거나 힘이 센 아이가 40등분을 하면 될까요. 그것도 아니라면 가위바위보로 1번부터 40번까지 순서를 정해 각자 먹고 싶은 만큼 뜯어먹게 하는 것이 가장 공정할까요? 아니면 케이크를 좋아하지 않는 아이들을 제외한 뒤 좋아하는 아이들끼리 복불복 게임을 통해 먹을 수 있는 양을 정하는 것은 어떨까요. 존 롤스는 이 질문을 통해 중요한 메시지를 전해주고 있습니다. 분배의 원칙을 정의롭게 만드는 것은 그 원칙에 따른 분배의 '결과'가 아니라 분배의 원칙에 모두가 합의하는 '절차'라는 점을 우리가 쉽게 간과하고 있다고 말입니다.[9]

아이들은 교사의 일방적인 규칙을 거부하는 것이지 규칙 자체에 저항하는 것이 아닙니다. 지적을 받은 것 자체가 아니라 지적하는 방식에 저항하는 것이란 말입니다. 아이들과 수업 규칙에 '합의' 하는 과정을 거쳐야 하는 이유입니다. 이런 경험이 아름다운 약속을 스스로 지키는 교육적인 효과를 발휘할 수 있는 것입니다. 좋은 교실이란 그 안에서 울려 퍼지는 수많은 '말' 들을 서로 잘 듣고 반응해주고, 자기감정을 평화적인 방법으로 적절하게 표현하면서 서로가 상처를 입지 않는 곳입니다. 그 교실의 근간은 바로 스스로가 정하고 합의한 '예측 가능' 하고 '일관' 된 분명한 규칙의 공유입니다.

수업에서 필요한 질서는 교사와 아이들 사이의 규칙에 대한 약속 이행 여부에 따라 결정됩니다. 그런데 분명한 것은 아이들은 '예측 가능' 한 교사의 지시나 행동은 받아들이지만 그렇지 않은 경우라면 본능적으로 저항한다는 것입니다. 교사의 일방적인 강요는 아이들에게 그것이 자신의 것이 아니라는 생각을 갖게 만듭니다. 그리고 소수의 아이들은 그것을 실제 증명하려고 노력합니다. 그렇기 때문에 수업과 관련한 규칙은 꼭 아이들과 함께 정해야 합니다. 그래야 아이들이 담당해야 할 구체적인 몫이 생기게 됩니다. 교사가 해야 할 것은 그 다음입니다. 바로 일관되게 적용하기입니다. 이 과정에서 아이들의 처음 반응이 '무섭다', '엄하다' 입니다. 하지만 어느 정도 시간이 지나면서 '대표 주자들' 과의 관계 개선을 통해 '효험' 이 입증되면 그 다음부터는 자유로운 질서가 유지될 수 있습니다. 단, 이 과정에서 '즉흥적인 화' 와 '일방적인 분노' 를 드러내서는 안 된다는 것이 힘든 과제입니다. 하임 G. 기너트Haim G. Ginott 박사는 좋지 못한 행동을 고치는 방법은 교사가 항상 아이들에게 도움이 되어주겠다는 의지를 갖는 일이라고 조언합니다. 그렇지 않으면 아이들은 사적인 선택을 하고, 침묵의 권리를 행사하고 나서야 비로소 진가를 드러내게 된다고 말입니다.[10]

여기서 하나 더 덧붙일 이야기가 있습니다. 수업 규칙을 정하는 과정에서 아이들의 의견과 마찬가지로 교사 역시 자기의 의견을 아이들에게 '부탁'할 권한이 있다는 것입니다. 오로지 아이들의 버전으로만 수업 규칙을 정하면 교사의 역할이 없는 상황이 되어버릴 수 있습니다. 그런 의미에서 제가 수업시간에 아이들에게 부탁하는 규칙이 딱 한 가지 있습니다. 그리고 그 규칙은 꼭 관철시키고자 노력합니다. 그것은 바로 수업 시작종이 울린 후 조금 늦게 들어오는 아이들은 항상 뒷문을 이용해야 한다는 조건을 내거는 것입니다. 여러 가지 이유로 조금 늦게 들어올 수 있다는 사실은 인정해주되, 늦게 들어온 뒤의 태도를 가르치고자 하는 의도입니다. 앞문이 아닌 뒷문으로 들어와 잠깐 멈춘 상태로 교탁을 향해 간단하게 목례를 하면 됩니다. 그러면 저도 목례로 답인사를 건넵니다. 그리고 아이들은 의자 소리를 내지 않으려고 애쓰면서 자기 자리에 앉으면 됩니다. 이유에 대해서는 수업이 끝나고 난 뒤에 확인해도 늦지 않습니다.

수업행복 과제 18_규칙을 공유하는 규칙이 필요하다

인간은 존중받으면 저항하지 않는다. 수업에서 아이들과 규칙을 함께 만들어 적용하려는 도전은 아이들을 존중하고자 하는 노력이다. 아이들도 교사의 이 노력을 잘 알고 있다. 다만, 금방 잊기 때문에 문제이다. 그래서 교사가 필요하다. 상기시키고 꾸준히 적용하기 위해서 말이다.

수업에 아주 유용한 7가지 기술

교실에서 매일 매시간 고군분투하는 현장의 교사들에게 필요한 것은 수업을 바라보는 거대담론이 아닙니다. 깊이 있는 철학이 아닙니다. 물론 거대담론이나 철학이 근간이 되어야 함은 두말할 필요가 없지만, 그것은 교사 개인의 내면을 지배하는 기준이어야 합니다. 구체적으로 필요한 것은 수업시간을 효과적으로 이끌어 갈 수업기술입니다. 근시안적이고 편협된 수업관을 이야기하는 것이 아닙니다. 아무리 거대담론에 동의하고 나름의 철학을 지니고 있어도 교실에 앉아 있는 아이들에게는 간단한 손동작 하나, 한마디의 말투가 가장 먼저 다가오는 교사의 메시지이기 때문입니다.

다음은 강의에서 만난 교사들이 소개한 자신들의 수업 속 작은 기술들입니다. 질문에 답을 해준 교사들이 이구동성으로 자신들의 기술을 이야기하면서 '별것은 아닌데' 라는 단서를 달았습니다. 자, 별것도 아닌 수업 속 작은 기술들 몇 개를 한번 살펴보실까요.

· 수업내용 읽을 때 '이어 읽기.'

· 아이들-교사 간 '나눠 읽기' 릴레이.

· 수업 전 뮤직 비디오 틀어놓기.

· 그림을 일부러 못 그려 집중시키기.

· 범위 주고 읽은 후 바로 구술시험 보기.

· 수업한 내용을 무작위로 발표시키기.

· 늦게 들어오는 아이가 있을 때 수업 시작하는 전체 인사를 안 하고 기다리며 째려보기.
· 동영상 시청 시 태도 안 좋을 때 칠판에서 자리 배치표에 표시 후 소감 발표시키기.
· 문제를 풀 사람을 아이들에게서 추천받기.
· 수학 단원 마치고 쪽지시험 시 문제 출제는 아이들이 실명으로 하기.
· 개별 노트 준비 후 준비상태에 따라 도장 부여하기.
· 형성 평가에서 오늘 알게 된 것 3가지 쓰기(도장 부여함).
· 수업태도 불량 아이들 머리 위에 교과서 올려놓고 앉아 있기.
· 수업종 지키미가 수업 시작 후 '하나, 둘, 셋…… 열' 까지 소리 내고 모두 따라 하기, 앉지 않으면 기록, 일주일 통계 후 벌주기.
· 아이들이 문제풀이 하는 동안 칠판에 간단한 숙제 제시하기. 그러면 일찍 푼 아이들은 미리 풀고 못 푼 아이들은 교사가 순회하며 지도할 수 있는 시간 확보가 가능함.
· 숙제를 해오지 않은 아이들이 있을 때 스팟게임(수업놀이)을 진행하지 않으면 미리 아이들끼리 숙제 체크하는 분위기가 형성됨.
· 유리창을 칠판으로 활용해보기(보드마카 사용으로 아이들 집중도 유도).
· 반드시 출석 부르기(1번부터 40번까지 천천히…… 이 과정에서 자는 아이 깨우고, 수업 준비).
· 엎드려 자는 아이들과 연습장에서 필담 나누기('계속 잘 거야?' - '너무 졸려요' - '어떡할까?' ……)

· 도표를 아이들이 개별적으로 직접 그리게 한 후 뒤 게시판에 게시하기.

· 수업 중 지적받아 경고받은 것을 다음 시간에 만회할 수 있는 기회주기.

· 학급이 소란스러울 경우 학습지 정리 내용 중 중요한 부분을 조건부로 일부러 정리해주지 않기.

· 손머리 + 눈감기로 수업 시작하기.

· 만화 검색 후 수업용 자료로 자주 활용하기.

이처럼 우리는 이미 나름대로 각자의 수업에서 유용한 작은 기술들을 여러 개 활용하고 있습니다. 아이들이 떠들 때 조용히 시키는 기술, 조는 아이 깨우는 기술, 아이들이 질문을 하도록 만드는 기술, 수업에 집중시키는 기술, 아이들과 친해지는 기술 등등 아주 많습니다. 다만, 그것이 본인이 선호하는 기술인지 인식하지 않은 채 반복하고 있을 뿐입니다. 사실 수업에서 그때그때 필요한 작은 기술들은 '별것도 아닌 게' 맞습니다. 수업을 진행하는데 어느 지역에 있는 어떤 교사와 아이들에게 똑같이 적용될 수 있는 기술이란 게 있을 수 있을까요? 사람도 상황도 부여된 구체적인 과업도 다 다른 교실인데 말입니다. 그저 우리에게 필요한 수업기술이란 교사와 아이들 간의 작은 행동 약속입니다. 그러나 그 어떤 자질구레한 수업기술이라도 반드시 평화적인 것이어야 합니다. 예를 들어 손머리, 고개 숙이기 등의 통제 수단은 사실 군대 문화의 일부이기 때문에 사용하지 않는 것이 좋습니다. 어찌 되었든 평화적이라면 어떤 기술이든 수업을 진행하는 데 효율적으로 적용될 수 있습니다.

요즘 세계적으로 관심을 끌고 있는 한국의 미디어아티스트 이이남 씨는 모 전자회사의 움직이는 명화名畵 광고로 유명해진 분입니다. 그의 작품은 대중들에게 잘 알려진 그림에 독특한 아이디어로 움직임을 주고 소리 나게 한 것들입니다. 원래의 날씬한 모나리자가 점점 얼굴이 통통해지는 비만 모나리자로 변하고, 정선의 「금강전도」에 서서히 미래도시가 나타나고 그 주변을 헬리콥터가 날아다닙니다. 그런데 조각을 전공한 평범한 아티스트였던 그가 미디어아티스트의 길을 걷게 된 이유는 의외로 소박했습니다. 바로 자신의 작품 앞에서 관객들이 조금 더 오래 멈췄으면 하는 바람 때문이었답니다.

교사들에게는 수업이 자신의 작품입니다. 대한민국 그 어떤 교사도 교실이란 무대에서 모노드라마를 하고 싶지는 않습니다. 여러 가지 방법을 써서 아이들을 자신의 작품인 수업에 오래도록 머물게 하고 싶습니다. 더 나아가 아이들과 공동 작업하기를 원할 뿐입니다. 그게 교사들의 가장 큰 바람입니다. 작가가 구체적인 결과물인 작품으로 관객을 만나듯이 교사들은 평화적인 작은 기술들이 효과적으로 모인 수업으로 아이들을 만나고 싶은 것입니다. 그런 의미에서 교과와 관계없이 수업에서 활용할 수 있는 7가지의 수업 속 작은 기술들을 제안해봅니다.

1. 수업 시작종이 울린 후 형식적인 인사를 나누는 대신 간단한 '명상'을 시켜 봅니다. 그저 눈을 감고, 심호흡을 하는 식이면 됩니다. 30초에서 1분 정도면 충분합니다. 탁자를 치고, 고함을 지르거나, 삐친 듯이 팔짱을 끼고 째려보는 대신 교사가 해야 하는 건 수업 종 울리기 1~2분 전에 들어가기만 하면 됩니다. 아이들이 해야 하는 건 눈만 감으면 됩니다. 호흡은 분위기가 익숙해지고 난 다음에 다시 자세하게 지도해도 괜찮습니다. 명상하는 사람들을 연구한 결과, 알파파라는 뇌파가 나올 때 몸은 불안과 긴장이 풀어지고 머리가 맑아진다고 합니다. 그래서 졸리기도 한답니다. 이 알파파가 많을수록 뇌는 집중해서 능력을 발휘할 수 있고 반대로 베타파가 많으면 뇌는 분산되어 정신이 산란해지고, 능력이 제대로 발휘되지 못하는 것이랍니다.[11] 베타파는 주로 불안하거나 긴장한 상태에서 많이 나오는 뇌파입니다. 단, 주의할 게 있습니다. 명상에 제대로 참여하지 못하는 아이들에 대해 교사가 윽박지르거나 통제하려 해서는 안 된다는 것입니다. 그러면 서로가 귀찮고 번거로운 이벤트가 될 뿐입니다. 그저 그 아이의 근처로 가서 잠시 서 있기만 해도 대부분의 아이들은 교사의 의미를 알아차리게 됩니다.

2. 수업을 진행하는 동안 교사는 아이들에게 한 번에 한 가지씩만 '짧게' 지시하는 연습을 많이 해야 합니다. 빠른 속도의 말로 여러 가지 사항을 동시에 지시해서는 아이들이 전혀 알아듣지 못합니다. 그럴 경우 대부분의 아이들은 가장 끝말만 기억하게 될 겁니다. 그리고는 옆 친구에게 재차 물어봅니다. "어디를 어떻게 하래?" 하고 말입니다. 학습활동과 관련해서 지시할 때는 쉼표 대신에 마침표를 많이 쓴다는 생각으로 짧은 문장으로 지시해야 메시지의

전달효과가 높아집니다. 짧은 문장 사이에 약 2~3초 동안의 여유를 두면서 아이들을 둘러보면 저절로 교사의 말의 속도도 느려지고 톤도 낮아져서 당황하는 아이들이 줄어들게 됩니다.

3. 발표를 유도할 때는 즉흥적인 지목을 하지 말고 '예고 발문' 을 합니다. '예고 발문' 이란 어떤 내용에 대해 '누구부터 어느 방향으로' 얼마 뒤에 발표한다고 지목하는 방식입니다. 교사가 수업내용을 설명하는 동안 눈이 마주치는 특정 아이들이나 공부를 잘하는 아이들에 국한해서 지명 발표를 시키는 경우에는 두 가지 문제가 따라다닙니다. 나머지 하나는 발표 내용이 즉흥적이어서 학습 효과가 떨어질 수밖에 없습니다. 특히, 딴짓을 하는 아이들에게 벌을 주는 개념으로 발표를 시키면 발표가 벌이 되는 상황이 되므로 교사 스스로가 발표를 하기 싫은 것으로 인정하는 꼴이 되는 것입니다. 교사가 싫다고 인정한 것을 아이들에게 강제로 시키는 것만큼 수업에 독이 되는 것은 없습니다. '예고 발문' 을 시킬 때는 반드시 해당 아이들에게 교재에 '기록한 후 발언' 할 수 있도록 지도하면 훨씬 더 좋은 결과가 나타납니다. 발표를 하면서 떠오르는 생각보다 글로 기록한 것을 보면서 추가로 생각나는 의견을 발표하는 연습을 통해 사고력과 구술 능력을 향상시킬 수 있기 때문입니다. '생각하기' 와 '입으로 쓰기' 가 동시에 이루어지는 것입니다.

4. 아이들이 자신의 의견을 발표할 때 가장 중요한 교사의 태도는 발표 내용에 대해 교사 스스로 맞고, 틀리고를 '판정하지 않아야' 한다는 것입니다. 즉 즉답을 피해야 한다는 것입니다. 그 대신 발표 내용을 살짝 보완하거나 그대로

다른 아이들에게 되묻기 하여야 합니다. 한참 인기리에 방영되었던 EBS '정의란 무엇인가'의 하버드대 교수 마이클 샌델Michael Sandel의 교수법이 그렇습니다. 교사가 맞고 틀리고를 그때그때 판단하게 되면 정답을 말해야 한다는 부담감 때문에 이후의 발표가 진행이 되지 않습니다. 이 부분이 지금 우리들의 수업에서 가장 만연되어 있는 정답주의입니다.

5. 수업을 진행하는 동안 설명을 할 때든 아이들의 발표를 들을 때든 교사는 아이들 한 명 한 명과 '시선'을 맞추는 연습이 되어야 합니다. 조벽 교수의 조언처럼 시선을 너무 빠르게 움직이다 보면 40여 명의 아이들을 한꺼번에 보는 듯한데 결국은 아무도 제대로 보지 않는 상황이 되는 것입니다.[12] 아이들과 시선을 맞추라는 의미는 아이들 스스로가 교사가 자신을 바라보고 있다는 생각을 할 정도(1~3초)로 머물다가 다른 아이들의 시선으로 옮기라는 의미입니다. 이것이 중요한 이유는 제대로 된, 공감하고자 하는 시선은 교사의 백마디 말보다 아이들에게 더 큰 메시지를 전달하기 때문입니다. 그렇기 때문에 교사가 아이들과 시선을 주고받고 이야기를 나눌 때는 반드시 아이들 쪽으로 몸을 돌린 상태에서 마주 보고 해야 합니다. 그것이 곧 수용하겠다는 긍정의 신호입니다.

6. 대부분의 아이들이 수업에 집중하고 있을 때 나타나는 특정 아이들의 습관적인 '개인행동'을 지적해서는 안 됩니다. 예를 들어 쥐 죽은 듯이 조용한 상태에서 수업이 진행될 때 어떤 아이가 다리를 심하게 떨거나, 고개를 숙이거나, 거울을 슬쩍슬쩍 보는 행동 등을 공개적으로 지적하지 말아야 합니다. 그 이

유는 일단 수업의 흐름이 끊어지고 학습 목표에서의 이탈이 일어나기 때문입니다. 문화적인 차이일지는 모르겠지만 이런 교사의 행동이 대다수 아이들의 수업권을 적극적으로 방해하는 것으로 보는 견해도 있습니다.[13]

7. 마지막으로 가장 큰 틀에서의 수업기술입니다. 수업의 완성은 수업 안에서 일어나지 않습니다. 완전한 수업의 마무리는 '수업 밖'에서 이루어집니다. 이 말은 곧 수업에서 만나는 아이들과 수업 이외의 시간에 자주 접촉해야 한다는 것입니다. 마치 아이들이 수업이 끝나고 난 뒤 질문을 하러 찾아오는 것처럼, 교사들 역시 지금까지 언급한 기술을 적용하려는 과정에서 반드시 설명하고 이해를 구하고 행동을 수정해줘야 할 필요가 있습니다. 예를 들어 수업시간에 불편한 것들이 있거나 개인적인 도움을 주고 싶을 경우에 수업 외에서 아이들과 자주 대화를 나누어야 합니다. 그래야만 수업시간에 고스란히 발휘될 수 있는 공감대가 형성되기 때문입니다. 수업준비가 소홀했던 아이들에게 '너 다음 시간에도 수업준비가 안 되어 있으면 어떻게 되나 보자!'라고 으름장을 놓고, 진짜 다음 시간이 되어서야 보는 것은 도우미로서의 교사가 아니라 감독관인 것입니다. 일반적으로 아이들은 자신을 감독하는 교사에게는 배우려 하지 않고 저항하게 됩니다.

수업에서 스토리의 역할

"꼬꼬닭아 울지 마라. 멍멍개야 짖지 마라. 우리 찬빈이 잠을 잔다. 우리 초하 잘도 잔다."

큰아이, 작은아이 갓난아기 때 들려주면 곧잘 잠들곤 했던 노랫말은 우리 어머니 무릎에서 제가 잠들면서 들었던 것입니다. 아이들은 제가 그랬듯이 이 노랫말을 오토리버스로 무한 반복해도 지루해 하기는커녕 지그시 눈을 감고, 좋은 상상을 하는 양 잠이 들곤 했습니다. 간혹 빙그레하고 배냇짓을 하면서. 엄마가 시험공부하느라 자주 떨어져 있던 큰아이는 지금도 제 팔베개를 하고 이 노래를 불러주면, 쌔근쌔근 기분 좋게 웃으면서 품을 파고듭니다. 그래서 그런가, 아이들은 잠들기 전에 꼭 양쪽에 팔 하나씩을 나눠 베고 이야기를 해달라고 합니다. 노래를 불러달라고 합니다. 두 아이의 할아버지는 아들이 사십대에 들어선 지금도 제가 초등학교 다닐 때 해주셨던 이야기를 우리 애들한테 들려주고 계십니다. 공동묘지 사이로 왔다 갔다 하며 산에서 나무를 했다는 이야기, 너무 배고프고 피곤해서 묘지 사이에서 잠들었던 이야기. 리얼리티가 그대로 전해지는 그때 그 이야기입니다. 이 영향 때문인지 두 아이들은 그림 가득한 '책' 이야기 말고, '아빠' 이야기를 해달라고 합니다. 그래서 아이들은 모르지만, 즉흥적으로 급조(?)해서 이야기를 들려주는 행복한 곤혹을 겪기도 합니다.

그런데 두 아이들이 원하는 리얼리티 가득한 '아빠 이야기'가 바로 요즘의 대세인 듯한 SNSSocial Network Service 세상 속 스토리입니다. 남녀노소 누구나 스마트폰으로 스마트하게 사는 세상이 되었습니다. 아이패드로 자기만의 또 다른 영역을 만들어 삽니다. 손가락 하나로 지구와 소통합니다. 트윗하고 페북하면서 자신의 의견을, 생활을 공개하고 나눕니다. 여론을 형성하고 정치적 영향력을 발휘하기에 이르렀습니다. 그 어느 때보다 자신의 삶을 여러 사람과 허물없이 자유롭게 나눌 수 있는 세상이 된 것입니다. 아이나 어른의 경계가 없고, 일반인이나 유명인의 경계 또한 없습니다.

그런데 그 속에는 모두 스토리가 담겨 있습니다. 스마트한 세상은 곧 리얼한 스토리 세상, 이야기의 천국인 것입니다. 글이든 영상이든 모두 스토리입니다. 스토리가 있는 글과 그림, 스토리가 녹아 있는 영상은 사람들에게 여운을 남기고 오래 기억됩니다. 결국 첨단 세상이 될수록 사람들은 스토리에 몰두하게 되어 있습니다. 첨단 기기라는 게 결국 스토리를 효율적으로 저장하고, 전달하고, 공유하는 매체일 뿐입니다.

이제, 우리의 수업에서 스토리를 살려내야 합니다. 찾아내야 합니다. 그래서 교과서 공부에 모두 몰두하고 있는 아이들에게 스토리를 듣고, 나누고, 사랑하는 연습을 시켜야 합니다. 사람 사는 세상을 보여줘야 합니다. 아니 좀 더 정확하게 이야기하면 아이들은 이미 자기만의 넷맥(인터넷상의 인맥)을 가지고 서로 일상을 나누고 있습니다. 다만, 교실 수업에서 활용되지 못할 뿐입니다. 그 역할의 맨 앞에 교사가 서 있어야 합니다. 스토리텔러story-teller가 되어야 합니다. 그런데 여기서 오해하지 말아야 할 것이 있습니다. 스토리가 있는 수업이란 수업시간을 잡다한(혹은 불필요한) '이바구'로 채워야 한다는 의미가 물론 아닙니다. 수업시간에 아이들은 교사가 전해주는 교과내용으로만 배우지 않습니다. 이 말은 곧 명시적인 교육과정을 통해서만 배움이 일어나는 것이 아니라는 말입니다. 수업을 가득 채우는 자료와 정보가 교실 수업 밖에 훨씬 더 많은 세상입니다. 이제 더 이상 아이들은 새로운 자료와 정보를 얻으러 학교에 오지 않습니다. 여러 번 강조했지만 교실 수업은 교사 자체는 물론 아이들 스스로에게서도 많은 것을 배웁니다. 지리시간에 한반도의 형성과정을 배우면서 사례를 설명하는 교사를 보면서 사례 내용보다는 교사의 말투와 행동을 배우고, 조리 있는 친구의 발표를 보면서 자신도 말을 좀 잘하고 싶다는 다짐을 하고, 아이들을 정중하게 대하면서 스토리를 전달하는 교사를 보면서 예의를 익히게 됩니다. 이것이 곧 의도하지는 않았지만 수업에서 은연중에 아이들의 배움에 영향을 미치는 잠재적 교육과정latent curriculum입니다.

시카고대학교의 교육학자 필립 W. 잭슨Philip W. Jackson은 학교인 한 어떤 교실에서건 잠재적 교육과정이 기능한다고 강조합니다. 이것은 곧 서지오반니Thomas J. Sergiovanni가 "수업은 곧 교사의 자서전teaching is an autobiography"이라고 비유하면서 교사의 개인적인 경험을 교수 학습 과정의 긍정적인 자산으로 받아들일 것을 권하고 있는 것이기도 합니다.[14] 스토리가 있는 수업이란 바로 이 긍정적인 자산을 더 풍부하게 만들자는 의미입니다. 타이밍 적절한 진실된 스토리는 그것을 듣는 사람에게 어떻게 행동해야 하는지에 대한 지식과 함께 동기를 부여합니다. 그리고 그것이 행동 변화를 고취시키는 데 영향을 줍니다. 또한, 수업내용 자체를 이야기 구조로 만드는 좀 더 심화된 수업 디자인을 할 수 있습니다. 인지과학자 대니얼 T. 윌링햄의 정리를 빌리면 이야기 구조 속에는 4C, 즉 Causality(인과성), Conflict(갈등), Complications(복잡성), Character(인물)의 요소가 포함되어 있도록 교과서 내용을 재창조하는 과정이 관건입니다. 딱딱한 교과서 내용을 스토리화하는 것은 '이해하기 쉽고, 재미있고, 기억에 오래 남을 수 있는' 정황을 아이들에게 만들어주는 과정입니다. 우리는 내용보다 정황에 오랫동안 반응하게 됩니다.

"스토리를 들려주는 사람은 스토리 자체보다 스토리를 들려주는 자신을 더 사랑하고픈 유혹에 빠지기 마련이다"라는 C. S. 루이스 Clive Staples Lewis의 말에 힘입어, 자, 그럼 이제 스토리가 넘치는 수업을 만들기 위한 준비방법에 대해 알아보겠습니다.

책은 세상의 다양한 스토리가 담겨 있는 '곳' 입니다. '것' 이 아니고 '곳' 인 이유는 그 속에 스토리가 있는(있었던) 시간과 배경이 되는 공간이 함께 녹아 있기 때문입니다. 내가 가고 있는 길은 물론이고 가보지 못한 더 많은 길에 묻어 있는 스토리가 있는 '곳', 그 '곳' 이 바로 책입니다.

표면적으로 보면 교직은 책에서 시작해서 책으로 끝나는 직업인 듯합니다. 교사가 되기 전에 늘 책 속에 파묻혀 공부했고, 교사가 된 이후에도 늘 주변에 책이 널려 있으니까요. 아이들하고도 늘 책으로 만나니 말입니다. 우리나라 직장인들 254명을 대상으로 한 설문 결과 한 달 평균 2.6권의 책을 읽는다고 합니다. 여성 직장인은 3.3권을 읽어 남성 직장인의 2.2권보다 1.1권 정도의 책을 더 읽고 있었습니다.[15] 저의 설문에 응해준 389명의 교사들의 한 달 평균 독서량은 3.0권이었습니다. 여교사(3.8권)가 남교사(2.2권)보다 1.6권 정도 더 많이 읽고 있었으며, 가장 관심 있게 읽는 분야로는 자기계발(34.8퍼센트), 취미(24.0퍼센트), 교과(21.6퍼센트), 소설류(14.3퍼센트), 교직(5.1퍼센트) 순이었습니다. 남녀 교사 모두 자기계발 분야에 큰 관심을 보이고 있었습니다.

한 달 동안 책을 1권 이하(남교사 50.8퍼센트, 여교사 47.1퍼센트)로 읽거나 전혀 읽지 못한다(남교사 3.0퍼센트, 여교사 1.8퍼센트)고 응답한 비율은 전체적으로 교사들의 51.4퍼센트에 달했습니다. 책을 읽지 못하는 이유로는 두 가지가 없어서 그렇다고 합니다. 시간과 독서습관.

이 책의 시작을 정신없는 학교의 다사다난한 일상으로 시작해놓고 책을 읽어야 한다고 하니 어떤 분은 속사정 모르는 사람처럼 왜 그러느냐 타박할지도 모르겠습니다. 사실 그렇습니다. 직장인들이 책을 읽지 못하는 가장 큰 이유가 시간이 없어서입니다. 그 점은 교사들도 마찬가지입니다. 다사다난한 하루를 마무리하고, 집에 가면 몸이 천근만근. 책은 고사하고 씻기도 귀찮을 때가 있습니다. 씻고 앉아 내가 읽고 싶은 책을 읽으면서 저녁시간을 보내려면 웬만한 내공으로는 불가능할지도?

아닙니다. 앞만 보고 달리지만 말고, 잠깐이라도 옆이나 뒤를 돌아보세요. 그러면 십중팔구 책을 읽는 이들이 가까운 주변에서 눈에 띕니다. 그들을 자세히 지켜보세요. 어떻게 해서 책을 읽고 있는지. 바쁜 일상 속에서 그들이 독서를 꾸준히 즐기는 방법은 의외로 간단합니다. 일단 그들의 주변에는 늘 책이 보이도록 비치되어 있습니다. 그리고 5분 내지 10분 정도의 틈새시간에 반복적으로 책을 보고 있습니다. 그렇습니다. 시간이 없고 독서습관이 들지 않아서라는 현실적인 이유를 한꺼번에 해결하는 방법은 '틈새시간에 꾸준히 반복적'으로 읽는 것입니다. 그것 말고 책읽기에 좋은 방법은 없습니다. '시간이 나면' 책 읽는 건 불가능합니다. '시간을 내서' 읽는 것입니다. 그래야 습관이 되는 것입니다. 책 읽는 습관이란 책을 보고 '읽어야지.' 하고 생각하고 읽는 게 아닙니다. 의식하지 못한 채 나도 모르게 틈새시간이 되면 어느새 책을 손에 들고 있습니다. 그리고 눈이 텍스트를 따라가고 있습니다. 그것이 매일 비슷한 시간대에 반복해서 책을 읽는 습관을 들일 수 있는 유일한 방법입니다. 그러다 보면 읽는 속도도 빨라져서, 똑같은 10분에 더 많은 페이지를 볼 수 있는 상황까지 발전하게 됩니다. 그러다 그 '곳'에서 새로운 세계를 발견하게 되고, 수업에서 활용되는 교과서 밖 세상 이야기가 되는 것입니다. 수업을 이야기 구조로 만드는 밑거름이 되는 것입니다.

그럼, 수업을 염두에 두고 대한민국 교사들이 책을 읽으면 얻을 수 있는 현실적인 이점은 무엇이 있을까요? 우선, 무궁무진한 정보를 얻을 수 있어 용기백배하여 교과서 밖으로 달려 나갈 수 있는 근거가 됩니다. 즉 교과성城을 벗어날 수 있다는 이야기입니다. 요즘 통섭通涉, Consilience을 자주 이야기합니다만, 기본적으로 모든 학문은 통합니다. 그렇기 때문에 어떤 교과이건 완전히 독립적이지 않습니다. 요즘 교육계의 또 하나의 화두인 '창의적 융합인재' 개념에서 등장하는 과학예술의 융합교육(STEAM Science, Technology, Engineering, Arts & Mathmatics)이 그 예입니다. 근대 학교제도가 그렇게 아주 잘게 세분해서 분리해놓았을 뿐입니다. 그 속에서 우리가 배웠고 교사가 되어 가르치고 있는 것입니다.

교사가 된 우리가 해야 할 역할은 책을 통해 아이들에게 교과 간의 연관되는 내용을, 교과 밖의 세상 이야기를 해줘야 하는 것입니다. 특정 교과나 영역에만 매몰되어 자칫 '걸어 다니는 문제집'으로만 살아가는 것을 막을 수 있는 방법, 바로 자기 교과를 둘러싼 철옹성 같은 벽을 넘어갈 수 있어야 합니다. 다양한 사례를 들고, 자료를 제시하면서 좀 더 풍요로운 수업을 할 수 있는 보물창고. 그게 바로 책읽기입니다. 아이들은 인터넷 지식검색에 나오는 이야기보다 교사들의 책읽기에서 나온 이야기들을 더 기다리고 있습니다. '아빠 이야기' 이기 때문입니다.

둘째, 내가 무엇을, 왜, 어떻게 가르치고 있는지에 대한 자기 성찰이 가능해집니다. 교사로서의 자기 철학이 생기는 것입니다. 자기의 진짜 모습, 자아의 발견이 이루어지는 것입니다. 끊임없이 독서를 해야 하는 가장 큰 이유입니다. 우리의 삶은 매 순간순간이 선택의 연속입니다. 그 연속된 선택 사이사이에는 반드시 위기가 숨어 있다 튀어나오게 마련입니다. 이때 그 위기를 헤쳐나가는 데 자기가 가지고 있는 삶을 바라보는 관점, 곧 자기 철학이 작용하게 됩니다. 책을 읽는다는 것은 저자의 철학을 읽는 것입니다. 그 철학과 나의 생각을 섞어서 새로운 나의 철학을 만들어내는 과정, 그것이 곧 책읽기의 과정입니다. 이런 과정이 반복되다 보면 자기 철학이 완성되어 더 이상 외부의 영향에 좌지우지되지 않습니다.

셋째, 책을 읽으면 반드시 글을 쓰게 된다는 것입니다. 장황한 글만을 의미하는 것이 아니라 자기 생각을 텍스트로 기록하게 된다는 의미입니다. 책을 읽으면 지은이의 생각을 접하게 되고 그러면 반드시 나의 생각과 만나게 됩니다. 어떤 생각은 일치하지만, 어떤 생각은 충돌합니다. 이러다 보면 나의 생각에 대한 생각이 들고 이를 기록하고자 하는 마음이 생겨납니다. 그래서 책읽기는 글쓰기를 동반하게 됩니다. 그런데 글쓰기란 곧 자신의 마음을 표현하는 것이기 때문에 '치유'의 효과가 있습니다. 제임스 펜베이커James Pennebaker는 의식을 집중한 글쓰기를 하면 스트레스로 병원을 찾는 빈도가 낮아지고, 면역 체계 기능 향상, 혈압 강화, 폐기능 향상, 간기능 향상, 병원 입원기간 단축, 기분 및 감정 향상, 정신적인 행복감 증가, 시험 전 우울증 감소 등과 같이 다방면으로 건강이 향상되는 결과를 낳는다는 연구 결과를 확인하였습니다.[16] 읽고 쓰기의 중요성을 이렇게 강조한 학자도 있습니다.

> 학자가 글을 읽으면서 생각을 하지 않을 수 없으니, 생각을 하면 언어지고 생각하지 않으면 얻지 못하게 된다. 또 생각이 있으면 기록을 하지 않을 수 없으니, 기록을 하면 남게 되고 기록하지 않으면 없어지는 것이다. 그러므로 생각하여 기록하고 생각하여 연구를 거듭하면 식견과 사려가 자라나서 언행이 통달하게 되는 것이요, 그렇게 하지 않으면 식견과 사려가 없어져서 언행이 막히게 되는 것이니, 비록 얻었다 하더라도 반드시 잃게 되는 것이다.
>
> 윤휴尹鑴, 『백호전서白湖全書』[17]

교사이기 때문에 필요한 책읽기는 또한 문서화documentation하는 과정이 있어야 그 활동이 마무리됩니다. 그냥 책이 좋아 읽고 느끼는 단계를 넘어서야 합니다. 수업내용에 인용을 하고, 그것을 통해 이야기 구조를 짜고, 발문으로 활용하고, 자기 생각으로 정리하여야 합니다. 이것이 교사에게 요구되는 진정한 의미의 책읽기입니다.

국제노동기구ILO는 이미 1970년대에 "교사의 스트레스는 전쟁터 수준"이라고 지적했습니다. 지금도 결코 개선되지 않은, 이전과는 너무나 다른 양상의 전쟁터에서 삶의 이야기가 있는 수업을 만들려면 교사는 문서화 습관을 들여야 합니다. 책을 읽고 자기 생각을 정리하고 기록하는 과정, 즉 사유하는 과정을 통해 전쟁터에서 살아남을 수 있는 자기만의 철학과 수업기술을 가져야 합니다. 앞으로 대한민국 학교혁신의 주인공이 되어야 할 교사들에게 요구되는 모습은 공부하는 교사, 연구하는 교사입니다. 즉 학자로서의 교사입니다.

수업행복 과제 19_가장 훌륭한 수업 도우미

좋은 책은 허우적거리는 나에게 가장 훌륭한 수업 도우미이다. 문제는 읽고 자기 생각을 수업에 얼마나 효과적으로 적용하는가에 있다. 읽는 것과 적용하는 것은 하늘과 땅 차이다. 올바른 적용을 위해서는 자기 생각을 기록하는 습관을 들이는 것이 가장 좋다.

스토리 창고 2 • 영상

영화, TV, 비디오, 광고, 사진 등의 시각 기호. 렌즈라는 매체를 통해 형성된 이미지를 뜻한다. 많은 파생 용어가 있는데 예컨대 영상을 대중 매체를 통해 시청자에게 전달하는 것을 영상 커뮤니케이션이라 하고 이 과정에서 형성되는 문화 현상을 영상 문화라고 한다. 영화, 방송, 광고, 사진, 컴퓨터 그래픽, 애니메이션 등과 관련된 산업을 영상 산업이라고 하며 이런 환경 속에서 성장한 이들을 영상 세대라 한다. 영상은 전통적인 표현 기호인 언어나 문자, 그림과 달리 피사체를 시각적으로 재현, 복제할 수 있어 상대적으로 직접적이고 감각적인 표현 수단으로 평가된다. 다시 말해 언어는 대상을 개념화시키지만 영상은 대상을 구체적으로 기록하고 재생하는 것이다.

아이들이 교사와 사전보다 더 많이 이용한다는 초록색의 한 포털에서 '영상'이란 단어를 검색해봤더니 나온 설명입니다. 이 설명의 요지는 영상 세대 아이들과는 영상으로 커뮤니케이션이 가능하다는 것입니다. 이 점에 초점을 맞춰서 수업에서 영상물을 효율적으로 활용할 수 있는 방안을 고민해봐야 할 것 같습니다. 사실 우리는 이미 수업시간에 수많은 영상물을 사용하고 있습니다. 대부분의 교실에 걸려 있는 벽걸이 TV를 통해. 최근에 보급된 얇은 TV의 경우에는 USB만 연결하면 노트북 없이도 바로 영상물을 시청할 수 있는 것들도 있습니다. 잘만 활용하면 수업시간에 더 많은 이야기를 나눌 수 있는, 아주 맛깔난 스토리텔러가 될 수 있는 환경은 어느 정도 만들어져 있다고 봐도 좋을 것 같습니다.

문제는 어떤 영상물을 어떻게 활용하는가라는 근본적인 부분에 있습니다. 수업시간에 활용되는 교과내용과 직접적으로 관련이 있는 영상은 교과서 공부를 좀 더 효율적으로 수행할 수 있는 훌륭한 교보재 역할을 합니다. 여기에 교과서 밖의 다양한 정보, 인성 관련 자료들을 활용하면 구체적인 정보 안내, 비전, 공동체 의식에 대해 아이들과 이야기 나눌 수 있습니다. 그렇기 때문에 영상 세대와의 커뮤니케이션을 위한 목적으로 활용되는 영상물은 반드시 교사가 먼저 읽고, 목적을 분명히 한 후, 필요한 부분만 적절한 시간 활용해야 합니다. 영상 세대들에게 넘쳐나는 또 하나의 영상물 정도로만 활용되어서는 안 됩니다.

영상 커뮤니케이션이란 영상 속에 스토리가 있으니 그것으로 소통하자는 의미입니다. 그 영상을 통해 전달하고자 하는 메시지를 나누자는 뜻입니다. 그런 의미에서 건강하고, 가치 있는 영상은 몇 권의 책을 동시에 읽는 효과를 낼 수 있을 만큼 많은 정보와 풍부한 메시지를 담고 있습니다. 우리 뇌에는 고정되어 있는 텍스트보다 움직이는 영상물이 훨씬 더 오랫동안 기억으로 남습니다.

아이들은 자신들의 전자기기들에 동영상을 넣어 다니면서 언제 어디서나 들여다보고 있습니다. 인터넷 강의 동영상, 다운받은 영화나 TV물, 게임 등은 물론 인터넷에서 쉽게 접할 수 있는 다양한 UCCUser Create Contents들이 그것입니다. 그러나 많은 영상들은 아이들에게 그저 감각적인 수준일 뿐입니다. 그냥 마냥 웃기든가, 야하든가 아니면 폭력적이든가, 현실을 잊고 황홀경에 빠지게 해주는 도구일 뿐입니다.

익히 알고 있는 사실이지만 이러한 영상에 무분별하게 노출되는 아이들은 심리적·정서적으로 왜곡된 가치관을 가질 위험에 빠지기 쉽습니다.

수업에서 교사를 통해 전달되는 영상에 대해 이러한 부분을 보완하고 살려낼 수 있는 방식으로 접근해야 합니다. 아이들의 폭력성을 잠재우고, 더불어 사는 삶을 소중히 여기고, 기쁨과 아픔을 함께 나눌 수 있는 고차원적인 가치관을 이야기할 수 있는 기회로 영상이 활용되어야 합니다. 그렇기 때문에 영상을 보고 나서는 반드시 의견을 나눌 수 있는 기회가 주어져야 합니다. 아이들을 그저 혼자 웃고 떠들고 즐겁고 잔인하게 짜릿하고 후끈하게 야한 시각의 황홀경에서 벗어날 수 있도록 도와줄 수 있는 부분이 바로 이것입니다.

우리가 수업에서 영상물을 활용하는 궁극적인 목적은 분명합니다. 적절하게 시간 때우기를 위한 유용한 도구로 이용하기 위해서가 아닙니다. 교사와 아이들, 아이들과 아이들 사이의 보편적인 삶의 가치를 나누는 과정을 통해 아이들이 스스로를 돌아보고 도덕적인 가치 기준을 높일 수 있는 인간으로 성장하도록 돕기 위한 것입니다. 태어날 때부터 인터넷 세상이었던 아이들에게 진짜 세상의 아름다운 이야기를 고스란히 전해줄 수 있도록 노력해야 합니다. 사이버 공간에서 사람이 사는 세상으로 나올 수 있는 에너지를 만들어주어야 합니다.

영상물의 목적을 이야기를 하다 보니 우리 집 거실에 놓여 있는 나무탁자가 떠오릅니다. 큰 아이가 올라가서 누워도 머리와 발이 나오지 않을 정도로 제법 큰 크기지만 흥정 끝에 꽤나 저렴하게 구입했습니다. 손님들이 많이 왔을 때나 식구들이 함께 밥을 먹을 때는 듬직한 식탁이 됩니다. 아이들이 친구들을 데려와 놀 때는 훌륭한 캔버스가 되고, 보드판이 됩니다. 그런 녀석이 한때 사정이 달라져 있었습니다. 아이들이 뛰어놀라고 거실공간을 내주면서 벽 쪽에 바짝 붙어 밀려나 있었습니다. 언제부터인가 식탁, 캔버스, 보드판의 역할은 사라지고 잡다한 물건들이 하나둘씩 쌓이기 시작하였습니다. 마음먹고 구입한 런닝머신이 슬슬 빨래걸이가 되듯이. 보고 지나칠 때도, 청소할 때도 늘 마음을 불편하게 하는 공간이 되어버렸습니다.

왜 이런 처지로 변했을까를 곰곰이 생각하다 다시 거실 가운데로 옮겨놓았습니다. 그 이유는 간단했지요. 한쪽으로 밀어놓으면 이놈 위에 올려진 물건들이 의지할 곳이 생겨버리는 것입니다. 그것은 바로 벽이었습니다. 그러나 탁자를 가운데로 당겨놓으니 의지할 벽이 없고, 그러다 보니 물건들이 모서리에 걸쳐져 있으면(그게 깨질 수 있는 것이라면 더더욱) 식구들 누구든 가운데쯤으로 들이밀어 놓거나 아예 제자리로 옮겨놓게 됩니다.

수업에서 활용되는 영상물이 탁자 위에 물건들이 쌓이게 하는 벽 역할을 해서는 안 됩니다. 모자란 수업을 살짝 가리고 기대기 위한 도구로 이용되어서는 안 됩니다. 거실 가운데 떡하니 자리 잡고 있으면서 식탁, 캔버스, 보드판 역할을 할 수 있어야 합니다. 수업에 제대로 활용되지 못하는 영상물로 수업도 아이들도 방치되어서는 안 됩니다.

수업행복 과제 20_가장 위험한 수업도우미

좋은 영상은 여러 권의 책을 한꺼번에 읽는 것과 같다. 그러나 영상 자체를 이용하는 수업은 위험하다. 그런 수업에서 아이들은 영상과 수업을 연결시키지 못한다. 교사가 의도하는 부분만 짧게 인용하고 시청 후에 이야기를 나눌 수 있는 과정을 밟아야 하는 이유가 여기에 있다. 넘쳐나는 영상은 분명 요긴한 수업자료이면서 동시에 가장 위험하기도 하다.

스토리 창고 3 · 연수

스포츠 경기는 어느 종목이든 순위가 정해집니다. 메달의 색깔이 달라집니다. 금메달을 획득한 선수는 세계 최고의 자리에 올라 그 영광에 기쁨을 감추지 못합니다. 그간의 자신의 피나는 노력이 기억나 감격의 눈물을 흘리기도 합니다. 더할 나위 없이 행복해합니다. 그런데 은메달과 동메달 중 어떤 메달을 받은 선수들이 더 행복해할까 궁금해집니다. 서울대 교육학과 문용린 교수팀은 청소년들을 위한 『행복 교과서』에서 이와 관련된 간단한 연구를 소개하고 있습니다. 미국 코넬대학교 심리학과 팀은 1992년의 올림픽 중계영상에서 은메달과 동메달이 확정되는 순간 선수들의 표정을 분석하였습니다. 결과는 매우 흥미로웠습니다. 사람들의 생각과는 달리 동메달을 받은 선수가 은메달을 받은 선수보다 더 행복한 표정을 짓고 있었던 것입니다. 순위는 분명 하나 아래인데 말입니다. 왜 2등한 선수가 3등한 선수보다 표정이 덜 행복해 보였을까요?

이유는 짐작하시는 대로입니다. 동메달을 받은 선수는 4등한 선수를 염두에 두는 반면, 은메달을 받은 선수는 금메달을 받은 선수와 자신을 비교했기 때문입니다. 동메달을 받은 선수가 간발의 차이로 메달을 획득했다는 안도감에 행복을 느끼는 반면에, 은메달을 받은 선수는 금메달을 놓쳤다는 안타까움에 기쁨을 느끼지 못하고 있는 것입니다. 인간적이기는 하지만 결국 행복하지는 않다는 데 문제가 있습니다. 최선을 다한 자신의 결과를 스스로 가치 없는 것으로 만들어버리는 실수를 하고 있다는 것입니다. 우리의 일상에서 비교하지 않고 살기는 쉽지 않습니다. 다만, 무엇과의 비교인가가 중요한 것입니다. 내가 가진 것을 감사히 여기지 못하는 태도가 문제입니다. 자기 자신을 무엇과 비교하느냐에 따라 자신의 행복도가 달라질 수 있습니다.

자, 이제 이야기를 학교로 가져와보겠습니다. 학교야말로 비교천국입니다. 알게 모르게 부모를 비교하고, 성적을 비교합니다. 입고 있는 옷, 들고 다니는 가방, 신고 다니는 신발을 비교합니다. 상생의 '시합'이 아니라 소수의 위너winner와 다수의 루저looser로 구분되는 '경쟁'의 한마당입니다. 마치 학교가 사람을 '길러'내는 곳이 아니라 '걸러'내는 기능을 하는 곳인 듯합니다. '실패는 성공의 어머니'라 했지만 어른이 되기 전에 너무나도 많은 실패의 경험을 합니다. 또 많은 아이들은 실패의 경험만 합니다. 수업에서도 실패하고, 시험에서도 실패합니다.

이 글을 쓰고 있는 지금, 수능시험 결과를 비관하여 세상을 스스로 등진 아이 이야기가 인터넷 뉴스에 진한 글씨로 나타납니다. 비교천국 학교는 나의 많은 능력과 재능 중 오직 한 가지만으로 '경쟁'을 하는 듯한 불평등한 게임의 장입니다. 그러다 보니 많은 능력과 재능이 있었는지도 모르게 묻혀 지내야만 합니다. 대부분의 아이들은 자신의 능력과 재능을 발휘할 기회조차 갖지 못하고 졸업장에 만족합니다. 졸업장을 받아 들고 난 뒤 자신의 능력과 재능이 무엇인지조차 잊은 채 어른이 되어버립니다.

일반적으로 대한민국에서 교사를 하고 있는 사람들은 학창 시절에 공부를 열심히 한 사람들입니다. 교대나 사범대를 가고, 임용이 되는 길이 험난하기에 하는 말입니다. 세대에 따라 다소 차이는 있지만 어떤 경로든 교사가 되는 길이 대충 해서 되는 길은 분명 아니니까 하는 소리입니다. 확신하건대, 지금 이 책을 읽고 있는 교사라면 대충 된 사람은 결코 아닐 테니까요. 어찌 되었든 교과서 공부의 성적 하나만으로 인간 자체를 판단하는 시대에 결과적으로 교사를 하고 있다는 건 분명 그 무시무시한 '경쟁'에서 나름의 승리를 했기 때문일 겁니다.

학창 시절, 다들 우여곡절이 있을 테지만 그 경쟁에서 스스로 승자로 남아 지금 교단에서 아이들을 만나고 있다는 데는 이의가 별로 없을 것입니다. 그런데 그러한 무시무시한 '경쟁', 불공평한 듯한 '경쟁'에서 살아남는 저력을 보인 나머지 교사가 된 지금도 일종의 '경쟁본능'이 남아 있는 것만 같은 인상을 지울 수 없습니다. 모든 경기에서 이겨야 한다는 생각을 무의식 속에 지니고 있는 듯하단 말입니다. 성적이든 행사이든 때만 되면 우리 반과 다른 반을 비교하고, 나와 다른 교사를 비교합니다. 겉으로는 비교하지 않으려 애쓰지만 그게 더 신경 쓰입니다. 그러다 보니 자연스럽게 아이들을 비교하게 되고 그 아이들을 만들어놓은 학부모들을 비교하게 됩니다. 간혹 공부를 잘하는 아이는 은연중에 자기의 학창 시절과 겹쳐져 보이기도 합니다. 그래서 때로는 더 많은 도움을 주려고 하기도 하고 이유 없이 미워지기도 합니다. 물론 속으로 말입니다. 그러나 사람의 마음은 말과 행동으로 드러나게 됩니다. 표정으로 나타납니다.

혹시 오늘 아침에 지각한 녀석을 지도하는 과정에서 분노를 느꼈다면, 그 분노의 진짜 이유가 무엇인지 꼭 한번 살펴봐야 합니다. 교무실에서 벌을 서고 있는 무리 중에 우리 반 아이가 없으면 왜 그리 마음이 편한지를 돌아봐야 합니다. 우리 반 수업에서는 왜 온갖 유머와 달콤한 이야기도 모두 교과내용으로 대체되고 있는지, 그런데도 늘 진도가 제일 느린지를 고민해봐야 합니다. 우리 반이 공부하는 분위기가 되었으면 하는 바람으로만 아이들과 시험 등수 내기를 하고 있는지를 곰곰이 돌아봐야 합니다. 그러면서 어떻게 공부하는지를 모르는 수많은 아이들에게 제대로 배우는 방법Learn how to learn을 구체적으로 지도하고 있는지를 스스로 물어봐야 합니다.

학교에 오는 아이들은 교사가 가만히 놔둬도 '경쟁'의 구조 속에서 지내게 되어 있습니다. 경쟁을 당연하다고 여기면서도 그 경쟁을 회피하기 위한 전략만을 짜다 학교를 마치는 아이들도 많아지고 있습니다. 교사의 본능적인 경쟁심리는 비교의 원동력이 되고 비교는 편애로 드러납니다. 잘하는 아이, 열심히 하는 아이가 더 대우받는 것이 당연하다는 생각이 자신을 온통 지배하는 상황에 이르게 될지도 모릅니다.

그러한 무의식적인 교사의 '경쟁' 심리에서 벗어날 수 있는 내공을 기르는 길, 그 길이 연수에 있습니다. 온라인이든 오프라인이든 다른 사람의 생각을 듣는 기회를 많이 갖게 되면 분명 지금의 상황에 도움이 됩니다. 의무적으로 이수해야 하는 몇 학점의 연수도 물론 그럴 수 있지만 특히 자신이 찾아 선택한 연수에서는 더더욱 그럴 가능성이 많습니다. 연수는 지금의 나를 돌아보게 합니다. 지금 내가 어떤 상태로 어디까지 와 있는지에 대한 스스로의 물음이 생기고 답을 만들게끔 도와줍니다. 그리고 동병상련의 든든함을 얻을 수 있습니다. 그래서 이왕이면 사람을 만날 수 있는 현장연수에 참여하는 것이 더 좋습니다. 그것이 곧 나의 클리나멘이 될 수 있습니다.

하지만 수많은 연수를 통해 정보를 얻고, 새로운 의견을 접하고, 사람들을 만나지만 정작 속 시원하게 풀리지는 않습니다. 학교생활이나 교사로서의 자신의 삶이 그렇게 개선되는 것 같지도 않습니다. 왜 그럴까요? 우선은 열심히 듣기만 했지 내 것으로 만들려는 노력이 부족했던 것이 아닌가 하고 반성해봐야 합니다. 마치 수업을 열심히 듣고, 노트 필기를 예쁘게 잘 정리해놓기만 하면 성적이 좋게 나오리라고 착각하는 아이들처럼 말입니다. 이 말에 부아가 슬쩍 올라오시나요? 나름의 방식으로 적용해보았는데, 잘되지 않더라면서 불끈하실지도 모르겠습니다. 제가 하고 싶은 말은 연수를 통해 얻은 것들을 나의 상황에 맞게 '각색'하여 적용하는 지루하고 힘든 과정이 필요하다는 것입니다. 사실 연수에서 얻은 것들이 바로 그대로 적용될 수 없는 경우가 더 많습니다. 나의 상황, 우리 지역, 우리 학교, 우리 교실에 적용하기 위해서는 자기만의 각색이 필요합니다. 그 과정이 어렵고 힘들기 때문에 쉽지 않은 것입니다. 제대로 되지 않은 각색으로 인해 시도 전보다 오히려 더 나쁜 결과가 나올 수도 있습니다. 하지만 결국 우리가 듣는 연수의 표면적 목적은 평화적인 방법으로 각자에 가장 잘 어울리는 색깔을 찾는 것일 테니 시도를 두려워한다면 나와 교실은 계속해서 개선되지 않을지도 모릅니다.

그 다음으로 우리가 맡고 있는 역할 자체의 특징 때문입니다. 우리는 지금도 성장하고 있는 아동과 십대들을 상대합니다. 성장과정에서 나오는 다양한 반응과 이들이 가지고 있는 습관들에 대해 몇 가지 정형화된 방식으로 대응하는 것은 불가능하면서 동시에 비교육적입니다. 그렇기 때문에 어떤 연수건 '학급 운영은 이렇게', '수업에서는 요렇게', '동료와의 갈등은 저렇게' 라는 매뉴얼이 있을 수 없습니다. 당연한 이야기입니다. 44만의 교사가 다르고, 그들과 매일 만나는 수백만 명의 아이들의 상황이 다르니까요. 그러다 보니 온전히 듣는 이의 몫으로만 남게 되는 것입니다. 자발적으로 선택하여 연수를 듣는다는 건, 무엇인가에 대한 '갈증' 이 있다는 뜻입니다. 아이하고의 문제든, 수업 개선의 의지든, 교직 자체에 대한 고민이든, 순수한 자기계발의 욕구든 말입니다. 무엇이건 연수의 가장 큰 장점은 바로 자기의 갈증을 표현하고, 경력과 세대가 다른 교사가 경험을 나눌 수 있다는 데 있습니다.

이 대목에서 우에노 치즈코가 『경계에서 말하다』에서 언급한 원숭이 이야기가 떠오릅니다. 동시에 강의 때 만났던 많은 교사들이 생각납니다. 호기심 많은 소년 원숭이가 우연한 기회에 고구마를 바닷물에 씻어 먹으면 더 맛있다는 사실을 발견했습니다. 원숭이 사회에 이 사실이 알려지자 같은 또래의 원숭이들이 곧바로 따라 했습니다. 이어서 엄마 원숭이와 여자친구 격에 해당하는 원숭이들도 따라 했습니다. 이 이야기가 눈길을 끄는 이유는, 원숭이들의 탁월한 학습 능력에 있는 것이 아니라, 공동체에서 가장 늦게까지 새로운 정보를 거부했던 원숭이가 누구인가에 있습니다. 앞에 거론된 원숭이들을 빼고 나면 답을 짐작할 수 있는데, "가장 오랫동안 모른 척했던 원숭이는 나이 든 수컷 원숭이들"이었습니다.[18]

2007년 이후 지금껏 일선 중고등학교에서 대학원 특강, 그리고 각 시도 연수원까지 약 200회의 강의를 하는 동안 많은 교사들을 만났습니다. 보통은 강의를 마치고 현장에서의 질의응답이나 메일 등을 통한 피드백을 주고받는데 이때 대체적으로 남자 교사의 피드백은 거의 없는 편입니다. 물론 남자 교사에 비해 상대적으로 여자 교사가 비율상 많은 것이 사실입니다. 2010년 교육과학기술부 통계를 보면 초등학교 75.09퍼센트, 중학교 65.7퍼센트, 고등학교 45.7퍼센트가 여교사입니다. 이를 감안하더라도 상대적으로 여교사보다는 남교사의 자기표현이 없는 편입니다. 여기에는 여러 가지 이유가 있겠지만 자기 발전은 자극이 있어야 하고, 그 자극은 자기 자신과 외부의 두 방향에서 가능합니다. 연수는 바로 외부의 자극이 곧 내적 자극으로 전환될 수 있는 시작입니다. 내면의 갈증이 해소될 수 있는 기회입니다. 스스로 문제를 해결하려는 굳은 의지와 함께 다른 이들을 통해 나를 돌아보려는 적극적인 태도가 사막 같은 교실에서 나를 살리는 오아시스입니다. 외부의 자극을 적극적으로 활용하는 에너지가 남교사들에게서도 많이 넘치기를 바라고 또 바라봅니다.

수업행복 과제 21_비교는 모두를 파괴한다

가만히 놓아두어도 비교되는 세상에서 교사가 앞장서서 비교하는 것은 모두를 파괴하겠다는 것과 마찬가지이다. 많은 이들은 물론 자기 자신까지도 비교의 늪으로 빠뜨려서는 안 된다. 정말 비교하고 싶다면 남의 것이 아닌 자기 것과 비교해야 한다. 그래야 갈등 없는 발전이 가능하다.

미국의 심리학자 브릭만Brickman은 거액의 복권에 당첨된 사람과 갑자기 척추손상을 입은 환자를 대상으로 한 실험에서 유쾌와 불쾌에 대한 인간의 적응력을 증명했습니다.[19] 그 실험의 결과는 우리가 익히 알고 있습니다. 거액의 복권에 당첨된 사람들은 당첨 초기에 행복도가 급격히 상승하지만 1년 뒤에는 오히려 당첨 전의 수준 아래로 행복도가 떨어집니다. 반면, 정상이었던 사람들이 척추손상으로 보행이 어려워지자 행복도가 급격히 하락했지만, 일정 시간이 흐름에 따라 평균적인 수준으로 회복이 되었다고 합니다. 전자는 유쾌한 상황에 적응한 것이고, 후자는 불쾌한 환경에 적응한 사례입니다. 런닝머신 위에서 달리고 달려도 제자리이듯 심리적 습관화에 이르면 불유쾌한 쾌락의 정체가 일어난다는 의미입니다.

수업에서 서로에게 익숙한 듯 적응하는 방식은 일종의 쾌락적응입니다. 적응은 어떤 상황에 반복적으로 노출되면 유쾌하든지 불쾌하든지 관계없이 무덤덤하게 그 상황을 받아들이는 방식을 선택하는 생명체의 능력을 의미합니다. 심리적 습관화라는 의미로도 볼 수 있겠지요. 우리의 일상에서도 얼마든지 예를 찾아볼 수 있습니다. 내가 쓰는 물건들은 원래 모두 새것이었습니다. 자동차를 새로 사고 넓은 새 집을 사도, 어느 정도 시간이 흐르면 불편하고 헌것처럼 느껴집니다. 새 자동차와 넓은 집에 적응이 된 것입니다. 뒤꿈치를 쓰라리게 했던 새 가죽구두도 무뎌지듯이 새로 부임해 온 선생님도, 풋풋해만 보이던 교생 선생님도, 그리고 초롱초롱 빛나던 눈빛이 예쁜 아이들도 매한가지입니다. 적응이 된다는 것은, 습관이 되었다는 것이고, 습관이 되었다는 것은 '당연하게' 받아들여진다는 말입니다.

물론 반복해서 접하다 보면 익숙해지는 건 인지상정입니다. 사람도, 물건도. 늘 반복해서 들어가는 반 아이들이 익숙해지고, 매일 보는 동료 교사와의 인사에 늘 마음을 담을 수는 없는 일일 테니까요. 문제는 한쪽으로만 치우친 쾌락적응에 익숙해진다는 데 있는데, 바로 물질적 쾌락적응이 그것입니다. 더 큰 차를 타야 하고, 더 넓은 집에 살아야 하고, 좀 더 편안한 삶을 추구하게 됩니다. 그런데 물질적 쾌락은 반복될수록 더 새롭고, 더 강하고, 더 많은 걸 요구하는 법입니다. 소위 감기약의 원리라고 생각하면 됩니다. 초기 감기부터 센 약을 쓰면 우리 몸은 웬만한 감기에는 약이 잘 듣지 않게 되는 것처럼 말입니다.

물질적 쾌락이 넘쳐나는 세상 속에서 조금 더 열정적인 삶을 살고 싶은 가르치는 이들은 이제부터 음악과 그림, 몸과 마음을 함께 쓰는 운동, 나의 일상을 되새김질할 만한 여행, 다양한 이들의 삶의 철학이 담겨 있는 문학, 영혼의 흔들림을 지켜주는 종교 등과 같은 정신적 쾌락에 투자하는 노력을 해야 합니다. 시간이 없고, 용기가 없다고 정신적 쾌락의 상황을 벗어나 있으면 늘 독한 감기약을 먹으면서 자기 면역력이 떨어지는 악순환이 일어나게 됩니다. 상황에 따라 일희일비하는 인스턴트 같은 삶을 살아가게 됩니다. 정신적 쾌락은 잔잔한 감동과 여운으로 늘 나의 삶을 지배하는 힘이 됩니다. 나의 삶에 긍정적 에너지가 됩니다. 그러한 정신적 쾌락에서 온 긍정적 에너지가 교실에서 수업으로 녹아내리게 됩니다. '읽기, 생각하기, 쓰기'의 과정으로 말입니다.

지금 우리에게 주어진 과제는 나와 아이들이 지금 상황에서 이 과정을 시도해보는 것입니다. 한 줄의 문장이면 충분합니다. 한 줄을 읽고, 한 줄에 대해 생각하고, 한 줄에 대한 의견을 글로 표현하면서 생각을 나누면 됩니다. 성인과 미성년, 어른과 아이 사이의 수업에서 어른스러운 '선생先生'이란 역할의 가치는 정신적 쾌락으로 얼마나 채워져 있는가가 좌우합니다. 그것이 가르치는 이가 가질 수 있는 진정한 권위authority입니다. 가르치는 이가 정신적 쾌락의 경험이 빈약할수록 수업을 교과서 내용으로만 채우기 마련이고 교실 질서를 잡느라 초가삼간 태우는 우를 범할 가능성이 높습니다.

수업행복 과제 22_정신적 쾌락을 즐겨라

가르치는 직업은 정신을 활용하는 노동이다. 신경 쓰이는 일들이 평일에서 주말로, 다시 평일로 끊이지 않고 이어진다는 생각이 든다면 정신적 쾌락을 즐겨보자. 운동, 여행, 예술체험, 책읽기, 종교활동 등과 같은 정신적 쾌락을 누리다 보면 피로했던 머릿속이 조금은 맑아질 것이다. 이것은 품위 유지를 위한 것이 아니라 가르침을 질적으로 높이기 위한 정신 활동이다.

수업행복 6

내 수업을 함께 만드는 이들은 누구인가?

교사문화의 특징

한 조직에서의 문화는 컬처culture의 양식이라기보다는 커뮤니케이션communication의 방식입니다. '문화를 누리는 사람', '문화산업' 등의 의미로 해석될 때의 컬처는 전통과 현대를 조화롭게 나누고, 향유하는 '쉼'의 양식을 말합니다. 이에 비해 "학교문화라는 게……"라고 할 때의 컬처는 커뮤니케이션의 방식으로서 그 조직 내에 어떤 의사소통 구조가 있는가를 의미합니다.

이런 측면에서 보면 학교의 교사문화는 몇 가지 공통점을 보이고 있습니다. 2001년 한국교육개발원KEDI에서는 「중등학교 교사의 생활과 문화」라는 보고서를 발표하였습니다. 여기에서는 대한민국 교사문화의 특성을 인간관계 지향, 경계 유지, 방어와 보수, 무력감 혹은 체념[1]으로 제시하고 있습니다. 교사들의 문화가 매우 부정적인 것들로 채워져 있는 것만 같은데, 그 내용을 좀 더 살펴보겠습니다. 우선 '인간관계 지향' 이란 교사가 수업시간에 아이들을 효과적으로 통제하기 위해서 교과수업 방법의 개선을 시도하는 것보다 아이들과 개별적으로 친밀한 관계를 형성하는 것이 상대적으로 더 용이하고 시행착오를 덜 겪을 수 있다고 생각한다는 해석입니다. '경계 유지' 는 시카고대학교의 사회학자 댄 로티Dan C. Lortie의 표현처럼 '헤엄쳐 살아남거나 빠지거나' 하는 방식을 취하면서 매우 고립적으로 혼자서 모든 업무를 해나가야 하는 특성을 지녔다는 뜻입니다. 이 말은 곧 교사 상호 간에 뭐라고 할 수 없는 명백하게 구분되는 경계가 있다는 말입니다. 서로의 업무와 언행에 불간섭의 원칙을 지키고자 하는 성향입니다. '방어와 보수' 는 수업을 포함하여 대부분의 활동에서 예상되는 문제들을 미리 방지하는 것이 가장 우선시된다는 말입니다. 아이들과 학부모의 반발, 동료 교사나 관리자의 지적을 사전에 차단하기 위해 보수적인 성향을 보이는 것도 그런 맥락입니다. 교무실에서 자잘한 것에 '통일' 을 기하려는 것과 같은 의미입니다. '무력감 혹은 체념' 은 수업 등 교사 본연의 교육활동을 방해하는 것들이 많다고 생각하면서도 그런 것들이 만들어지는 현실을 고치려고 노력하기보다 빨리 처리해주는 방식으로 대처한다는 의미입니다. 그 이유는 스스로 현실을 고치려고 하는 것은 소용없다는 생각이 지배적이기 때문이라는 해석입니다.

이렇게 부정적인 교사문화가 형성된 원인은 거꾸로 교사를 둘러싸고 있는 환경 때문입니다. 이미 1930년대에 웰러드 월러Wellard Waller가 이야기한 것처럼 교사를 바라보는 외부의 도덕적 시각은 스스로 감당하기 어려울 정도로 높습니다. 교사는 아이들 앞에서는 도덕적으로 옳은 것에 대한 설교를 반복해야 한다는 강력한 외부의 믿음이 존재하는 것이죠. 그러다 보니 자신의 삶의 그릇을 넘는 '훌륭한 말'을 반복하면서 스스로도 그 믿음에 빠져들어 권위적이고 동시에 기만적인 상황이 되어버리는 것입니다. 이러면 파커 J. 파머Paker J. Palmer의 우려처럼 스스로 그렇게 살지 않으면서 교실에서 그렇게 살아야 한다고 떠드는 기간이 늘어나고, 결국 정신적·육체적으로 탈진하게 되는 것입니다.

이러한 부정적인 문화의 원인은 또 있습니다. 앞에서 언급한 로티는 이미 40여 년 전에 이런 특징적인 교사문화의 원인을 '불확실성uncertainty'이라고 극명하게 표현하였습니다. 제가 강의를 시작할 때 자주 쓰는 표현입니다만, 이 말은 곧 어떤 교실에서건 '이럴 땐 이렇게'와 같은 매뉴얼이 통하지 않는다는 의미입니다. 그가 말하는 불확실성의 핵심은 어떤 교실, 어떤 학교, 어떤 아이에게 통했던 가르침이라고 해서 모든 교실, 모든 학교, 모든 아이에게 통하지는 않는다는 것입니다. 우리 모두가 매일 느끼는 대목입니다. 이것이 교사들 간의 다양한 세계관, 인간관, 교직관을 만들어 갈라놓는 주인공입니다. 로티의 표현을 그대로 빌리자면, 교사들은 '알의 껍데기' 같은 교실로 숨어들어 권위적인 것에 순종하는 경향을 낳게 되고 교육학이나 심리학에 대한 뿌리 깊은 불신감을 가지게 되어 교사 자신의 체험을 절대시하는 결과에 이른다는 것입니다.

어찌 되었든 부정적인 교사문화는 교사들의 책임이 아니라 대한민국 학교의 사회적 · 역사적 역할에서 기인하는 것입니다. 오히려 교사들 스스로가 커다란 피해자입니다. 이미 그렇게 익숙해져 있기 때문에 그렇게 보일 뿐입니다. 어느 누가 나선다고 해결될 일이 아니기 때문입니다. 그럼에도 불구하고 이런 부정적인 교사문화를 긍정적이고 생산적으로 만들 수 있는 방법은 있습니다. 그것도 아주 간단합니다. 바로 국가가 교육과정에서 학교의 자율성을 지속적으로 확대시키고, 학교장 중심의 학교 의사결정 구조를 개선하려는 법적 · 제도적 조치를 취하여, 수업을 포함한 교사의 업무에서 자발성이 발현될 수 있는 학교 풍토를 만드는 것입니다. 다시 말해 교무실에 민주적인 커뮤니케이션 과정을 만드는 것입니다. 동료 교사, 관리자와 말이 통하는 분위기가 형성되어야 합니다. 내 생각 내 마음대로 하자는 게 아니라 자기 의견을 적절하게 표현할 수 있는 문화가 조성되어야 수업을, 아이들을 진정으로 이야기할 수 있기 때문입니다.

수업은 품앗이

세계적인 교수법의 전문가인 조벽 교수는 『나는 대한민국의 교사다』에서 강연과 강의를 다음과 같이 구분하고 있습니다.

> 강연은 일시적인 만남이고 단기적 목표를 짧은 시간 내에 달성해야 하기 때문에 내용 전달이 가장 중요합니다. 하지만 강의는 한 학기 내내 지속되는 만남입니다. 각 강의마다 달성해야 하는 단기적 목표(학습내용) 외에 고려해야 할 사항이 무척 많습니다. 믿음과 신뢰 등 인간적 차원의 요소들이 상대적으로 중요하게 됩니다. 따라서 교수님과 아이들 사이에 바람직한 인간관계를 형성하는 데 많은 시간 투자와 노력을 해야 효과적인 강의가 이루어질 것입니다. 이렇게 강연과 강의의 차이가 있기 때문에 교수법도 다르게 해야 효과가 있습니다.

상아탑에서 다 큰(?) 대학생들을 지도하는 노교수 역시 사람공부의 중요성을 강조하고 있습니다. 하물며 여러 면에서 성장 중인 십대들을 대상으로 하는 우리들의 수업이 어떤 역할을 해야 하는지는 분명합니다.

그렇습니다. 강의와 강연은 다릅니다. 예를 들어, TV에 나와 방청객과 시청자들에게 큰 감동을 주는 것은 강연입니다. 한두 번에 한정된 특별한 강연입니다. 좋은 말, 훌륭한 어록을 남기고 사라지는 특강입니다. 그러나 우리들의 수업은 일정 기간 동안 지속적으로 만나야 하는 강의입니다. 말한 이가 말한 것을 일상의 삶 속에서 어떻게 실천하고 있는지가 고스란히 보이는 수업입니다. 수업내용의 전달이라는 단기적인 목표보다는 바람직한 인간관계의 형성이라는 궁극적인 목표가 훨씬 더 중요한 것이 우리들의 수업입니다.

그런데 초중고 아이들에게 수업이 미치는 영향은 대학생들의 강의와는 또 다릅니다. 대학생들에게 강의가 자신에게 필요하다고 판단되는 것들을 자발적으로 선택하고 능동적으로 따라가는 것이라면, 십대들에게 수업은 정반대의 성격을 띱니다. 대학생들에게 강의가 솔로이고 나 홀로 댄스라면, 십대들에게 수업은 합창이고 군무입니다. 이러한 차이를 가져오는 가장 큰 요인은 바로 교사들입니다. 십대들은 월요일 첫 시간부터 금요일 마지막 시간까지 교사들의 수업 릴레이에 의해 합창과 집단 군무를 지도받고 있습니다.

물론 지도하는 구체적인 내용 자체는 조금씩 다릅니다. 어떤 이는 발성법을 지도하고, 어떤 이는 스텝을 지도합니다. 그리고 어떤 이는 무대의상을 가르치고, 또 어떤 이는 노래를 지도합니다. 그렇게 지도하는 사이에 주인공과 조연, 엑스트라로 역할이 나뉘는 것은 어쩔 수 없는 결과입니다. 하지만 이들이 각자 제 역할을 다해야 제대로 된 합창과 군무가 가능해집니다. 어느 하나가 잘못되면 전체적으로 좋지 않은 결과가 나타날 수 있습니다.

교사들마다 수업의 색깔이 조금씩 다릅니다. 비슷한 듯하지만 나름의 특징이 있습니다. 억양, 판서 등이야 그렇다 하더라도 같은 상황을 처리하는 방식도 다릅니다. 지시하는 내용도 다릅니다. 어떤 경우에는 가르치는 내용상 다른 교과와 충돌되는 부분도 있습니다. 아이들을 바라보는 관점도 조금씩 다릅니다. 같은 행동에 대해 울컥해서 엄청난 갈등 상황으로 만드는 경우도 있고, 그럴 수도 있겠다 싶어 넘어가는 경우도 있습니다.

그래서 다 같은 듯 보이는 교실의 수업이지만 이를 일반화시킬 수 없는 것입니다. 그 교과목, 그 교사와 학생들만의 필링 톤(feeling tone, 교실을 지배하고 있는 분위기)이 있기 때문입니다. 뉘앙스의 차이입니다. 수업을 힘들어하는 교사들의 대부분은 자기만의 필링 톤, 즉 자기만의 색깔이 없는 흉내 내기 수업을 하는 경우가 많습니다. 교직 경력이 쌓인다는 것은 자기만의 수업 색깔과 학생관, 교직관을 가져가는 과정입니다.

여기서 이야기하고 싶은 것은 교실에 있는 아이들 입장에서의 수업입니다. 아이들은 어느 교사는 이리 튀고, 어느 교사는 저리 튀는, 튀는 교사를 원하지 않습니다. 단기간에는 재미있고, 남다르고, 자기들을 이해해준다고 평가할지 몰라도 오랜 시간 지나고 나면 잊히는 교사가 될 뿐입니다. 교사 간의 조화로운 필링 톤이 있는 수업을 원합니다. 그것은 곧 교사들 간의 심리적인 공감대가 있는 수업을 말합니다.

사회심리학자 엘렌 랭어Ellen J. Langer가 『마음의 시계』에서 전해주는 실화입니다. 그가 오랜만에 친한 친구를 만났는데, 그 친구가 다리를 다쳐 100바늘이 넘게 꿰맸다는 이야기를 들었습니다. 어쩌다 그랬냐고 물었더니 화장실에서 변기 위에 올라가 예쁜 액자를 걸려고 망치질을 했답니다. 그러다 망치가 변기 위에 떨어져 도기로 된 변기가 깨지면서, 그 파편에 종아리가 찢겼다고 합니다. 이 이야기를 듣고 난 뒤 앨렌 렝어는 친구에게 물었답니다. "그래서 그 사고를 계기로 어떤 교훈을 얻게 되었니?" 하고. 그랬더니 친구는 '다시는 도기로 된 변기에는 올라서지 말 것' 이라는 교훈을 얻었다고 했답니다. 어떤 일을 계기로 우리가 얻은 교훈은 일상에서 자기 나름의 '행동 규칙' 으로 나타납니다. '이럴 땐 이렇게 하고, 저럴 땐 저렇게 해야지.' 하는 식으로 말입니다. 친구의 사고에 대해 엘렌 랭어는 다양한 관점에서 다음과 같은 행동 규칙을 정할 수 있을 것이라고 제시하였습니다.

'좀 더 주의할 것', '스스로 물건을 고치려고 하지 말 것', '무언가 새로운 일을 시도할 때는 혼자 있지 않도록 주의할 것', '새로운 일은 무엇이든 시도하지 말 것', '무언가를 수리할 때는 두툼한 옷을 입을 것', '인체가 스스로 치유하는 방식은 놀랍기 그지없으니 새로운 일을 시도하는 데 두려움을 갖지 말 것', '나는 타격을 입어도 패배하지 않을 수 있음', '변기에 올라서도 괜찮도록 살을 뺄 것', '도기 변기 위에 올라간 모든 사람이 사고를 당하지는 않는다. 조심성을 키울 것', '도기 변기가 일반 변기보다 약하다는 사실에 주의할 것', '변기가 깨지면서 미끄러질 때 좀 더 재빠른 동작을 할 수 있도록 민첩성을 기를 것.'

끝도 없이 나올 수 있을 겁니다. 이 이야기에서 생각해볼 것은 자신의 경험은 여러 가지 방식의 경험 중 한 가지라는 것입니다. 이 말은 곧 같은 경험을 했다고 다 같은 교훈을 느끼고, 동일한 행동 규칙을 정하지는 않는다는 의미입니다. 그런 맥락에서 우리가 나눠서 하고 있는 수업에서 내가 하고 싶은 이야기가 유일한 정답은 아니라는 생각으로 일정한 선을 넘지 않는 범위에서 아이들과 공감대를 만들어가야 합니다. 우리는 같은 아이들을 대상으로 400미터 트랙을 이어 달리듯이 들락거립니다. 일주일 내내 같은 주기로 반복되는 릴레이. 일주일의 수업시간표에는 월요일 첫 시간부터 금요일 마지막 시간까지 빼곡히 그 순서가 정해져 있습니다. 대한민국 어느 교실에나 있는 릴레이 순서입니다. 선수들 이름과 특징 분야가 조금씩 다를 뿐입니다.

수업행복 과제 23_동료를 존중하자

우리의 수업은 분업이다. 내가 들어가는 교실에는 많은 동료들의 온기와 도전이 함께 녹아 있다. 그것을 깨고 자신의 것으로만 채우는 것은 한두 번의 특강일 뿐이다. 그들의 온기와 도전 속에 나의 것을 조화롭게 지켜나가는 것, 그것이 곧 내 수업을 사랑하고 동료를 존중하는 방법이다.

수업을 열기가 쉽지 않은 이유

'품앗이' 처럼 진행되는 수업의 특징 때문에 교사들 간에 수업을 매개로 한 대화가 이어져야 비로소 집단적으로 수업의 질적 변화가 일어날 수 있습니다. 그러기 위해서는 우선 서로의 수업을 보아야 합니다. 그런데 아직도 공개라는 용어가 조금 부담되는 건 사실입니다. 무엇인가를 숨기고 있으니 내놓으라는 뉘앙스가 있습니다. 그래서 저는 수업 공개를 '수업 모니터링' 쯤으로 바꿔 부르면 어떨까 하는 생각을 늘 합니다. 어찌 되었든 분명한 것은 수업은 공개되는 순간 살아난다는 것입니다. 공개 자체가 중요한 것이 아니라 공개한 뒤에 우리들끼리 나눌 수 있는 이야기가 무궁무진하기 때문에 그렇습니다.

물론 지금도 수업 연구, 학부모 학교 방문의 날 공개수업 등의 형태로 수업 공개가 이루어지고는 있습니다. 하지만 많은 교사들이 수업 공개를 '붙잡아야 할' 기회가 아닌 '참아내야 할 조직의 의무'로 받아들이고 있는 게 현실입니다.[2] 수업 개선을 위한 도전이 아니라, 이제 두 다리 쭉 뻗고 잘 수 있겠다 정도로 받아들인다는 것입니다. 왜 그럴까요? 그 이유를 구조적인 측면부터 먼저 살펴보겠습니다.

첫째, 신임 때의 좋지 못한 기억 때문입니다. 어느 직장이든 누구나 처음에는 정신이 없습니다. 신임 교사도 마찬가지입니다. 수업하랴, 담임하랴, 업무 보랴, 여기저기 행사에 다니랴 말입니다. 수업이면 수업, 담임이면 담임, 업무면 업무에 대한 경험이 부족한 상황에서 교과목별로 할당되듯이 신임 교사에게 수업 공개 요구가 들어옵니다. 선택의 여지없이, 학교판 신래참학新來慘虐인 듯이 말입니다. 신래참학은 옛부터 신입이 처음 들어오면 기존 조직의 문화를 따르게 한다는 의미에서 다양한 형태의 린치를 가했던 잘못된 관행을 일컫는 말입니다. 아직도 간혹 뉴스에 등장하는 대학 신입생들의 음주사고가 그런 것입니다.

둘째, '무엇을 어떻게' 볼 것인가에 대한 약속이 되어 있지 않기 때문입니다. 대부분의 경우 수업 공개 후 이어지는 협의회에서는 함께 본 수업에 대한 의견을 나눕니다. 이때 수업을 진행하는 교사가 어떠했다는 방향에서 나름의 장단점들이 나열되기 시작합니다. 그런데 대부분의 경우 앞의 교사의 말을 이어받아 들었다 놨다를 반복하게 됩니다. 왜냐하면 '무엇을 볼 것인가'에 대한 사전 논의가 없었기 때문에 각자의 기준에 맞춰 좋고 나쁜 수업으로 판단하는 것입니다. '어떻게 볼 것인가'에 대한 학습이 부족하기 때문에 각자의 경험에 비추어 판단하는 것입니다. 특히, 관리자 한두 명의 의견이 정답인 듯한 분위기는 자칫 수업 변화에 대한 의욕 자체를 방해할 수도 있습니다.

셋째, 수업의 본질에 대한 논의가 부족하기 때문입니다. 학문적인 접근은 잘 모르겠습니다만, 이 부분만은 분명히 생각할 수 있습니다. 교사들은 많이 준비하고 잘 준비한다고 아이들이 잘 배우는 게 아니라는 걸 매일, 매시간 느끼면서 가르칩니다. 그것은 수업이

기술로만 이루어질 수 없다는 진실에 대한 체험입니다. 시험을 치른다는 전제로만 수업을 바라보는 것은, 인터넷 강의를 염두에 두고, 학원 수업을 의식한다면 일견 맞는 말일지도 모릅니다. 하지만 평범한 교실에서의 수업은 절대 기술로만 채워지지 않습니다. 이 부분을 수업 공개를 통해 나누기 위해서는 넘어야 할 과제들이 많습니다.

수업 공개가 부담스러운 개인적인 이유도 있습니다. 우리가 교실에서 아이들에게 진실을 이야기한다고 생각할 때, 사실은 그 이야기의 진실성 자체보다는 그 이야기를 통해 나의 생각이 옳다고 아이들이 인정해주기를 바라는 경우가 더 많습니다. 행동경제학 분야의 세계적인 권위자인 댄 애리얼리Dan Ariely는 인간은 다른 사람들의 행동을 똑같이 따르는 것과 마찬가지로 자신의 과거 행동을 그대로 따르는 의사결정 과정을 나타낸다고 보고 있습니다. 앞에서 언급한 로티의 '자기체험의 절대시' 입니다. 그래서 순간적인 감정에 의한 의사결정과 행동은 장기적인 의사결정과 행동에 영향을 줄 수 있다는 것입니다. 그는 인간의 이러한 심리적 행동유형을 '자기 무리 짓기self-herding' 라고 합니다.[3]

이 이야기를 곱씹다가 우리의 수업을 돌아보았습니다. 과거 수업에서 일어났던 임기응변적인 의사결정의 누적된 행동을 그대로 따르는 습관이 반복되다 보니 자기 검증이나 자기 반성적 성찰 없이 같은 형태의 수업을 습관적으로 고집하고 반복하게 된다는 생각에 이르렀습니다. 로티가 말한 '이럴 때는 이렇게' 에 대한 자기 확신이 곧 옳은 것인가, 더 나은 방법은 없는가에 대한 고민이 없어진다는 의미입니다. 이는 우리가 흔히 이야기하는 관습주의, 곧 매너리즘 mannerism에 빠지는 상황을 가리킵니다. 매너리즘의 가장 큰 함정은 특정한 경로(일처리 방식, 사고방식)에 의존하는 경로의존성(Path Dependency, 한 번 경로가 정해지면 그 관성 때문에 다른 방식으로 바꾸기 어려운 현상)에 있습니다. 경제사학자 폴 데이비드Paul A. David의 말처럼 그 경로가 비효율적이라는 사실이 판명된 후에도 그 길을 벗어나기는 힘이 듭니다.[4]

교사들처럼 유능한 사람들이 발전적이지 못한 자기 굴레의 늪에 빠져 허우적거리는 이유는 성공 체험으로 완성된 자기만의 신념 때문이라고 지적하는 학자도 있습니다.[5] 그 성공의 체험으로 완성된 자신만의 신념이 곧 자신에게 가장 큰 함정이 된다는 것입니다. 그 함정에 실패에 대한 성찰이 자리 잡을 공간이 없는 것은 당연합니다. 그때 그 수업에서 그렇게 했더니 성공했었다는 자기 경험으로 인해 지금 이 수업에서 그때의 성공을 다시 확인하려는 과정을 고집하는 것이라고 표현할 수 있겠습니다.

이러한 상황이 지속되었을 때 나타날 수 있는 문제점을 제프리 페퍼Jeffrey Pfeffer는 『권력의 경영』에서 다음과 같이 전해주고 있습니다.[6]

> 환경과 문제가 변화함에 따라 새로운 접근법이나 기법 그리고 새로운 관계가 필요해진다. 개인들은 융통성이 있고 개중에는 더 융통성

이 있는 이도 있지만, 어쨌든 사람들은 대개 혁신에 저항하기 마련이다. 우리는 특정한 방식으로 일처리를 배우고 우리의 선택과 행동에 몰입하게 된다. 그렇게 특정 형태로 숙련된 지식과 태도, 특정한 인맥과 우정이라는 함정에 빠짐으로써 변화의 필요성을 인식하는 것은 고사하고 변화를 성취할 능력마저도 제한받게 된다.

앞으로 우리의 과제는 분명합니다. 다른 사람들의 조언이나 실패 그 자체가 주는 피드백에서 배우려는 자세가 필요합니다. 우리는 거의 매번 수업에서 실패합니다. 교실에서 실패합니다. 아이들과 실패하고 동료들과 실패합니다. 그렇다고 해서 자기 방식대로의 성공으로 모든 실패를 가리려고 애써서는 안 됩니다. 그래서는 공동체에서 당연히 일어날 수밖에 없는 실패에 대해 조언을 주고받는, 자연스러운 문화 자체가 생기지 못합니다. 실패했다는 것보다 그것이 더 큰 문제입니다. 일상적인 수업 공개와 자연스러운 수업 관찰은 새로운 문화를 만들기 위한 출발점이 될 것입니다. 그리고 자기 혁신의 시작입니다.

교사는 전문가가 아니다?

사토 마나부 교수는 『아이들을 어떻게 가르칠 것인가』에서 교사는 전문가가 아니라고 단언합니다. 그의 표현을 그대로 인용하자면, 의사나 변호사와 같이 전문직으로서 확립된 전문가는 다음 여섯 가지 특징을 갖고 있다고 합니다. 첫째, 직업의 목적이 사적 이해가 아니라 공적 복리에 있다. 둘째, 대중이 갖고 있지 않은 고도의 전문적인 지식이나 기술을 보유하고 있다. 셋째, 전문직 역할에서 자율성과 자유가 보장되고 있다. 넷째, 전문가에 어울리는 고도의 양성기관(현재로는 대학원 교육)이 있다. 다섯째, 자격인정을 수행하는 자율적인 전문가협회를 조직하고 있다. 마지막 여섯째, 독자적인 윤리강령을 갖고 전문가협회에서 윤리적 책임을 자기관리하고 있다. 그는 이 중에서 첫 번째 조건을 뺀 나머지 다섯 가지 조건이 충족되지 않고 있기 때문에 교사는 분명 전문가가 아니라고 주장합니다.

그러면서 메사추세츠 공과대학MIT의 철학자 도널드 쇤Donald Schon의 표현을 빌려 교사는 '반성적 실천가reflective practitioner'로서의 전문가로 거듭나야 한다는 점을 강조하고 있습니다. 이것은 행위의 성찰reflection in acion을 성실하게 수행하는 전문가를 의미합니다. 그가 이야기하고 있는 교사의 행위가 곧 수업임은 두말할 필요가 없습니다. 교사가 진정한 전문가로 거듭나려면, 자신의 수업을 스스로 돌아보는 성찰의 과정을 통해서만 가능하다는 조언을 하고 있는 것입니다. 사토 마나부 교수가 자신의 조언에 더욱 힘을 실어 주는 이로 소개하고 있는 학자가 스탠퍼드대학교의 교육학자 리 슐만Lee Shulman입니다. 그는 의사가 임상 연구, 변호사가 판례 연구에 의해 전문가로서 지식이나 기술을 배우는 것처럼 교사도 수업 사례 연구가 전문가 교육의 중심이라고 주장합니다.

우리나라에서 전문의가 되는 길은 12년간의 초중등 교육을 마친 뒤 의대 의예과에 진학하는 것으로 시작됩니다. 의예과에서 2년간 교양과목을 배우고, 본과 4년 동안 의술과 관련된 기초지식을 접하게 됩니다. 그리고 졸업과 동시에 의사국가시험에 합격하면 일반의사가 됩니다. 그 후 인턴 1년, 레지던트 4년의 기간 동안 많은 임상 사례들을 직접 보고, 연구하면서 자신이 평생 의술을 발휘할 전공 분야를 선택하고 다시 전공시험을 치러 합격하면 전문의가 됩니다. 한편, 변호사가 되는 방법은 2016년 이후 기존의 사법고시가 폐지됨에 따라 앞으로 일반대학을 졸업한 후 3년제 로스쿨(법학전문대학원)에 가는 것입니다. 이때는 법학적성시험을 통과해야 하며 다양한 판례를 중심으로 한 로스쿨 과정을 마치고서 다시 변호사 시험에 합격해야 변호사 개업을 할 수 있습니다.

반면, 우리나라에서 교사가 되는 길은 학창 시절 12년간 최선을 다하고 나름의 훌륭한 성적을 유지하여 초등은 교대에 중등은 사범대에 진학해야 하는 것입니다. 물론 비사범대 교직과정을 이수하거나 일반학과를 졸업한 뒤 같은 계열의 교육대학원에 진학해도 교사 자격을 취득할 수 있습니다. 그리고 최종적으로 국공립 초·중등 교사 임용시험, 사립학교 공채 시험에 합격하면 신임 교사로서 첫발을 내딛게 되는 시스템입니다. 그 과정에서 현장 경험은 한 달 남짓한 교육실습 기간이 전부입니다. 의사는 일반 의사가 된 후 전문의가 되는 데 최소 5년의 현장 경험과 연구 시간이 주어집니다. 변호사도 기존의 사법연수원의 경우는 2년, 로스쿨의 경우는 3년 동안 현장을 경험하고 연구할 수 있습니다. 당장의 생명을 다루고 재산과 권리를 지키는, 상대적으로 시급을 요하는 경우가 더 많다는 업무상 특성의 차이를 100퍼센트 인정한다 하더라도, 교사의 경우에는 현장을 너무 모르는 상태에서 바로 투입되어, 수업을 하고 담임을 맡아야 합니다. 그저 몸으로 직접 겪으면서 알아가야 하는 어려움이 있는 것입니다. 그래서 몇 십 년을 해야 할 업무의 시작이 갑작스럽고 당황스러울 수밖에 없고 생산적이지 못한 것입니다.

게다가 업무의 특성상 자발적으로 의뢰해야 하고 비싼 비용이 발생하는데도 의사나 변호사의 지시나 조언은 성실하게 이행하는 데 비해, 우리의 고객들은 자발적이지도 않을뿐더러 상대적으로 비용도 저렴한데도 교사의 지시나 조언을 성실하게 이행하지 않는 편입니다. 쉽게 말해 말을 잘 듣지 않는다는 것이지요.

수업 공개, 그 방법과 가치

손님들이 앉는 홀을 향해 훤히 들여다보는 개방형 주방 구조의 식당은 음식에 대한 신뢰를 갖게 합니다. 동시에 주방에서 일하는 요리사와 보조 요리사들은 늘 자기 청결과 주방기구 위생에 신경을 더 쓰게끔 만듭니다. 훌륭한 요리사는 주방에만 머물러 있지 않습니다. 자주 홀에 나와 손님들의 반응을 살펴봅니다. 그래야 요리에 대한 확신이 더욱 강해지겠지요.

길거리에 지나가는 아무나에게 우리 반에 들어와 아이들 자습을 시켜달라고 부탁하면 누구나 할 수는 있을 것입니다. 하지만 '평화적인 방법으로' 해달라고 하면 쉽지 않습니다. 수업은 더더욱 그렇습니다. 이것이 곧 교사만의 전문성이 되어야 합니다. 누구나 할 수 있다면 전문적인 것이 아닙니다. 수업 공개는 교사만의 전문성을 키울 수 있는 가장 유용한 방법입니다. 그래서 수업 공개는 적극적이고 일상적으로 이루어져야 합니다. 앞에서도 말했던 것처럼 그것은 교사들 간의 품앗이입니다. 그리고 이 품앗이에 자발적으로 동참하는 것은 혁신학교를 오랫동안 취재한 경태영 기자의 표현을 빌리면, 교실과 가르침을 사유화하지 않고 교사가 연대하여 아이들의 배움에 대한 책임을 지겠다는 뜻입니다.[7] 이를 위해서는 수업에 대한 몇 가지 시각을 바꾸는 노력을 함께 진행해야 합니다. 그 시각을 바꾸는 방안을 제안해보고자 합니다.

1. 신임 교사에게는 일정 기간 동안 교실 수업을 관찰할 수 있는 기회가 많이 주어져야 합니다. 레지던트가 전문의를 따라다니면서 임상을 관찰하듯 말입니다. 그러다 보면 자연스럽게 신임 교사와 선배 교사 간에 수업을 두고 활발한 대화가 진행되는 수업중심 교무실 문화가 만들어집니다. 그것이 수업을 고민하는 학습조직, 즉 교사학습공동체로 발전할 수 있습니다. 수업에 대한 고민은 곧 아이들에 대한 고민으로 이어지고, 자신의 교직관에 대해 성찰하게 될 것입니다.

2. 보여주는 사람과 보는 사람의 '합의'가 사전에 있어야 합니다. '무엇을 어떻게' 볼 것인가에 대한 논의가 있어야 한다는 말입니다. 보는 사람은 보여주는 사람이 어디에 초점을 맞추어 수업을 진행하려 한다는 점을 알고 봐야 합니다. 그리고 무엇보다도 이런 논의 과정을 통해 보여주는 사람은 자신의 수업이 점진적으로 진화하는 과정을 관찰할 수 있습니다. 반면에 보는 사람은 '교사의 가르침'보다는 '아이들의 배움'을 찾아낼 수 있는, 수업을 보는 안목을 기를 수 있습니다.

3. 범교과적으로 이루어져야 합니다. 같은 교과의 수업에만 들어가면, 많은 경우 수업의 '내용'만 보게 됩니다. 교과지식에 몰두하게 됩니다. 그러면 수업 자체가 보이지 않습니다. 교사와 아이들, 아이들과 아이들 간의 '사이'가 보이지 않을 수 있습니다. 수업을 보는 안목은 '사이'를 파악하는 안목입니다.

4. 동시다발적으로 이루어져야 합니다. 일상적이고 정기적인 수업 공개를 말합

니다. 특정 시기만을 정해 대표 격으로 한두 개를 공개하는 형식을 취하면 행정적인 공개로 흐르게 됩니다. 매달 몇째 주 무슨 요일 식으로 수업 공개 주간을 반복해서 정해놓고, 그 기간 동안 교사 개인 간의 약속을 통해 서로 비는 시간에 수업을 봐주는 방식으로 진행되어야 합니다.

5. 5단계 척도의 수업관찰 체크리스트를 없애야 합니다. 그리고 별도의 협의회 대신 교사 간 직접적인 피드백이 이루어져야 합니다. 자신의 의견을 자유롭게 서술한 내용을 수업을 공개한 교사에게 직접 건네주거나 해당 부서에 넘겨주는 방식으로 피드백을 주고받을 수 있습니다. 행정적인 별도의 협의회에서 말로 하는 피드백보다 직접 글로 전달하는 피드백이 서로에게 더욱 실제적이고 실천 의지를 북돋울 수 있습니다.

수업 공개의 필요성을 이야기하다 보니 건강은 건강할 때 지켜야 한다는 평범한 이야기가 떠오릅니다. 요즘 직장인들은 의무적으로 건강검진을 받습니다. 건강검진일은 평소의 생활 모습에 대한 평가날이기도 합니다. 검진 결과가 좋으면 그 자체로 직장생활에 에너지로 작용합니다. 좋지 않으면 그에 맞는 처방을 잘 이행하면 됩니다. 약을 먹고, 치료를 받고, 어떤 경우에는 수술을 할 수도 있겠지요. 하지만 무엇보다 중요한 건 건강검진을 받는 그날이 아니라, 평소의 생활 태도입니다. 평소에 건강을 얼마나 잘 챙기고 있고 그것이 식습관, 생활습관으로 이어지는가가 중요합니다. 수업 공개는 잘 차려낸 한두 번의 푸짐한 밥상이어서는 안 됩니다. 일상에서 꾸준히 실천하는 싱겁고, 기름기 적고, 소식하는 소박한 밥상이어야 합니다. 한두 번의 과격한 운동이 아닙니다. 평소에 잊지 않고 실천하는 산책이고, 일상적인 스트레칭이어야 합니다. 수업 공개는 교사임을 자각하도록 하는 전문성 향상의 가장 유용한 기회입니다.

한 가지 일에 완전히 몰두해 자기에 대한 의식조차 사라지고 시간과 공간에 대한 의식이 없어지는 상태를 '몰입flow'이라고 부릅니다. 우리의 몸과 마음이 마치 물 흐르듯 움직이기 때문에 '플로우flow'라는 이름을 붙인 것입니다. 몰입 개념을 만들어낸 심리학자 미하이 칙센트미하이Mihaly Csikszentmihalyi에 따르면, 몰입은 '분명한 목표와 규칙'이 있는 활동을 할 때 경험하기 쉽다고 합니다.[8] 수업 공개는 수업 자체에 교사가 먼저 몰입할 수 있는 분명한 목표이고 자기만의 좋은 규칙입니다.

이것저것 따지면서 고르고 고른 멋진 새 자동차가 우리 집 주차장에 떡하니 서 있습니다. 매력적인 디자인, 독특한 색깔, 따뜻한 시트, 그리고 성능이 뛰어난 자동차입니다. 두 손 모아 기다리고 기다리던 자동차입니다. 하지만 이 자동차의 제대로 된 기능은 주차장에서는 알 수 없습니다. 우렁차게 시동을 걸고 좁은 골목을 통과해 큰 도로로 들어서서 다른 자동차들과 함께 있어야 드러날 수 있습니다. 도로는 원래 자동차 세상입니다. 도로는 세상의 온갖 자동차들이 가다 서다를 반복하는 속도의 세상입니다. 세상의 그 어떤 자동차도 도로를 달려야 제값을 합니다. 안전한 주차장을 떠나 처음 도로에 올라온 자동차는 속도와 복잡한 도로 규칙 때문에 정신이 없습니다. 하지만 처음에 올라오는 것이 두렵고 힘들지 시간이 지날수록 자동차 본래의 목적에 충실해집니다. 자동차가 수명을 다하는 날까지 출발지에서 도착지까지 이동하는 편리한 수단으로 활용됩니다.

수업 공개는 주차장을 박차고 나온 자동차입니다. 언젠가는 열리기 마련이고 반드시 도로 위로 올라와야 하는 게 수업 공개입니다. 아기들이 더욱 튼튼하게 사회생활을 할 수 있는 대처 능력을 갖기 위해 부모 곁을 떠나 첫발을 내딛듯이, 자동차가 제 기능을 발휘하기 위해 나만의 주차장을 벗어나 도로에 올라와야 하듯이 해야 하는 것이 수업 공개입니다. 수업 공개는 수업에서 가면을 벗을 수 있는 아주 좋은 기회이며, 동료성과 전문성을 동시에 회복하는 지름길입니다.

수업행복 과제 24_수업 공개는 교실 환기이다

꼭꼭 닫혀 있는 실내는 탁한 공기로 그득해진다. 자주 환기를 시켜 신선한 공기로 바꿔줘야 생명이 싹틀 수 있다. 그래야 잦은 감기와 알레르기성 비염이 개선된다. 수업 공개는 탁한 내 수업에 신선한 공기를 불어 넣는 교실 환기 이다. 자주 하면 할수록 나와 아이들이 함께 더 건강해진다

439명의 교사들에게 "학교에서 나의 의사결정에 가장 큰 영향을 미치는 사람은 누구인가?"라는 질문을 했습니다. 그랬더니 43.5퍼센트(남교사 43.6퍼센트, 여교사 43.4퍼센트)인 191명의 교사들이 '자기 자신'이라고 답했습니다. 그 다음으로 선배 교사(18.9퍼센트), 아이들(11.8퍼센트), 부장 교사(7.5퍼센트) 순이었습니다. 학교장과 학교감이 의사결정에 영향을 미친다고 답한 비율은 전체 439명의 교사 중에 29명(6.6퍼센트)뿐이었습니다. 상대적으로 업무상 의사결정에 많은 영향을 받을 것 같은 부장 교사들 역시 자기 자신이라고 답한 비율이 가장 낮았지만, 43.0퍼센트였습니다. 반면 학교장에게 영향을 받는다는 비율은 12.5퍼센트, 학교감에게 영향을 받는다는 비율은 9.7퍼센트에 그치고 있습니다. 학교장이 의사결정에 가장 큰 영향을 미친다고 답한 비율이 가장 높았던 교사들은 26년차 이상의 고참 교사들이었는데, 이들의 18.6퍼센트가 그렇다라고 답했습니다. 그런데 재미있게도 자기 자신에게 가장 큰 영향을 받는다고 답한 비율 역시 46.5퍼센트로 고참 교사들이 가장 높았습니다.

의사결정에 있어 '자기 자신'에게 가장 큰 영향을 받는다는 것은 무엇을 의미할까요? 자신의 능력이 뛰어나고, 무엇이든 해낼 수 있다는 착각의 결과가 아닙니다. 그 속에는 어떤 일이든 자기 내부적인 동기가 유발되어야만 적극적으로 나설 수 있다는 평범한 진리가 담겨 있습니다. 그렇기 때문에 학교 변화와 관련된 그 어떤 시도도 궁극적으로 '교사의 자발성'에서 나온다는 아주 '오래된 미래'를 다시 한 번 확인한 결과일 뿐입니다. 분명 학교장의 의지와 실천력은 교사들의 자발성에 의해 완성될 수 있습니다. 억지로 일해서는 절대 생산적인 결과가 나올 수 없듯이, 마지못해 하는 수업에서는 절대 아이들이 배울 수 없습니다. 요하임 바우어Joachim Bauer는 『인간을 인간이게 하는 원칙』에서 이러한 사태에 대한 명확한 대책을 제시하고 있습니다.[9]

> 인간을 움직이는 모든 동기의 핵심은 다양한 관계 속에서 인정, 존중, 배려, 애정을 발견하고 주는 것이다. 직접적이든 간접적이든 일상생활의 모든 행동은 우리가 누군가와 교제를 시작하거나 관계를 지속적으로 유지하기를 원하는지에 달려 있다. 따라서 지속적인 관계에 문제가 생기거나 애착 관계에 있는 사람을 잃으면 동기부여 체계가 무너지는데, 그러면 공격성이 나타나게 된다.

어디 하나 틀린 말이 없지만, 어려운 말 또한 없습니다. 인정받고 존중받는다는 생각만 가지고도 수업에서 아이들에게 돌아가게 되는 교사의 엄청난 양의 긍정적인 에너지의 근원은 무엇일까요? 그것은 바로 요하임 바우어의 조언을 실천하는 것입니다. 그 실천을 위한 가장 우선되는 출발이 바로 교사학습공동체professional learning community입니다. 물론 교사학습공동체가 교무실에 하나의 문화로 자리 잡기까지는 여러 가지 과제가 있습니다. 교사학습공동체와 관련한 한 연구를 보면, 초중등 교사들의 교사학습공동체에 대한 인식이 매우 낮습니다.[10] 가장 큰 이유는 교사학습공동체의 활성을 도모하는 학교의 지원환경과 교사 간 협력이 부족하기 때문이라고 합니다.

하지만 지금 혁신적인 변화를 겪기 시작하는 학교들을 보면 공통적으로 교사 간의 활발한 모임들이 활성화되고 있는 게 분명 사실입니다. 같은 운동을 좋아하는 친목 모임부터 교과와 아이들을 연구하는 모임까지 그 명칭도 형태도 내용도 다양합니다. 성공한 모임들의 가장 큰 특징은 무엇일까요. 바로 자생적이라는 점입니다. 두 번째 특징은 지역과 전국 단위보다 단위학교 내의 소규모 모임이라는 것입니다. 자발적으로 모여서 내가 근무하고 있는 학교에서 늘 보는 이들과 같은 고민을 한다는 것 자체가 교사 안에 묻혀 있었던 열정과 능력이 흘러넘치게 만드는 자극제인 것입니다. 그 속에서 교사는 가르치기 위해 배우는 과정을 스스로 찾아가고 있는 것입니다. 가르침에 대한 내적 동기가 생겨 유지되는 능력을 만들고 있는 것입니다. 교사들의 자발성은 교사 간의 활발한 교사학습공동체에서 꽃을 피울 수 있습니다.

경희대 성열관 교수는 교사학습공동체를 학교혁신의 주도 단위로 보고 있습니다.[11] 수업연구회, 교육문제 세미나, 독서회, 실천연구action research 등을 통해 학교를 전문가 공동체로 만들어나가는 과정에 반드시 필요한 주도 세력이 곧 교사학습공동체라고 강조합니다. 또한 앤 리버만Ann Lieberman과 린 밀러Lynne Miller는 이런 전문가 공동체가 '내 교실의 내 아이들'에서 '우리 학교의 우리 아이들'로 교사의 가치관이 확장되는 데 큰 영향을 미친다고 조언합니다.[12] 캘리포니아대학교의 주디스 리틀은 성공한 학교 요인을 여러 사례를 통해 검토한 뒤 학교 내에서 교사가 연대하는 동료성이 최대 요인이라는 것을 제시하였습니다.[13] 학교 내부에 교사가 전문가로서 서로를 성장시키는 동료성이 구축되어 있는지, 즉 멘토링이 일어나고 있는지 여부가 결정적으로 중요합니다. 왜냐하면 좋은 교사의 최대 조건은 그 교사가 끊임없이 스스로의 실천을 반성하고 전문가로서 계속 배워가고 있는지 여부에 있기 때문입니다. 혼자 고민하고 혼자 대처하는 방식에서 벗어나기 위해서라도 교사학습공동체는 꼭 필요합니다. 그런 의미에서 교사학습공동체는 존중, 인정, 격려, 배려를 통한 '교사자율' 공동체입니다.

수업행복 과제 25_정기적으로 모임에 참여하자

교실의 이야기는 그 원리가 모두 같다. 다만, 그 사실을 모르고 혼자 고군분투하기 때문에 해결도 되지 않고 지쳐만 가는 것이다. 자주 만나고, 자주 이야기 나눠야 자기 치유력이 생긴다. 교실에서의 긍정적 에너지는 치유되었거나 치유 중인 교사에게서만 나온다.

대부분의 사람들은 스스로를 평균 이상이라고 생각합니다. 일반 직종보다 전문직에 종사하는 사람들에게서 그런 경향성이 더욱 강합니다. 심리학에서는 이러한 자기만족적인 믿음을 가리켜 '긍정적 착각positive illusions'이라고 한답니다. 자기환상이죠. 미국의 사례를 보면, 자신의 리더십 능력이 평균 이하라고 생각하는 고등학생은 불과 2퍼센트밖에 안 된다고 합니다. 또한 25퍼센트의 사람들은 남들과 어울리는 대인관계 능력에서 자신이 상위 1퍼센트에 속한다고 믿습니다. 대학교수 가운데 94퍼센트는 자신이 평균 이상의 연구 성과를 내고 있다고 말한답니다. 또 사람들은 자신이 남보다 병에 걸릴 확률이 더 낮다고 생각합니다.

무엇보다도 자기기만적인 사실은, 사람들이 자신에 대한 평가를 남보다 훨씬 정확하게 할 수 있다고 믿는다는 점입니다.[14] 그러나 착각이란 이중적이고, 손바닥 뒤집기처럼 양면적입니다. 자신의 능력이 실제보다 더 훌륭하다라는 착각은 자신감입니다. 이러한 자신감은 새로운 세계에 대해 무한히 도전할 수 있게 만드는 원동력이 될 수도 있습니다. 하지만 동시에 스스로의 상태와 문제점을 정확하게 인식하지 못해 좋지 않은 결과를 초래할 수도 있습니다. 어디로 어떻게 나아가야 할지 갈피를 잡지 못할 수도 있습니다. 이렇게 되면 '나는 준비되어 있는데 외부의 환경 때문에 안 된다'라고 바깥으로 실패의 원인을 돌리는 실수를 반복할 수도 있습니다. 리더가 이러한 실수를 반복하면 그 조직의 미래는 없습니다.

단위학교의 운영을 책임지는 학교장과 이를 보좌하는 학교감의 중요한 역할은 단 한 가지입니다. 교사가 신나게 가르칠 수 있는 여건을 만들어주는 것입니다. 신나게 가르치기 위해 좌충우돌하는 시행착오를 너그러이 받아 안아서 격려하는 학교문화를 만드는 것입니다. 실패 속에서 좌절하지 않고 성장할 수 있는 건강한 학교문화를 만들어야 합니다. 가르치는 이가 신이 나고 행복감을 느끼고 자기 일에 대한 만족도가 높아야만 긍정적인 착각으로 자신감이 높아집니다. 이런 교사들이 많아지는 모습을 지켜보면서 학교장과 학교감도 함께 그 착각 속으로 빠져들 수 있는 학교, 그 속에서 아이들은 소중한 것을 보고 배우고 실천하게 될 것입니다.

어느 학교를 방문했을 때의 일입니다. 교감선생님 책상 밑과 좌우로 음료수 박스가 수북이 쌓여 있더군요. 무엇이냐고 물었더니 야간 자율학습을 감독하는 교사와 남아 있는 교사, 아침에 아주 일찍 오는 아이들 중 밥을 못 먹고 오는 아이들에게 줄 간식이라고 했습니다. 그 비용은 학교장의 판공비에서 나오는 것이라는 설명까지 덧붙였습니다.

또 다른 학교에서 만나본 학교장 집무실 벽면에는 전교생의 증명사진이 학년별, 반별로 게시되어 있었습니다. 일반적인 교장실이라면 그 자리에 교직원 현황이나 학교 현황판이 있었겠지요. 학교장의 설명은 아주 간단했습니다. 아이들의 얼굴과 이름을 외우려고 한다는 것이었습니다. 교장실 밖에서 만나면 한 명이라도 더 인사

나누고 이름을 불러주기 위해서랍니다.

그분은 차 한잔을 다 마셔갈 때쯤 또 하나의 이유를 넌지시 이야기했습니다. 진짜 이유를 말입니다. 교감 시절, 교장실에서 다른 학교장들이 교직원 사진을 보면서 '교사 뒷담화'를 하는 모습을 자주 봤더랍니다. 그러고 나면 자신도 사람인지라 그 이야기의 진위에 관계없이 사람을 그렇게 보게 되는 게 여간 불편하지 않더랍니다. 그래서 교장이 되면 아이들 사진으로 바꿔야겠다고 다짐했다고 합니다.

학교장과 학교감의 리더십은 멀리 있지 않습니다. 화려하지도 않습니다. 그것은 후배들을 진심으로 사랑하는 마음입니다. 자신들이 걸어온 험난한 길을 이제 막 걷기 시작한 그들의 이야기를 온몸으로 들으려는 열린 마음입니다. 거대 조직에서 사람을 변화시키는 핵심은 언제나 행동방식을 바꾸는 것입니다. 그리고 행동은 그 사람의 감정에 변화를 미칠 때 일어납니다.

무엇인가를 정해놓고 지시하는 학교장 리더십은 더 이상 현실적이지 않습니다. 몇몇 추종 세력들이 시도하는 학교의 변화는 늘 그랬던 것처럼 결국 화려한 보고서 상에서만 이루어지는 껍데기입니다. 실제하지 않거나 흉내만 내는 가짜 교육에 학교가 흔들리고 아이들이 놀아나게 됩니다. 그 속에서 학교장은 부정적인 착각의 늪에 빠져 잦은 갈등의 우두머리가 될 수밖에 없습니다. 학교장만의 고집으로 정책을 결정하고 행동을 강요하면, 대다수의 교사들은 태업으로 일관하게 됩니다. 겉으로는 '예스'를 외치지만 실천하지 않습니다. 소수의 교사들은 적극적인 폐업을 하게 될지도 모릅니다.

어느 교장선생님의 말씀이 떠오릅니다. 교사와 교육이 달라져서 학교가 변화하려면 교장은 조금 덜 하려는 노력을, 교사는 조금 더 하려는 노력을 동시에 해야 한다는……. 이것은 학교장의 권한을 교사와 나누려는 민주적인 의사소통의 리더십을 가리키는 말이겠지요.

교사들의 진정한 자발성은 자신의 의견이 반영되었던 경험에서 무한하게 샘솟을 것입니다. 내 말도 쓸모가 있다는 것을 눈치 채면 아이들은 수업을 살리고 교사는 학교를 살리려고 애쓰기 마련입니다. 혁신은 프로그램이 아니라 사람의 마음에서부터 시작됩니다. 앞에서 '말로 하는 그루밍'을 언급했던 스튜어트 서덜랜드Stuart Sutherland의 주장처럼 자발성은 선택의 자유에서 나옵니다.[15]

노자老子는 『도덕경』에서 조직의 리더를 네 가지 유형으로 분류하고 있습니다. 최악의 리더는 조직원들이 뒤돌아서서 수군거리고 욕하는 모지侮之 리더입니다. 그 위는 앞에만 서면 두렵게 만드는 외지畏之 리더입니다. 그 다음으로는 항상 친절하여 조직원들로부터 칭찬을 받는 예지譽之 리더입니다. 그리고 가장 최고의 리더는 조직원들에게 리더가 '있다'는 존재만 느끼게 만드는 유지有之 리더랍니다.[16]

교사의 자발성이 자유롭게 흘러나와 학교 구석구석에 빈틈없이 찰랑거리게 하려면 학교장이 어떤 리더가 되어야 하는지는 아주 분명합니다. 상대방에게 많이 말하도록 하면 할수록, 내가 상대방의 말을 들어주는 시간이 길면 길수록, 상대방은 나를 좋아하게 되어 있습니다.

수업행복 과제 26_나도 관리자임을 잊지 말자

나도 한 학급의 관리자다. 담임으로서 교과 담임으로서. 다른 관리자에게서 부족함을 느낀다면 그 모습이 나에게도 있다는 겸손함을 가져야 한다. 그리고 말보다는 글로 관리자에게 정중히, 지속적으로 제안하자. 싸우지 않고 이기는 법을 스스로 터득하고 아이들에게 가르쳐줘야 한다.

부모 vs 학부모

학부모와 부모는 많이 다릅니다. 부모는 아이가 행복하기를 먼저 바라지만, 학부모는 아이가 공부 잘하기를 바랍니다. 부모는 아이를 먼저 챙기지만, 학부모는 숙제를 먼저 챙깁니다. 부모는 아이에게 맞는 친구를 알아보지만, 학부모는 아이에게 맞아 보이는 학원을 알아봅니다. 부모는 아이를 현재형으로 생각하지만, 학부모는 아이를 자신의 과거형으로 생각합니다. 부모는 교사를 아이의 교사인 어른으로 보지만, 학부모는 교사를 아이의 교사가 아닌 자신의 선생으로 봅니다. 부모는 주위 사람들의 무리에서 나와 있어야 편하지만, 학부모는 주위 사람들과 무리를 지어야 안심이 됩니다. 부모는 아이의 미래를 아이의 현재에서 찾지만, 학부모는 자신의 과거에서 찾습니다. 부모는 아이들의 공부 목적이 여러 가지라고 생각하지만, 학부모는 한 가지라고 굳게 믿습니다. 학부모는 아이의 학교를 방문할 때 뭔가를 손에 들고 오지만, 부모는 마음에 담고 옵니다. 학부모는 화려하지만, 부모는 수수합니다. 학부모는 항상 실패에 대한 두려움을 지니고 있지만, 부모는 항상 성공에 대한 기대감을 지니고 있습니다. 학부모는 언제나 시간을 체크하지만, 부모는 언제나 아이를 체크합니다. 학부모는 아이에게 돈을 자주 주지만, 부모는 아이에게 마음을 자주 줍니다. 학부모는 아이에게 많은 말을 하지만, 부모는 아이에게서 많은 말을 듣습니다. 학부모는 늘 바쁘지만, 부모는 늘 여유롭습니다. 학부모는 아이 앞에서 늘 언쟁을 하지만, 부모는 아이 뒤에서 늘 논쟁을 합니다. 그리고 부모는 멀리 보라고 하지만, 학부모는 앞만 보라고 합니다.

제가 교생 때 들었던 이야기 하나 해드릴까요. 공부를 잘하는 아이들이 많이 모여 있던 어느 고등학교에서 있었던 일입니다. 한 아이가 담임선생님께 문제집에 나와 있던 내용을 질문했습니다. 담임선생님은 생물 담당이셨지요. 쉬는 시간 10분 동안 아이가 질문한 문제를 풀지 못하셨답니다. 그래서 아이는 그 뒤로 두 번을 더 내려왔더랍니다. 그러나 역시 풀지 못하셨다지요. 꽤 어려운 문제였나 봅니다. 마지막에 담임선생님이 그러셨답니다. 이 문제는 상당히 어려운 문제이고 교육과정을 벗어난 문제인 것 같다고. 선생님이 내일까지 풀어볼 테니 아침에 학교 오자마자 다시 한 번 내려오라고. 담임선생님을 뒤로하고 돌아선 아이는 교실에 올라갈 때까지 실망감을 감추지 못했다고 합니다. 그래서 이내 아버지한테 전화를 했더랍니다. 그 아이의 아버지는 대학에서 생물학을 가르치는 교수였답니다. 아이는 아버지에게 담임선생님이 이러저러한 문제를 쉬는 시간 동안 세 번이나 오르락내리락했는데도 풀지 못했다며 전화상으로 흉보듯 했고, 아버지는 퇴근 후에 집에서 문제를 보자며 전화를 끊었답니다.

아이는 퇴근하는 아버지를 보자마자 낮에 담임선생님에게 질문했던 그 문제를 펼쳐보였겠지요. 옷도 갈아입지 못한 상태에서 아버지는 문제를 한참 동안 보고 계셨다는군요. 십여 분을 넘게 그러고 계시던 아버지는 이렇게 물었습니다.

"선생님께서는 뭐라고 말씀하시더냐?"

아이가 내일 아침까지 풀어볼 테니까 학교 오자마자 선생님을 찾아오라고 하셨다고 대답했지요. 그 말을 듣고 난 뒤 아버지의 말씀은 이랬습니다.

"사실, 나도 이 문제 잘 모르겠다. 이 내용 자체가 고등학교에서 다루어야 할 것은 아닌 것 같기도 하고. 일단, 나도 생각을 해볼 테니, 내일 담임선생님께서 뭐라고 말씀하시는지 잘 듣고 나한테도 전해다오."

그제서야 옷을 갈아입고 씻은 아버지는 조용히 서재로 들어가셨지요. 그리고 책을 펼쳐 독서를 하시다 아이의 담임선생님께 전화를 걸었습니다.

"오랜만에 전화드리네요. ○○○선생님. ☆☆이 애비입니다. 오늘 우리 아이가 이러저러한 질문을 드렸다고 하던데요. 결례가 아니라면 그 문제에 대한 제 의견을 좀 말씀드려도 될까요?"

평소 몇 번쯤 통화를 했었고, 담임선생님은 아이의 아버지가 생물학 교수라는 사실도 알고 계셨답니다.

"사실, 제 생각으로는 ☆☆이가 질문한 문제의 핵심은, 이러저러한 측면에서 접근해보면 가능할 듯합니다. 제가 지금 가르치고 있는 아이들과 논의하는 내용이기도 하지요. 이게 고등학교에서도 다뤄지는지는 몰랐습니다. 뭐, 선생님께서도 비슷한 의견이시겠지만 말입니다. 이거 결례를 한 건 아닌지 모르겠습니다."

그 다음 이야기는 뻔합니다. 다음 날 아이는 학교에 오자마자 담임선생님을 찾아왔고, 선생님은 아이의 아버지 의견대로 꼼꼼하게 설명을 했겠지요. 물론 자신의 의견이라는 전제에서 말입니다. 집으로 돌아온 아이는 저녁식사를 하면서 아버지에게 담임선생님의 자랑을 그렇게 했답니다. 문제 하나를 가지고 집에서도 공부하셨고, 아침에 오자마자 약속처럼 속 시원하게 풀어주시는 모습에 감동을 받았다고요. 아들도 살리고 선생님도 살린 이 아버지가 바로 '부모' 입니다.

정말 든든한 부모의 이야기입니다. 일반적으로 교사와 학부모의 관계는 서로 직접 만나는 일이 없을수록 좋고, 그저 전화기 넘어 목소리로만 관계를 유지하는 것이 더 낫다는 생각을 갖고 있습니다. 아이를 가운데 두고 있기 때문에 겉으로는 극히 예의 바른 모습으로 다가서려 하지만 속내는 많이 다릅니다. 레빈Levin이 연구에서 밝혀내고 있듯이,[17] 교사는 저소득층의 학부모에게는 아이를 너무 막무가내로 몰아붙이거나 내버려둔 상태로 자신에게 보냈기 때문에 아이를 위해 도와줄 수 있는 자신의 노력에 현실적으로 많은 한계가 있을 수밖에 없다고 불평합니다. 나중에 좀 더 이야기를 하겠지만, 이런 불평에 대해 저소득층 학부모들은 현재의 교사를 보고 자신이 학창 시절에 만났던 두려운 교사를 떠올리기 때문에 더욱 소극적인 반응을 하게 됩니다.

반면 중산층 이상의 어머니와 교사의 긴장 관계는 좀 더 미묘합니다. 교사가 먼저 비슷한 수준 또는 자기보다 많은 교육을 받았고 부유하거나 권력이 있는 학부모들이 지나치게 자신의 영역을 침해

한다고 보는 경향이 있다는 것입니다. 그러고 보니 아주 극소수지만, 학창 시절에 학교에서 주목받지 못한 것을 중산층 이상의 학부모가 되어 어떤 역할을 함으로써 자신의 과거를 채우려고 하는 순수한(?) 의도에서 학교에 열성적인 학부모들도 있긴 합니다. 그렇지만 일반적으로는 다양한 방식으로 자신의 재력과 권력을 이용하여 교사와 학교를 움직여서 자신의 아이에게 좀 더 유리한 결과를 이끌어낼 수 있다고 생각하는 경우가 더 많습니다.

대한민국에서 훌륭한 선생님이 되는 조건은 딱 세 가지랍니다.

첫째, 결혼을 할 것.

둘째, 아이가 있을 것.

셋째, 그 아이가 공부를 못할 것.

어느 연수 자리에서 전해들은 우스갯소리인데, 듣고 보니 농담 속에 날카로운 가시가 박혀 있습니다. 물론 벤자민 프랭클린 Benjamin Franklin의 300여 년 전 결혼관(독신이나 이혼한 사람은 완전한 인간이 아니다. 그들은 가위의 반쪽과 같다. 완전한 가위의 반만큼의 구실도 하지 못한다)[18]에 동의하는 것은 아닙니다. 다만 부모 역할을 동시에 하는 교사들이 자기의 아이들을 통해 대한민국의 교육 현실을 좀 더 세밀하게 이해하고 실천할 수 있을 가능성이 크다는 이야기를 하고 싶은 것입니다.

22년차 부부 교사가 있었습니다. 자녀가 셋이었습니다. 큰아이가

고2, 둘째가 고1, 막내가 중1이었습니다. 이 가족은 어느 날 모든 것을 그만두었습니다. 부부는 교직을 명퇴했고 아이들은 학교를 자퇴했습니다. 그리고 2년여 동안 전 세계를 돌아다니며 온갖 고생을 합니다. 그러는 동안 다양한 인종의 삶을 만나고 그 속에서 자기 자신과 진정한 가족을 만납니다. 마치 영화 같은 이 이야기는 『세상이 학교다, 여행이 공부다』를 쓴 전 중학교 교사 박임순 선생님 가족의 실화입니다.[19] 박 선생님의 고백처럼 공부 때문에 학교에 적응 못하는 세 아이가 자신들의 삶에도 적응하지 못할까 봐, 아이들의 삶을 찾아주기 위해 그리고 부부로서의 진짜 삶을 찾기 위해 가족 모두가 모든 것을 내려놓고 전 세계를 돌아다니게 되었다는 이야기는, 부부 교사인 저에게 큰 울림을 줍니다.

아이들에 대해 낮과 밤, 평일과 휴일에 역할을 나누고 있는 교사와 부모는 공조체제가 되어야 합니다. 아이를 매개로 서로 도움을 주고받는, 의견을 나누고 타협하고 실천하는 관계가 되어야 합니다. 서로가 아이에 대해 피드백을 주고받는 건강한 사이가 되어야 합니다. 이것은 곧 부모와 교사 모두 도움을 요청하면서도 점점 더 멀어져만 가는 아이들에게 '아이들이 살기를 바라는 대로 그렇게 살아가는' 역할 모델이 되어야 한다는 말입니다. 어느 한쪽으로 기울어진 역할이라면 장기적으로는 아이에게 부정적인 영향을 줄 수밖에 없습니다. 삶에 대처하는 자세를 이중적으로 받아들이게 될 가능성이 많은 것입니다. 늘 도움을 요구하지만 표현을 다르게 하고 있는 아이들에게 부모와 교사는 더욱 협조적인 태도로 서로를 대해야 합니다. 그렇게 균형 잡힌 역할은 아이에게 집에서도 가정에서도 진정한 '부모'를 만나는 기회를 더 많이 만들어줄 수 있기 때문입니다.

수업행복 과제 27_아이들의 부모와 소통하자

수업에서 만나는 아이들은 다른 가정, 다른 부모에게서 왔다. 그렇기 때문에 아이와의 관계를 개선하고 유지하기 위해서는 아이의 장단점에 대해 알아야 하고, 따라서 담임처럼 그 아이의 부모와 소통이 필요하다. 수업은 교실 밖에서 완성되기 때문이다.

수업행복 7

나는 나와 아이들을 진심으로 사랑하는가?

언제나 내일에 사는 우리

우리는 다가올 미래를 위해, 오늘을 인내해야 한다고 여기며 살아갑니다. 이런 현상은 학교교육을 통해 자연스럽게 습득하게 되는 진리인 듯합니다. 초등학교에 들어가면서부터 서서히 몸으로 익히기 시작합니다. 그러다 중학생 때는 원하는 고등학교, 고등학생 때는 원하는 대학에 가기 위해 오늘을 인내하고 삽니다. 대학생이 되어서는 더 좋은 직장을 위해 오늘을 반납하고 고군분투해야 합니다. 그러나 고군분투하는 삶은 끝이 없습니다. '좋은 때가 오겠지.' 기대하며 참고 삽니다. 그것이 당연한 것인 양 살아갑니다. 물론 인내하지 않고 얻을 수 있는 열매는 없습니다. 애써서 무엇인가를 직접 해야 하는 게 우리네 인생입니다. 하지만 인내하고 애쓰는 것이 지겹고 마냥 지친다면, '오늘'을 억지로 살아내고 있는 것은 아닐까 생각해보아야 합니다. '내일을 위해 오늘을 투자'하는 사람들

중에 과연 투자의 목적을 달성하는 사람이 얼마나 될까요. 지금 이 시간에도 박지성을 꿈꾸며 공을 차는 아이들 중에 진짜 박지성이 될 아이들 말입니다.

세상에는 박지성보다 박지성을 꿈꾸다 그리 되지 못해 먹고살기 위해 어쩔 수 없이 원하지 않는 일을 하며 하루하루를 채우는 이들이 훨씬 더 많습니다. 자신의 능력과 재능, 관심과 끼가 밥벌이와 일치하는 사람을 찾아보기는 쉽지 않습니다. 돈도 벌고, 자기가 하고 싶은 일도 하고, 자아도 실현하는 그런 사람 말입니다. 그러고 보면 우리의 일생에 어쩌면 오늘은 없는지도 모릅니다. 또 시작되는 하루, 어제와 다를 바 없는 하루, 어쩔 수 없이 맞이하는 하루는 '내일' 때문에 밀려나 있는 것 같습니다.

오늘의 소중함을 강조한 유명한 이야기가 있습니다. 코카콜라 전 CEO 더글러스 대프트Douglas N. Daft가 2000년도에 직원들에게 들려줬던 신년사입니다.[1]

삶이란 공중에서 다섯 개의 공을 돌리는 저글링 게임입니다. 각각의 공에 일, 가족, 건강, 친구, 나(영혼)라고 이름을 붙여봅시다. 조만간 당신은 '일'이란 공은 고무공이어서 떨어뜨리더라도 바로 튀어 오른다는 것을 알게 될 것입니다. 그러나 다른 네 개는 유리공이어서 하나라도 떨어뜨리게 되면 닳고 긁히고 깨져서 다시는 전과 같이 될 수 없습니다. 중요한 것은 어떻게 하면 다섯 개 공의 균형을 유지하느냐 하는 것입니다. 우선, 자신을 다른 사람과 비교하면서 과소평가하지 마십시오. 우리는 각자 다르고 특별한 존재입니다. 당신의 목표를 다른 사람들이 중요하다고 생각하는 것들에 두지 말고 자신에게 가장 최선이라고 생각되는 것에 두십시오.

가까이 있는 것들을 당연하다고 생각하지 마세요. 자신의 삶처럼 그것들에 충실하십시오. 그것들이 없는 당신의 삶은 무의미합니다. 과거나 미래에 집착해 삶이 손가락 사이로 빠져나가게 하지 마세요. 당신의 삶이 하루에 한 번인 것처럼 인생의 모든 날을 살게 되는 것입니다. 아직 줄 수 있는 것들이 남아 있다면 결코 포기하지 마십시오. 노력을 멈추지 않는 한 진정으로 끝난 것은 아무것도 없습니다.

내가 완전하지 못하다는 것을 인정하는 걸 두려워하지 마세요. 우리를 구속하는 것은 바로 이 덧없는 두려움입니다. 위험에 부딪히기를 두려워하지 마십시오. 찾을 수 없다고 말함으로써 인생에서 사랑의 문을 닫지 마세요. 사랑을 얻는 가장 빠른 길은 주는 것이고, 사랑을 잃는 가장 빠른 길은 사랑을 너무 꽉 쥐고 놓지 않는 것이며, 사랑을 유지하는 최선의 길은 그 사랑에 날개를 달아주는 일입니다.

지금 어디에 있는지, 어디를 향해 가고 있는지도 모를 정도로 바쁘게 살지 마세요. 인생은 경주가 아니라 한 걸음, 한 걸음을 음미하는 여행입니다. 어제는 역사이고 내일은 미스터리며 오늘은 선물입니다. 그렇기에 우리는 현재present를 선물present이라고 부르는 것입니다.

영화 「죽은 시인의 사회」에서 키팅 선생님의 가르침이 들립니다. '카르페 디엠Carpe diem.' 오늘 하루를 잡으란 외침입니다. 미래에 대해서 지나치게 걱정하다 지금 여기, 오늘을 놓치지 말라는 말입니다. 오늘에 충실하고 오늘에 감사하라는 충고입니다. 오늘은 각자에게 하루하루 똑같이 배달되는 선물입니다.

행복이 팔자소관이다?

우리는 모두 행복을 원합니다. 정확하게 이야기하면 지금 우리가 사는 이유는 행복하기 위해서입니다. 세상 누구도 불행하고자 애쓰는 사람은 없습니다. 그런데 행복도 팔자소관이라는 이야기가 들립니다. 같은 상황에서도 행복감을 좀 더 느끼고 덜 느끼고는 타고난 유전자에 의해서 차이가 난다는 것입니다. 이렇게 주장하는 이는 런던 정경대학의 행동경제학자 드 네브De Neve 박사입니다. 그는 인생의 행복은 어떤 유전자를 가지고 있느냐에 달렸다는 흥미로운 연구 결과를 발표했습니다. 약 2,500명의 실험자들에게 한 "인생을 놓고 봤을 때 당신은 얼마나 만족하고 있는가"라는 질문에 대한 답변과 각 실험자들의 유전정보를 비교 분석했습니다. 연구 결과, 각각의 부모에게 두 개의 긴 유전자(행복감을 더 많이 느끼는 5-HTT 유전자)를 물려받은 사람은 짧은 유전자를 물려받은 사람보다 일상생활에서 행복감을 느낄 확률이 2배 이상 높다고 합니다. 그리고 긴 유전자 하나와 짧은 유전자 하나를 물려받은 사람들은 짧은 유전자만 물려받은 사람들보다 행복할 가능성이 8.5퍼센트 더 높았다고 합니다.[2]

결국 우리의 행복은 팔자소관이라는 것이 과학적으로 증명된 듯합니다. 하기야 주변을 돌아보면 별일 없는 상황에서도 늘 울상인 사람들이 있습니다. 표정만 그런 것이 아니고 말투도 사람을 대하는 것도 늘 퉁명스럽습니다. 같이 있으면 괜히 불편해지는 우울한 사람들, 짜증이 몸에 배어 있는 심리적으로 불안정한 사람들 말입니다. 반면에 늘 함께하고 싶은 사람들도 있습니다. 웬만한 일에서 스트레스를 받지 않고, 여유롭고 지혜롭게 생활하는 사람들, 항상 웃음을 잃지 않고, 말 한마디에도 눈빛 하나에도 상대방을 안정되게 만들어주는 사람들입니다.

울상과 웃상은 나도 모르게 부모로부터 물려받은 선천적인 결과일까요? 울상은 도저히 웃상이 될 수 없는 것일까요? 원죄를 타고난 것이란 말인가요? 정말 다행스럽게도 이런 물음에 'No' 라고 단언해주는 또 다른 과학자가 있습니다. 바로 세계적인 긍정심리학의 권위자인 소냐 류보머스키Sonja Lyubomirsky 리버사이드 캘리포니아 주립대학의 심리학과 교수입니다. 18년째 '행복' 에 관해 연구하고 있는 긍정심리학 분야의 전문가인 그는 특히 행복의 수준을 어떻게 지속적으로 높일 수 있는지를 주된 연구 과제로 삼고 있습니다. 소냐 교수는 울상도 웃상이 될 수 있는, 타고난 원죄에서 벗어날 수 있는 명확한 방향을 제시하고 있습니다.

『행복도 연습이 필요하다How to be happy』에서 그녀가 제시한 행복의 조건에는 3개의 요소가 있습니다.[3]

제1요소는 '유전적 설정값' 입니다. 드 네브 박사가 실험을 통해 입증했다는 '긴 유전자 두 개' 입니다. 이 값에 대해서는 소냐 교수도 변경 · 수정이 불가능하다고 전하면서, 이 의견은 뇌과학자, 긍정심리학자, 정신의학자 등에게 널리 받아들여지는 과학적인 진실이라고 덧붙이고 있습니다. 우리가 아무리 개인적으로 잘 챙기려고 해도 더 챙길 수 없는, 기본값이라는 것입니다. 문제는 이 기본값이 우리의 행복을 얼마나 좌우하느냐인데, 걱정하지 않아도 됩니다. '모 아니면 도all or nothing'라면 이렇게 길게 이야기를 끌고 있지도 못할 테니까요. 소냐 교수는 이 기본값이 우리 행복의 50퍼센트를 차지한다고 전해줍니다. 우리의 일상, 나아가 일생의 행복을 100으로 가정한다면, 50은 이미 정해져 있다는 것입니다. 생각보다 높은 수치인가요? 아니면 안도할 만한 수준인가요? 어찌 되었든 우리 일생에서 절반의 행복은 이미 정해진 상태라는 것입니다.

제2요소는 '의도적 행동'입니다. 말 그대로 내가 행복해지기 위해 의도적으로 하는 연습입니다. 50퍼센트의 덜 행복한 유전자를 가지고 태어났지만, 지금보다 더 행복해지려면 연습이 필요하다는 것입니다. 이 40퍼센트의 값이 우리의 희망임을 소냐 교수는 강조합니다. 이 이야기를 듣고 있다 보면, 이런 생각이 듭니다. 사실 우리가 행복, 행복 하고 노래를 부르지만, 정작 행복하게 사는 사람은 많지 않은 것 같습니다. "요즘 어때요?", "요즘 재미 좋아?" 하고 물어보면 으레 돌아오는 대답은 "그냥 그렇지, 뭐." "그럭저럭 지내지요." 정도입니다. 물론 "아주 행복해요." 하고 말하지 않는 겸손인 경우도 있겠지만 이 정도면 그래도 괜찮지요. "죽지 못해 살아." "요즘 아주 죽겠어"라는 대답이 돌아오면 물어본 사람이 미안할 지경입니다.

그런데 우리는 행복하기 위해 과연 어떤 구체적인 노력을 하고 있을까요. 그저 행복이 넝쿨째 굴러오기를 기다리고 있는 상태인지도 모릅니다. 아니면 지금보다 돈만 더 벌면, 큰 집으로 이사만 가면, 학교만 옮기면, 아이들만 바뀌면, 이 일만 마무리되면 더 행복해질 거라고 최면을 걸고 있는 것은 아닐까요. 마치 시험공부는 하나도 하지 않은 채 결과가 좋게 나오기를 바라는 못된 마음처럼 말입니다. 경사 급한 언덕에서 액셀을 밟지도 않고 차가 언덕을 넘어 달려 나가기를 바라는 딱한 마음 말입니다.

의도적 행동이란 일상에서의 소소한 행복 연습을 말합니다. 아침에 눈을 떠서 저녁에 잠자리에 들 때까지 정해놓고 하는 실천거리입니다. 자, 여러분은 행복을 위해 어떤 의도적 행동들을 하고 계신가요. 운전하는 동안 라디오에서 들은 이야기인데, 사람들에게 이런 질문을 했답니다.

"언제 행복하다고 느끼시나요?"

그랬더니 다양한 연령의 많은 사람들이 이렇게 대답했습니다.

샤워를 하고 나와 엄마가 깔아주신 새 이불 속으로 들어갔을 때, 퇴근길 버스에서 내가 좋아하는 노래가 흘러나올 때, 옆에 있던 동료가 점심을 같이 먹자고 먼저 이야기해주었을 때, 선생님이 내 이름을 불러주었을 때, 친구와 둘이서 이어폰 나눠 끼고 좋아하는 노래 들을 때, 엄마가 꼭 안아주실 때, 자식들이 안부 전화 해줄 때, 건강검진 결과 아무런 이상이 없다고 했을 때, 다이어트로 살이 빠졌을 때, 우연하게 읽은 책이 큰 도움이 되었을 때, 성적이 올랐을 때, 용돈을 받았을 때, 맛있는 거 먹을 때, 마음껏 푹 잤을 때, 가족끼리 같이 밥 먹을 때, 새 양말을 신었을 때, 치과 치료가 끝나 마음대로 먹을 수 있게 되었을 때…….

우리가 원하는 행복은 아주 작고 사소한 것입니다. 하지만 이러한 소소한 것들을 실천하는 것보다 더 어려운 일이 있습니다. 인생의 고비마다 멈춰 서지 않고 '한번 해볼까?' 하고 마음먹기가 바로 그것입니다. 자기각오 말입니다. 실천은 그 다음 문제지요. 그런데 어쩔까요? 지천에 널려 있는 세잎 클로버를 밟으면서 네잎 클로버만 찾아 헤매다 보면, 가까이에 있는 행복을 밟으면서 행운을 좇는 갈증 나는 인생이 될 수밖에 없을 텐데요. 행복은 지금 나의 일상을 되짚어보는 자기성찰의 훈련에서 시작될 수밖에 없습니다. 행복은 분명 셀프self입니다.

다행히 우리의 뇌는 억지로 웃어도 '아 나는 지금 행복하구나.' 하고 여긴답니다. 지하철에서, 엘리베이터 유리판 광고에서 한번쯤은 본 적이 있는 '행복해서 웃는 게 아니라 웃다 보니 행복해지네' 라는 말은 과학적으로 맞는 말이었던 것입니다. 『회복탄력성』에서 김주환 교수의 분석처럼 화가 나서 분노가 일어나는 게 아니라 분노하기 때문에 화가 나는 것입니다.[4] 긍정적인 노력은 모방할 만한 가치가 있습니다.

이제 하나 남았습니다. 우리의 행복을 좌우할 수 있는 나머지 10퍼센트에 해당되는 제3요소는 '환경'입니다. 내가 어떤 환경에 처해 있느냐에 따라 행복 정도가 달라질 수 있다는 것입니다. 소냐 교수가 말하는 환경은 '근묵자흑近墨者黑 근주자적近朱者赤'의 개념으로 받아들일 수 있습니다. 한자를 그대로 풀어보면 먹을 가까이하다 보면 자신도 모르게 검어지며 붉은색을 가까이하면 붉어진다는 뜻이지만, 속뜻은 거기에 그치지 않습니다. 사람도 주위 환경에 따라 변할 수 있다는 것을 비유한 말인데, 요즘 말로 표현해보면, 멘토링쯤 될까요? 일상에서 어떤 멘토를 어느 시점에 만나느냐가 자신의 삶에 긍정적 · 부정적 영향을 미치니까 말입니다.

아침에 잠자리에서 일어나 이불 밖으로 나오기 전 30초 정도 '아, 잘 잤다. 오늘 하루가 기대된다'고 중얼거리기, 눈을 보며 가족들에게 아침 인사 건네기, 아침 챙겨 먹기, 시간 여유 있게 출근하기, 눈을 마주치며 동료들에게 아침 인사 건네기, 미소 짓기, 휴대폰에 행복 알람 맞춰놓기(알람이 울리면 일정 시간 동안 행복한 생각 떠올리기, 행복한 표정 짓기, 콧노래 부르기), 남을 도울 수 있는 기회에 적극 나서기, 양보하기, 친절을 베풀기, 비교하지 않기, 뒷담화에 동참하지 않기, 정기적인 운동하기, 꾸준히 책읽기, 메모하기, 잠들기 30분 전에는 TV 보지 않고 컴퓨터 하지 않기, 스킨십하며 가족들에게 저녁 인사 건네기, 나의 강점 알고 연마하기, 감사일기 쓰기…….

일상에서 실천할 수 있는 행복들입니다. 자신만의 행복들을 찾아 실천하면 지금보다 더 행복해집니다. 우리의 목적은 단 하나, '당장 행복해야' 한다는 것입니다. 행복은 저장되지 않습니다. 오늘의 행복은 지나고 나면 사라집니다. 키케로Cicero가 "자라나는 세대를 가르치는 사람의 자리보다 더 고귀한 자리가 어디 있으며 국가에 더 유익한 자리가 어디 있는가"라고 했던가요. 이 말은 가르치는 이의 신분상 지위가 아니라 무엇을 가르칠 것인가가 얼마나 중요한지 충고하는 것입니다. 교사가 먼저 행복을 만들어 경험하고 그 경험을 아이들에게 나눠주는 역할을 해야 하지 않을까요. 나로부터 시작되는 행복으로 가족과 함께 행복하고, 내 가족에게서 시작되는 행복으로 동료·이웃들과 행복을 나누고, 직장에서 행복하게 일하고, 학교에서 행복을 가르치고 배울 수 있습니다. 교사가 먼저 행복해보는 것, 그 모습을 보여주는 것, 그리고 행복에 도전해보도록 아이들에게 허용하는 것입니다. 도전은 교사나 아이들 모두에게 교육적입니다. 삶의 그 어떤 도전도 적절하기만 하다면 받아들일 수 있듯이, 교사가 인자하게 대응함으로써 결국에는 아이들에게 예의 바르게 도전하는 법을 가르칠 수 있습니다. 그래서 우리의 궁극적인 가르침은 아이들에게 행복은 나 스스로 연습하고 만들어 경험하고 나눠주는 셀프서비스임을 알려주는 것이어야 합니다.

수업행복 과제 28_오늘의 행복을 보여주자

오늘 하루 차분하게 평화적으로 최선을 다하는 교사의 삶을 보면서 아이들은 자신들의 언어대로 행복을 배우게 된다. 그것이 교실에서 교사들이 먼저 행복해야 하는 이유이다. 교사가 행복 연습을 게을리하지 말아야 하는 분명한 이유이다.

아이들에게 감사하기

어느 날 가족회의에서 이제 초등학교 3학년이 되는 아들이 건의사항이라며 다음과 같이 몇 가지를 써서 보여주었습니다.

1. 쓰레기 주우라는 잔소리는 하지 말아주세요(제발요).
2. 제가 알아서 할게요.
3. 8시부터 9시까지는 아무~ 소리도 하지 말아주세요.
4. 솔직히요……. 잔소리 아주~ 조금만 줄여주세요.
5. 많이 안아주세요.

여러 가지를 썼지만 결국 잔소리를 줄이고 많이 안아달라는 이야기입니다. 부모들이 흔히 할 수 있는 말들이 아이에게는 잔소리로 들렸나 봅니다. 자주 안아주는 과정에서 가장 편안함을 느꼈었나 봅니다. 그런데 열 살 난 아이는 이미 본능적으로 자신이 행복해지는 법을 알고 있었습니다. 하버드 대학에서 무려 40년간 실시된 아동 양육 실태를 새롭게 검토해보니, 많이 안아준 아이들이 행복하게 자라났다는 결과가 나타났다는 것을 알았을 리가 없을 텐데 말입니다.[5] 아이들은 온몸으로 부모와 교사들에게 많은 가르침을 줍니다. 정작 자신들은 느끼지 못하면서 말입니다. 물론 그것을 가르침이라고 여길 힘이 있는 부모나 교사에게만 그렇게 보이겠지요.

그럴 힘이 지금보다도 더 없던 시절의 이야기가 생각납니다. 요즘에는 이런저런 이유로 그런 행사를 하기가 쉽지 않지만 「이 책을 쓰는 이유」에서 이야기했던 새우깡 한 봉지 때문에 빰따귀를 때린 사건이 있었던 그해, 아이들을 데리고 졸업여행을 갔었습니다. 돌아오기 전날 저녁, 군데군데 먹을 것들을 수북이 쌓아놓고 반 아이들이 빙 둘러 앉았습니다. 고3의 한 해를 마무리하면서 좋았던 것, 싫었던 것을 한마디씩 하는 시간을 가졌습니다. 조금만 긴장해도 새하얀 얼굴이 금방 귀 뒤까지 빨개지던 아이 순서가 되었습니다. 자그마했던 그 아이가 그때 저에게 갑자기 질문을 했습니다. 벌써 빨개진 얼굴로. 우리 반 애들이 부르는 선생님의 별명이 뭔지 아느냐고 말입니다.

저는 평소에 별명이 없었습니다. 아니 그렇게 알고 있었는데, 별명이 있다는 말에 내심 기분이 좋아져서 물었습니다. 별명이 있다는 건, 관심의 표현이라는 생각에. 그랬더니, 아이의 입에서 돌아온 대답은 '작삼'이었습니다. 처음에 잘못 알아들어 다시 물어보니, '작심삼일'의 줄임말이라더군요. 진짜 작심하고 전해주는 말인 듯했습니다. 그렇게 말해주는 아이의 얼굴은 훨씬 더 붉게 물들어 있었습니다. 아이가 큰 용기를 내어 설명을 보탠 속뜻은 이랬습니다. 뭔가를 잔뜩 복사해서 나눠주고는 아이들의 반응이 시큰둥하면 혼자 흐지부지 끝내버리기를 반복했다고 말입니다. 제가.

돌아보면 그때만큼 '전체', '전부 다'를 강조했던 적도 없었습니다. 무엇이든 하면 다 같이 해야 한다는 주의였습니다. 예외가 없었습니다. 무표정한 군인처럼. '이렇게 하면 아이들에게 좋겠지?',

'이건 어떨까?', '요렇게 하면 아이들이 좀 더 공부를 하려고 들겠지?' 어디서 주워들은 풍월을 읊어대는 대상으로 반 아이들을 들볶았습니다. '이 정도면 열심히 하는 괜찮은 담임'이라는 최면으로 스스로를 치켜세우며 말입니다. 그런데 문제는 다른 데 있었습니다. 정작 늘 성실하게 반응해준 아이들에게조차도 이렇다 할 피드백이 없었던 것이었습니다. 귀까지 빨개지며 용기 내어 '작삼'을 이야기해주던 그 아이도 그중 한 명이었습니다. 저는 늘 성에 차지 않아 했었던 것 같습니다. 그러면서 늘 아이들을 탓했습니다. 저는 이것저것 참 많이 주려고 하는데 도무지 받지 않으려는, 받아내지 못하는 아이들 때문이라고. 하지만 그런 생각은 요즘에 와서야 들었지요. 그날 저녁에도 '작삼'을 넘어 옹졸하기까지 했던 담임은 그 여학생만을 숙소 바깥으로 불러냈습니다. 그러고는 밤바람을 맞으면서 추워하는 아이에게 일장 훈계를 늘어놓았습니다. 참 측은한 사람이었습니다.

'밝은 점' 찾기

같은 환경에 처해 있더라도 느끼고 사는 방식은 다릅니다. 어찌 보면 당연하겠죠. 생각이 다르고, 생각을 지배하는 세계관이 다 다르니까 말입니다. 그러나 정답은 있습니다. 옳은 것은 옳다고 좇아가야 하고, 그른 것은 그르다고 버릴 줄 알아야 한다는 것입니다. 몸에 좋은 것은 챙겨 먹고, 몸에 좋지 않은 것은 먹지 말아야 한다는 사실을 당연하게 받아들이고 실천하려는 노력처럼 말입니다. 마찬가지로 마음에 좋은 것은 늘 내 것으로 만들려 노력하고 마음을 해치는 것으로부터는 늘 벗어나 있으려고 애쓰는 과정에 온힘을 쏟아야 행복해집니다. 어떤 환경에서 살아가든 이 진리에서 벗어나는 순간 진정한 행복은 멀어지고 육체적·정신적 어려움에 처할 가능성이 커집니다.

이를 뒷받침해주는 두 가지 이야기가 있습니다. 자신이 처한 환경을 극복하고 몸과 마음에 옳은 것을 좇은 사람들의 이야기입니다.[6] 1990년, 빈곤 아동들을 돕는 국제기구중 하나인 세이브 더 칠드런save the children에서 일하고 있던 제리 스터닌에게 임무가 주어졌습니다. 6개월 내에 베트남 아동들의 영양실조를 퇴치할 수 있는 방안을 제시하라는 것이었습니다. 짧은 기간 동안 제리 스터닌이 찾으려 했던 것은 영양실조의 원인이 아니었습니다. 그는 극빈층 아이들 모두가 영양실조에 걸리지는 않는다는 사실을 알아내고, 같은 환경에서도 어떻게 영양실조에 걸리지 않았는지 그 이유를 추적

하였습니다. 극빈층 아이들 가운데 다른 아이들보다 몸집이 크고 건강한 아이들을 찾아내, 그들의 생활을 면밀히 관찰하기 시작했습니다. 영양실조에 걸린 일반 아이들의 가정과는 달리 건강한 아이들에게는 어려운 환경에서도 포기하지 않고 먹을 것을 챙겨주는 부모가 있었습니다. 그들은 영양실조에 걸리면 한꺼번에 많은 음식을 소화시킬 수 없기에 자녀들에게 하루 네 번의 식사를 먹게 했습니다. 물론 전체 식사량은 일반 가정에서 두 번 먹는 것과 같았습니다. 또한 아이들이 아플 때도 음식을 거르지 않도록 신경 썼고, 특히 논에서 잡은 작은 새우와 게를 건강한 아이들의 밥에 섞어 먹이고, 형편없는 식품으로 취급되던 고구마 잎까지 섞어 먹이는 것으로 드러났습니다. 이 새우와 게, 고구마 잎이 아이들에게 단백질과 비타민을 보충해주었던 것입니다.

두 번째 이야기입니다.[7] 하와이는 여러 개의 섬으로 이루어져 있습니다. 이들 중 북서쪽 끝에 인구 3만 명 정도의 카우아이 섬이 있습니다. 영화 「쥐라기 공원」의 촬영지였습니다. 멋진 경관으로 인해 지금은 유명한 관광지이지만 하와이가 미국의 50번째 주에 편입된 1959년 이전에는 그야말로 오지였답니다. 섬 주민들은 대대로 지독한 가난과 질병에 시달렸고, 주민 대다수가 범죄자나 알코올 중독자 혹은 정신질환자였다고 합니다. 한국전쟁이 끝난 이듬해인 1954년, 이 섬의 모든 신생아 833명을 대상으로 어른이 될 때까지 추적 조사하는 전무후무한 연구가 시작되었습니다. 이 연구의 목적은 부모의 부재, 지독한 가난, 폭력적인 환경 등이 인간의 성장에 어떠한 영향을 미치는가를 과학적으로 밝혀내는 것이었습니다.

이 연구를 40년간 주도한 심리학자 에미 워너는 수많은 아이들의 성장 관련 데이터를 분석하는 과정에서 특이한 점을 발견합니다. 애초의 예상을 벗어나는 아이들이 나타난 것입니다. 833명의 연구 대상 중 최악의 상황에 처해 있다고 분류되었던, 소위 고위험군 201명 중 대부분의 아이들은 학교에 적응하지 못하는 심각한 학습장애, 행동장애 혹은 사회부적응 양상을 보였습니다. 그런데 이들 중 72명은 별다른 문제를 보이지 않았습니다. 오히려 평균적인 그룹보다 월등한 학교 성적과 학습 능력을 보이는 아이들도 있었습니다. 결국 에미 워너는 이 아이들을 통해 연구 초기에는 예상하지 못했던 결과에 이르게 됩니다. 연구의 목적이 바뀐 것입니다.

어떤 이유 때문에 아이들이 사회 부적응자가 되느냐의 가설에서 무엇이 역경에도 불구하고 아이들을 정상적으로 유지시켜 주는가라는 질문에 이르게 된 것입니다. 72명의 아이들에게서 발견된 공통점은 그 아이들의 입장을 무조건적으로 이해해주고 받아주는 어른이 적어도 한 명은 있었다는 것입니다. 그 아이를 가까이서 지켜봐주고 무조건적인 사랑을 베풀어서 아이가 언제든 기댈 언덕이 되어주었던 사람이 적어도 한 사람은 있었던 것입니다.

이 두 이야기는 결국 최악인 듯한 상황이 결코 불가피한 것이 아님을 증명해 보여주고 있습니다. 주변 아이들 대부분이 영양실조로 쓰러져갈 때 건강을 지켰던 아이들 옆에는 극성스런 부모가 있었습니다. 또 육체적·심리적 타락의 환경 속에서도 늘 지지와 격려를 아끼지 않았던 사람이 적어도 한 명은 있었습니다. 기대고 의지할 수 있는 둥지 말입니다. 극성스런 부모와 최후의 1인들, 그리고 그 밑에서 자라난 아이들은 처참해 보이던 그 집단 내에서 소위 '밝은 점bright spot' 역할을 하는 사람들이었습니다. 여기서 말하는 밝은 점은 거무스름하고 아무런 광채가 없는 돌덩어리에서 반짝하고 빛나는 아주 작은 부분을 의미합니다. 대체적으로 좋지 않은 불쾌한 상황에서 괜찮은 부분을 일컫는 말로 쓰이기도 합니다. 무리 속에서 밝은 점을 찾아내는 과정에는 넘어야 할 커다란 산이 있습니다. 베트남에 들어갔던 제리 스터닌도 카우아이 섬 연구에 평생을 바친 에미 워너도 모두 이 산을 지혜롭게 잘 넘었던 것입니다. 이 산은 무엇이겠습니까?

그것은 본능적으로 외부를 향해 작동하는 방어기제입니다. 즉 강제적으로 들어온 외부의 해결책에 내부를 보여주지 않으려는 방어기제 말입니다. 그것을 흔히 NIH증후군(Not Invented Here Syndrome, 내부에서 만들어진 것이 아닌 것에 대해 배타적인 태도를 보이는 증후군)이라고 부릅니다. 자신들을 변화시키고자 하는 세력이 외부로부터 유입되는 것을 달갑게 여기지 않는, '자기개방', '자기노출'에 대한 본능적인 두려움입니다. 실증적인 자기 경험이 없을 때 생길 수 있는 일종의 배타적 의심입니다. 여느 조직, 개인과 마찬가지로 학교는 이런 본능적인 두려움과 배타적 의심이란 안개에 늘 둘러싸인 공간입니다. 그리고 그 속의 교사는 대부분 교사라는 한 길로만 오랫동안 걸어오고 있는, 다양한 경험이 부족한 사람들이기 때문에 자기 경험을 확신하는 정도가 훨씬 더 확고합니다. 그러다 보니 그 속에서 밝은 점 역할을 하는 구성원(교사, 아이들, 관리자, 학부모 등)들을 찾아내고 이를 격려하고 지지하는 학교의 문화적 풍토가 조성되어 있지 못합니다.

하지만 학교가 여느 조직과 다른 것은 바로 '미성년'을 대상으로 '수업'이 이루어진다는 점입니다. 때문에 그 구성원들의 역할은 분명합니다. 각자가 다른 환경에 처해 있지만 같은 교실에 앉아 같은 수업을 받는 아이들. 학교를 오는 이유도, 공부를 하는 목적도 다 다른 이 아이들에게 두려움과 의심을 떨쳐버리고 자신의 미래를 스스로 만들어갈 수 있는 기회를 주어야 합니다. 그러기 위해서는 우리 스스로가 자기노출과 자기개방의 두려움에서 벗어나려고 노력해야 합니다. 그래야 보이지 않던 수많은 밝은 점 역할을 하는 아이들과 동료들을 더 많이 만날 수 있습니다. 이들이 곧 우리와 함께 교실 수업에서 행복의 열쇠를 찾는 데에 직접적인 영향을 주는 것입니다. 우리 교실의 행복 열쇠, 우리 안에 있습니다.

수업행복 과제 29_밝은 점을 찾아보자

아직도 많은 아이들이 수업에서 자기 역할에 최선을 다하고자 한다. 다만, 교실 전체를 짓누르고 있는 분위기에 덮여 있을 뿐이다. 그 거대한 장막을 거둬내는 몫은 교사에게 있다. 수업에서 밝은 점을 찾고 그들에게 장막을 거둬내는 일에 동참할 수 있는 기회를 더 많이 줘야 한다. 그래야 교사도 아이들도 살아난다.

권위주의를 버리고 권위 찾기

수업은 자신의 삶에 대한 주장을 가진 이들 '사이'의 만남입니다. 모두 각자의 가정에서 나와 찾아온 교실. 그곳에서 물리적으로 가장 많은 시간이 할애되고 있는 것이 수업입니다. 교사와 아이들 모두 가장 오래 머무르면서 가장 많이 투자하는 활동이 수업입니다. 그렇기 때문에 좋은 수업에서는 다양한 '사이'와의 관계를 통해 자신의 삶을 돌아볼 수 있는 기회가 많습니다. 함께 생각하고 묻고 답하는 과정을 통해 친구의 삶을 이야기할 수 있는 기회가 많습니다. 자기의 생각을 편하게 이야기할 수 있는 수용적인 기회가 많습니다. 좋은 수업을 하는 교사는 바로 이런 사이를 만드는 데 에너지를 쏟는 교사입니다. 그런 교사는 늘 자신의 수업을 반성적인 입장에서 되돌아보는 연습이 되어 있습니다. 그런 교사는 수업에서 군림하지 않습니다. 자기 자신에게 군림하고 아이들에게 군림하지 않습니다. 교사에게 필요한 권위authority와 불필요한 권위주의authoritarianism를 구분할 줄 알고 있습니다.[8] 그것 때문에 갈등을 만들어내지 않습니다.

그런 교사는 한나 아렌트Hannah Arendt의 '폭력이 전제되는 순간 권위는 죽는다'라는 충고를 평화로운 방식으로 권위를 지키라는 말로 엄격하게 받아들입니다. 막스 베버Max Weber가 말한 권위란 '명령이 명령받은 사람들에게 자발적으로 지켜지는 것'이라는 정의를 철저하게 따르려 합니다.[9] 그러면서 폭력을 전제로 강제적인 명령을 실천시키려는 권위주의에 물들지 않으려는 노력을 게을리하지 않습니다.

세상으로 뛰쳐나가기 전 만나게 되는 학교 수업에서 우리는 아이들에게 교사로서의 권위를 잃지 않으면서도 긍정적인 '사이'를 연습할 수 있는 기회를 주어야 합니다. 그것이 곧 지리地理로 아이들을 만나는 지리교사가 아니라, 교사로서 아이들과 지리를 통해 만나는 이의 사명감입니다. 수업을 통해 어떻게 교사와 아이들, 아이들과 아이들 사이가 평화적이고 협동적으로 맺어지는가에 대한 연습은 오로지 교사의 철학과 실천 의지에서 나옵니다. 특정 수업 모형에만 매몰되어 있는 교사는 행복한 수업을 하지 못합니다. 이런 수업에서는 교사도 아이들도 참 분주하게 많은 것을 하지만, 정작 각자 그리고 서로 즐겁지 않습니다. 수업에서 등장하는 내용이 많고, 어려워서가 아닙니다. 서로 인정받고 격려받는 사이가 없는 수업이기 때문입니다. 그런 수업일수록 수업시간을 내용으로만 채우려는 교사가 권위주의를 빌려 권위를 지키려 애쓰고, 수업을 자기 자랑의 장으로 만들거나 악용함으로써 이에 저항하는 아이들과의 대결의 장이 될 수밖에 없도록 만듭니다.

요즘 마치 학생 인권과 교권이 대결 양상인 것처럼 보는 눈들이 있습니다. 물론 언론의 얄궂은 보도 태도가 가장 큰 영향을 미칩니다. 심지어 교사가 아이들을 때린 것은 몇 건인데, 아이들이 교사를 때린 것은 몇 건이라는 식으로 경기 중계하듯 보도하기도 합니다. 그러나 분명한 것은 지금의 양상이 결코 서로가 자기 것을 잃지 않으려고 아등바등하는 싸움이 아니라는 것입니다. 교실에서 내 것을 더 많이 갖겠다는 치졸한 패권 다툼이 아닙니다. 잘못된 권위주의를 버리고 제대로 된 권위를 되찾아야 한다는 시대의 요구이고 흐름입니다. 잘못된 옛것을 버리고 시대에 맞는 제대로 된 새것을 잘 갖추기 위한 새로운 도전입니다.

지금 대한민국 교실에서는 거친 파도가 몰아치는 망망대해를 가운데 두고 교사와 아이들이 마주 보고 있습니다. 각자의 항구에서 배 한 척씩을 가지고 기다린 지 오래입니다. 멀찍이 떨어져 서로 마주 보고만 있습니다. 거친 파도를 무릅쓰고 항해를 시작했던 많은 이들의 안타까운 최후를 많이 지켜봐왔습니다. 그러는 동안 자기 배 밑바닥이 녹스는 것도 잊은 채. 이제 우리는 먼 항해를 위해서 매일같이 배의 안전을 돌봐야 합니다. 녹을 벗겨내야 합니다. 파도치는 망망대해에 튼튼하게 잘 만들어진 배를 띄워야 합니다. 이 항구, 저 항구 들르면서 '무엇을 얼마나', '어떻게' 내려놓을지를 고민해야 합니다. 작은 암초에 구멍이 뚫리지 않으려면 오랫동안 방치했던 내 배에 깊게 배어 있는 녹을 벗겨내야 할 때입니다.

사실 대부분의 경우 수업하기 어렵다는 것은 사람 다루기 어렵다는 이야기입니다. 몇 반의 수업이 힘든 게 아니라, 그 반에 있는 몇몇 아이들과의 '사이'가 힘든 경우가 더 많습니다. 나도 아이들을, 아이들도 나를 잘 모른 채 계속 익숙한 것처럼. 만나기만 할 뿐입니다. 그저 일상 속에서 표면적인 평화를 위한 아슬아슬한 줄타기를 하고 있을 뿐입니다. 우리는 여러 항구에서 만나는 사람들의 기질과 특성을 잘 파악해야 합니다. 그것이 수업 연구의 시작입니다.

찰스 린드블룸은 현재 상황을 토대로 한 단계씩, 조금씩 발전해 가는 방식을 '그럭저럭 헤쳐가기muddling through의 과학'이라고 했습니다(영어 표현으로 Just muddling through는 '그럭저럭 잘 지내', '잘 헤쳐나가'고 있다는 의미입니다). 그럭저럭은 무계획이 아니라 삶의 임기응변이고 긍정적인 삶의 자세입니다. 매뉴얼대로 교과서처럼 살아가는 게 아니라 매뉴얼 밖, 교과서 밖의 상황에 적절하게 대처하면서 조금씩 개선되어가는 삶의 태도입니다. 예상하지 못했던 상황의 연속이 인생이듯, 교사라는 인생 속에서 수업은 늘 예상을 빗나가는 상황임을 받아들이기. 단, 내 배가 잔뜩 녹이 슬어 항해조차 하지 못하는 일이 생기지 않도록, 평소에 사포질 열심히 하는 것 잊지 않기. '그럭저럭 어떻게 하다 보니 잘해내기.' 우리에게 지금 필요한 수업 전략입니다. 홍상수 감독의 영화 「생활의 발견」에 보면, 이런 대사가 나옵니다.

"우리 제대로 살긴 힘들어도 괴물은 되지 말자."

우리도 그렇게 살아가야 합니다. 하늘에서 펑펑 쏟아지는 눈이 어떤 이에게는 사랑하는 이와 걷고 싶고, 뽀드득 뽀드득 소리를 듣고 싶은 함박눈입니다. 하지만 어떤 이에게는 길이 막히고 교통사고가 떠오르는 폭설입니다. 하늘에서 내리는 눈은 그저 같은 눈인데 그 눈을 맞고 있는 이가 어떤 상태인가가 다를 뿐입니다.

부록

학습연구년의 의미
학습연구년의 실제
학습연구년이 준 선물

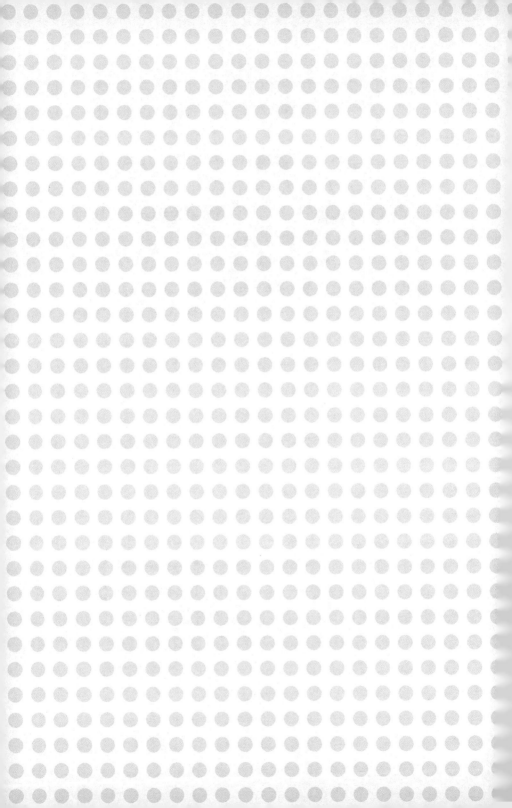

『맥킨지 보고서』(2010)에 교사들의 고등학교 때 평균 성적을 비교한 흥미로운 내용이 있습니다. 여기에 따르면 싱가포르 교사들은 고등학생 때 상위 30퍼센트 이내, 핀란드 교사들은 상위 20퍼센트 이내인 반면, 한국 교사들은 상위 5퍼센트 이내였습니다. 현재 우리나라의 고등학교 9등급제 내신으로 보면, 싱가포르 교사들은 평균 3~4등급, 핀란드 교사들은 평균 2~3등급에 해당하는데 우리나라 교사들은 평균 1등급에 속한다는 의미입니다. 평균 1등급은 결국 모든 과목에서 제일 잘해야 한다는 뜻이지요.

보통의 교사들은 학교 다닐 때 '놀지' 않고(또는 못하고) 입시 준비에 열심이었습니다. 그러다 보니 '공부'만 했습니다. 그래서 '공부' 빼고는 할 줄 아는 게 많지 않습니다. 오래전 수능 만점 학생의 인터뷰처럼 '공부가 제일' 쉬웠던 것입니다. 이 말을 뒤집어서 보면 할 줄 아는 게 그나마 '고작' 공부밖에 없다는 이야기로 들리기도 합니다. 혹은 다른 어떤 재능이 자신 속에 숨겨져 있는지를 찾아내는 기회를 갖지 못했다는 말이기도 합니다.

그렇게 해서 교사가 되어 보니, 공부만 빼고 다 잘하는 아이들, 공부가 제일 어렵다는 아이들, 깻잎머리에 침 좀 뱉는 아이들을 더 많이 만나게 됩니다. 그런데 정작 그 아이들에게 '공부' 말고 줄 수 있는 게 별로 없습니다. 밥도 반찬도 없이 덩그러니 고깃국 한 사발만 올려놓은 듯한 수업을 하고 있습니다. 교사가 되어 그런 아이들을 만나면서 비로소 알게 되었습니다. 자기 자신이 채식주의자였다는 사실을.

어느 대통령 덕분에 우리는 언제부터인가 OECD 국가들과 어깨를 나란히(?) 하며 스스로를 그들과 비교하기를, 비교당하기를 즐기는 듯합니다. 하기야 아픈 과거를 잊고 제대로 살아보려면 열심히 잘사는 위쪽 동네를 따라가야 하는 게 맞을지도 모르겠습니다. 비교만 하지 현실적인 대책을 찾아보기가 쉽지 않기 때문에 하는 말입니다. 좋은 것보다 부족한 것을 보완하려고 비교해야 할 텐데…….

그런 비교가 또 있습니다. 2009년 OECD 23개 국가의 교사들을 대상으로 한 연구에서 대한민국 교사들의 직업만족도가 14위였습니다. 지금 가르치고 있는 일에 대해 만족스럽지 못하게 생각하는 비율이 높게 나온 것입니다. 더욱 고민해봐야 할 것은 자기효능감입니다. 자기효능감은 자기 스스로가 능력이 있고, 그 능력을 발휘하고 싶고, 자기 자신을 괜찮은 사람이라고 여기는 셀프 칭찬 능력입니다. 자기존중감입니다. 그런데 결론은 23개국 교사들 중 꼴찌였습니다. 스스로 능력 있는 사람이라고 생각하고 열심히 했었습니다. 그런데 자꾸만 지쳐갑니다. 혼자 크게 뭔가를 할 수 있는 상황도, 이제는 능력도 되지 않는다는 생각이 자주 듭니다. 그러다 보니 직업 자체에 대한 회의가 들기도 합니다.

톰 래스Tom Rath와 짐 하터Jim Harte는 미국 갤럽연구소의 세계 최초 미래 행복보고서를 통해 다섯 가지 웰빙을 제시하였습니다.[1] 자신에게 주어진 시간을 어떻게 채워나가고 있는지, 쉽게 말하자면 내가 매일 하고 있는 일을 얼마나 좋아하는지에 관한 직업적 웰빙Career Wellbeing, 강력하면서도 끈끈한 인간관계에 관한 것인데, 사랑하는 이들이 우리 곁에 있는지와 관련 있는 사회적 웰빙Social Wellbeing, 재정 상태를 효과적으로 관리하는 경제적 웰빙Financial Wellbeing, 훌륭한 건강 상태와 일상적 일들을 제대로 수행하도록 해주는 충분한 에너지를 갖고 있는가와 관계 있는 육체적 웰빙Physical Wellbeing, 현재 살고 있는 지역에 대한 참여의식에 관한 커뮤니티 웰빙Community Wellbeing이 그것입니다.

흔히 말하는 웰빙은 '잘 먹고 잘살자' 는 것입니다. 물론 기본적인 욕구에 대한 이야기가 아니라는 것은 다들 아시겠지요. 톰 래스와 짐 하터가 제시한 다섯 가지 웰빙의 측면에서 보면 교사로서의 웰빙은 건강한 몸과 마음을 유지하면서 가르치는 일에 애착을 가지고 동료 및 배우는 이들과 사랑을 나누고 다양한 활동에 참여하라는 말로 들립니다. 어렵습니다. 하지만 그것은 교사가 육체적 · 정신적 웰빙하는 삶을 살아야, 듣고 보는 아이들의 몸과 마음이 건강하게 성장할 수 있다는 메시지가 아닐까요.

교사의 웰빙은 교사가 개인적인 삶을 꾸려나가는 수준으로 가능한 게 아닙니다. 국가가 교육을 통제하고 있는 상황에서 교사의 역할은 심장에서 피를 보내지 않으면 썩어버리는 손끝, 발끝의 말초혈관일 수밖에 없습니다. 건강한 교육은 따뜻한 손발에서 나옵니다. 국가가 나서서 교사가 좀 더 건강해질 수 있는 정책들을 적극적으로 개발하고 제안해야 합니다. 그런 의미에서 학습연구년제의 안정적인 시행과 그 결과에 대한 공유와 정책적 반영은 앞으로 대한민국 교실을 건강하게 만드는 데 큰 역할을 하게 되리라고 기대합니다.

아이들은 그 나라의 미래입니다. 그리고 그 아이들의 성장에 관여하는 교사는 한 나라의 미래를 책임지는 사람입니다. 그렇기 때문에 교사의 육체적·정신적 웰빙은 그들에게 영향을 받으며 자라난 행복한 아이들로 인해 대한민국의 국민 총행복지수Gross National Happiness를 높이는 막중한 역할을 하는 것입니다.

흔히들 교사는 배운 만큼 가르친다고 합니다. 그런데 요즘에 와서는 배운 것조차도 제대로 가르치지 못하고 있습니다. 이를 방해하는 많은 요인들이 있지만, 무엇보다 교사 스스로 어쩔 수 없는 시스템이 가장 큰 방해물입니다. 내용을 잘 정리해주고, 문제를 잘 풀어줘야 하는 것 말고는 교실에서 수업으로 내놓을 수 있는 것이 별반 다르지 않습니다. 모두들 이게 기본이라고 합니다. 그것도 하지 않으면서라고 타박받기 쉽습니다. 그러나 많은 아이들에게는, 아니 문제풀기를 좋아하는 듯한 소수의 아이들에게도 그것보다 더 필요한 게 있습니다. 하지만 알면서도 줄 수 없고, 줄 것 또한 그리 많이 가지고 있지 못합니다. 교사 스스로가 내용정리를 잘하고 문제를 잘 풀었던 경험밖에 갖고 있지 않기 때문입니다.

수업내용을 어떤 것으로 채울 것인가는 교사가 되고 나서야 비로소 고민하기 시작합니다. 동료 그리고 아이들과 부딪히며 하나씩 깨닫고 있지만, 오히려 고민하고 깨닫지 못했을 때가 몸과 마음은 더 편했던 것 같습니다. 스스로가 그저 거대한 코끼리 몸뚱어리에 붙어 있는 작은 벌레 같다는 생각 때문에 더더욱 그렇습니다. 하지만 더 큰 문제는 다른 곳에 있습니다. 가냘프게 붙어 있는 날개가 떨어져 나갈 듯이 이제 와서야 제대로 버둥거려보지만, 정작 아이들이 받아주지 않습니다. 아이들이 두려움을 버리지 못합니다. 신뢰하지 않습니다. 우리가 그랬던 것보다 훨씬 더 치열하지만, 훨씬 더 외롭게 혼자이기 때문입니다. 집에서도 학원에서도 학교에서도 아이들은 늘 혼자입니다. 몸은 부대껴도 영혼은 늘 외롭습니다. 얼굴을 맞대고 대화하지만 삶을 이야기하지는 않습니다. 그래서 혼자 잘할 수 있는 것만 편하게 하려고 하는 게 당연한지도 모릅니다.

10년 전 OECD 보고서에서 인류의 미래에 학교의 변화 시나리오를 제기한 적이 있습니다. 관료적 학교체제의 강화, 시장모델의 확대 적용, 사회의 핵심 지식센터화, 학교의 학습조직화, 학습자 네트워크 형성과 네트워크 사회 구축, 교사의 이직과 학교의 소멸. 이 6가지 시나리오 중에서 가장 바람직한 방향은 무엇일까요?

바로 '학교의 학습조직화'입니다. 이것이 곧 교직사회의 전문성을 확인시켜 줄 수 있는 강력한 대안입니다. 교사가 전문직이라는 증명입니다. 다들 그랬듯이 교사 역시 교사가 된 이후 아이들의 입시를 위한 것 말고는 별로 공부를 하지 않습니다. 수업을 공부하고, 아이들을 공부하고, 사람을 공부하지 않습니다. 그저 알아서 제대로 준비해서 내 수업을 들어달라는 바람뿐입니다. 이제는 제대로 된 학교공부를 해야 할 때입니다. 지식공부와 더불어 사람공부를 해야 할 때입니다. 그래야 교실이 더 풍요로워지고, 자기 인생에 희망을 거는 다양한 방면의 아이들을 더 많이 만날 수 있습니다.

세계적으로 손꼽히는 발성 · 연기 코치이자 셰익스피어 전문가인 팻시 로덴버그Patsy Rodenburg는 경찰, 변호사, 의사, 성직자, 정치인과 함께 교사를 어떤 사람들이든 평생 만나야 할 직업인이라고 하였습니다. 그렇기 때문에 이들은 안정되고, 민첩하고, 자신의 몸이 자신의 것이라고 느끼고, 남들이 그의 말에 귀 기울이도록 다가갈 줄 알고, 타인의 눈빛, 분위기, 분노 등을 세세하게 알아챌 줄 알고, 새로운 의견을 평가하지 않아야 한다고 하였습니다.[2] 사람공부를 다시 한 번 강조하고 있는 것입니다.

우리 아이들이 살아갈 지식기반 사회의 핵심은 당연히 '지식'입니다. 창의적인 생각에서 나온 자기만의 아이디어입니다. 그 지식은 '사람'과의 좋은 '사이'를 통해 더 커집니다. 그렇기 때문에 21세기 대한민국 교실에서 유능한 교사는 바로 이 지식과 사람을 잘 다루는 능력을 갖춘 사람이 될 것입니다. 그러기 위해 우리에게 필요한 과제는 명확합니다. 지식과 사람을 경험해야만 하는 것입니다. 그리고 그 경험을 통해 교실에서 수업으로 지식 기술 정보에 기반하여 사회와 밀접한 연관성이 보이게 가르쳐야 합니다. 동시에 혼자가 아닌 함께 조직하여 가르쳐야 합니다. 원래 하나의 교과에서만 유용한 지식이란 없으니까 말입니다.

학습연구년제는 지식과 사람을 생각하고, 공부하고, 행동할 수 있는 유용한 시간이 될 수 있습니다. 분명히 대한민국 교육 역사에서 가장 큰 효과를 낼 수 있는 거대한 실험입니다. 교사들을 믿고, 자율성을 보장해주는 제도적 뒷받침이 지속적으로 보완되기만 한다면 더더욱 성공적인 실험이 될 것입니다.

2011년 10월 초에 있었던 2012학년도 학습연구년 대상자 선발 1차 서류심사에 참여했습니다. 경기도의 경우 300명 선발에 990명이나 지원을 하였더군요. 2011년에 비해 훨씬 높은 경쟁률을 보이고 있습니다. 이제 교사문화에서 학습연구년에 대한 긍정적 인식이 확산되고 있는 흐름으로 볼 수 있을 듯합니다.

학습연구년제는 5·31 교육개혁방안 추진에 따른 교직발전종합방안 시안(2000)에서 자율연수 휴식제란 이름으로 처음 제안되었습니다. 그 이후 '안식년제-연구안식년제-학습년제-연구년제-학습연구년제' 라는 명칭의 변화를 거치게 됩니다. 명칭의 변화에서 짐작할 수 있듯이 아직 사회적으로 교사들에게 주어지는 또 하나의 특혜라는 시각이 있습니다. 그러다 보니 '학습' 과 '연구' 란 말이 붙으면서 교사들에게 '공부' 를 강조하고 있는 듯합니다.

하지만 이러한 명칭의 의미보다는 교사 본인이 어떤 공부를 할 것인가에 대한 확고한 의지가 있어야 하는 것은 당연합니다. 국가의 세금으로 운용되는 제도에 대한 도덕적 책임은 물론이지만, 교사로써의 성장의 기회로 활용해야 할 절대절명의 시대적 상황에 놓여 있기 때문입니다. 학교를 변화시킬 수 있는 무한한 가능성이 있는 거대한 실험이 곧 학습연구년제이기 때문입니다. 학교변화의 열쇠가 우리 개별 교사들에게 있는 것은 동서고금을 막론하고 아주 오래된 미래입니다.

구분	주요 내용
목적	교원능력개발평가 결과 우수자에 대한 보상기제로 학습연구년을 부여하고, 지속적 전문성 신장을 위해 교육과정 개선연구 등에 참여기회 제공, 학습연구년 기회를 통한 재충전과 교직에 대한 자긍심 제고
시행주체	시·도 교육감
근거	교육공무원법 제40조
연수종별	특별연수

대상	국·공·사립, 초·중등 교사
기간	1년을 원칙으로 하되 6개월(학기단위)로 단축 가능
특별연수	시·도 교육감은 학습연구년 시행계획에 따라 연수 대상자를 교육 또는 연수 기관에 연수의뢰하고 연수 파견 조치
처우	급여, 호봉, 교육경력 100% 인정, 연수비 일부 지원. 단, 현행 규정에 따른 근평 처리는 시·도 교육청이 근평 제외 여부를 자율적으로 결정함.
복무관리	연수자에 대한 지도·감독 등은 교원 등의 연수에 관한 규정에 의함
의무사항	· 의무재직 : 연수기간과 동등한 기간을 관련된 분야에 의무 복무(교원 등의 연수에 관한 규정 제16조) · 결과 보고 및 사후 관리 : 연수 종료 후 1개월 이내 연수 성과 자료 제출 및 장학요원 활용으로 성과 확산에 기여
대체인력	정규교원으로 채용 권장(교육공무원임용령 제7조의 4)
활용	학습연구년 경험을 공유할 수 있도록 현장 장학요원으로 활용

출처_교육과학기술부, 2010.

다음은 2011학년도 학습연구년제 대상으로 선발된 교사 161명(경기도 교육청 소속 초중등 교사)의 연구 주제를 정리한 것입니다.

연번	구분	연구주제
1	초등	수학과 의사소통 중심 수업안 구안
2	초등	영상매체 활용을 통한 미술 표현 지도 방안 연구
3	초등	멀티미디어를 활용한 미술 감상 프로그램 개발 연구
4	초등	피페 교수-학습 자료 개발, 적용을 통한 음악과 기악 활동 다양성 모색 방안
5	초등	초등학교 합창 지도를 위한 효율적인 발성법 연구(고학년 발성을 중심으로)
6	초등	수학 영재교실에서 수학 지식에 대한 교사와 아이들 사이의 간극을 줄이기 위한 지도 방안 연구
7	초등	NIE F.T.A (독서, 토론, 논술) 프로그램을 통한 창의적 문제 해결 능력 신장 방안
8	초등	재미와 질서가 함께하는 Power Teaching 수업 모형 연구
9	초등	효과적인 초등학교 과학자유탐구 단계적 지도 방안
10	초등	초등학교 국어과 수업에서 Advanced Flanders 언어 상호작용 분석 연구(양적 수업 분석 연구)

연번	구분	연구주제
11	초등	다양한 상담기법을 적용한 교실 수업혁신 방안
12	초등	ICT를 활용한 프로젝트 학습 방안
13	초등	멀티미디어 활용 영어교육 방법 연구(초등 영어)
14	초등	영어 뮤지컬 드라마 학습을 통한 창의적 표현 능력 신장 방안
15	초등	영어과 chant를 활용한 초등 아이들의 의사소통 능력 향상 방안
16	초등	드라마, 연극 기법을 활용한 영어과 교수법 개발, 연구
17	초등	서양 음악 감상 지도법
18	초등	도덕과 개정교육과정의 조기 정착을 위한 교수학습 방법 및 내용 연구
19	초등	과학과 접목한 영어 몰입 교육의 내용 중심의 영어교과 개발
20	초등	초등학교에서 웹 2.0 기반 PBL 적용 및 효과성 분석
21	초등	EBSe 프로그램 활용 맞춤형 매뉴얼 구안 및 적용
22	초등	literature를 활용한 영어 교육 선진화 방안
23	초등	초등 영어교실에서의 Technology 사용의 효과
24	초등	아동 서사 문학을 통한 문학 능력 신장 방안
25	초등	배움의 공동체 수업혁신을 통한 학교혁신의 가능성 연구
26	초등	국어 수업의 교사화법 양상 연구
27	초등	1. EFLContext에서의 EnglishLiteracy 향상을 위한 연구 : Cross-agetutoring 중심 2. 다변화 시대에 대처하는 영어교사 역량 강화 영역 탐구 : 질적 접근
28	초등	활동중심 음악하기를 위한 교사의 전문적 음악역량 강화
29	초등	현대미술에서의 다양한 표현기법 및 재료 집중 탐구
30	초등	TEE를 통한 영어의 4 Skills 신장과 수준별 수업 방안
31	초등	창의인성 교육을 위한 국어과 교수, 학습 프로그램 개발
32	초등	학교 도서관 자료를 활용한 pck 수업으로 국어과 수업 달인으로 거듭나기
33	초등	학습자 수준에 맞는 다양한 자료 활용을 통한 단계별 영어쓰기 교육 방법 연구
34	초등	EFL 초기 학습자의 발화 오류 교정 방안 연구
35	초등	신재생 에너지 교육프로그램 연구
36	초등	다문화 가정 아동의 읽기 쓰기의 효과적 수업 방법
37	초등	미술교과 교육에서의 종이접기 활용 방안 연구

연번	구분	연구주제
38	초등	다양한 활동 중심의 영어 교수 학습 지도 연구를 통한 아이들의 영어 의사소통 능력 신장
39	초등	RME 활동을 위한 교재 개발
40	초등	초등과학 지구와 우주 영역의 효과적인 교수 – 학습 방안 연구
41	초등	한국, 중국, 일본 3국의 배움 중심 영어 교수법 비교 연구
42	초등	국내외의 다양한 초등영어 교수학습 방법 연구를 통한 수업 혁신
43	초등	주제별, 교과별 참여형 토론학습 방법 구안, 적용을 통한 의사소통 능력 기르기
44	초등	교과와 연계한 용서 상담 교육으로 초등아이들의 공격적 대인관계 개선
45	초등	책으로 북돋우는 진로교육
46	초등	휴대전화 의존성 진단척도 개발 및 타당화
47	초등	장애 아동 이해를 통한 모두가 행복한 통합 학급 만들기
48	초등	집단 미술 치료 프로그램 적용으로 소통과 협력의 교실 문화 만들기
49	초등	아이들 인권과 교육권의 조화로운 정착 방안
50	초등	따돌림, 폭력 없는 학급을 만들기 위한 방법 탐구(이론, 실천)
51	초등	청소년상담센터를 지지기반 체계로 한 초등전문 상담교사 실무 능력 개발 방안
52	초등	미술 치료와 상담으로 교사와 아이들 간의 의사소통 개선을 통한 학급 경영 전문성 신장
53	초등	성격 유형별 행동방식 및 고학년 아동의 부정적 행동(분노 표출) 대처 방안 연구(에니어그램을 기저로)
54	초등	초등아이들을 위한 학습상담 프로그램 개발 및 활성화 방안 연구
55	초등	토론(교과, 독서, 답사) 논제 선정과 교실 토론 절차 모색(초등고학년)
56	초등	아동문학 작품을 통한 입학 초기 적응활동 통합교육과정 구현 방안 모색
57	초등	갈래별 글의 특성에 따른 창의적인 쓰기지도 방안
58	초등	통합 학급 내 일반교사 지원을 위한 협동학습 중심의 사회과 프로그램 연구
59	초등	다문화 가정 이해를 통한 다문화 통합 교육과정 개발
60	초등	캐나다 온타리오주 과학교육 고찰을 통한 과학교육과정의 효율적 현장적용 방안
61	초등	문화유산 교육을 통한 창의성 교육 신장 방안 연구
62	초등	문화 콘텐츠 중심의 언어, 문학 영재교육 프로그램 개발

연번	구분	연구주제
63	초등	창의적 표현 기법 연구를 통한 아이들 표현 능력의 신장
64	초등	창의적 융합 인재 육성을 위한 초등학교 Steam 교육 콘텐츠 개발 연구
65	초등	창의적 놀이 활동과 문학치료를 통한 시짓기 능력 신장 방안
66	초등	교사의 성찰적 수업분석 능력 함양을 위한 연구 - 교사 연구공동체를 중심으로
67	초등	초등아이들 육상지도법 추출을 통한 일반화 연구
68	초등	지역과 학교가 소통하고 협력하는 생태환경 교육 활성화 방안
69	초등	국내외 영재교육 프로그램 비교 및 수업기술 향상을 위한 연구
70	초등	IT 교육과 연계한 디지털 방송 활용 방안 모색
71	초등	Teacher Student Parent Win-win 사이버 가정학습 운영 방안
72	초등	학력 향상을 도울 수 있는 학교에서의 자기주도 학습 지도 방안
73	초등	지식창조인 육성을 위한 미래형 독서교육 프로그램 구안
74	초등	초등학교 특기 적성교육을 위한 중국어 교육 방법 연구
75	초등	맞춤형 ON-Off 라인 프로그램 구안을 통한 다문화가정 아이들의 적응력 신장
76	초등	학습 부적응아의 수업관찰을 통한 수업개선 방안 연구
77	초등	교육과정 연계 박물관 체험학습 프로그램 개발
78	초등	다양한 영어과 방과 후 학교 모델 개발을 통한 공교육의 힘 되찾기
79	초등	통합 교육자료 구안 및 웹 구축을 통한 통합 교사 지원체제 구축
80	초등	영어로 진행하는 영재교육 프로그램 비교 및 수업기술 향상을 위한 연구
81	초등	교과서 속 강강술래로 교육 공동체 놀이문화 세우기
82	초등	교사를 힘들게 하는 학부모의 유형 및 대처 방안
83	중등	저탄소 지속 가능한 사회를 위한 실용적인 환경교육 교재 개발
84	중등	학교 숲을 활용한 국어과 체험환경 교육 프로그램 구안
85	중등	강의식 수업에서 발문연구를 통한 문제 해결력 및 창의성 신장 (교수 매뉴얼 및 아이들용 워크북 개발)
86	중등	코넬 노트법과 마인드맵 필기법을 활용한 학생 워크북 및 교사 매뉴얼 제작
87	중등	교실수업 개선을 위한 교사 인간관계론
88	중등	5차원 전면 학습 심력, 자기관리력을 통한 글 읽기 능력의 향상 방안
89	중등	배움으로부터 도주하는 아이들을 배움의 공동체로 안아주기

연번	구분	연구주제
90	중등	글로벌 과학 교류 수업 방안 탐구
91	중등	SNS를 활용한 영어과 Blended Learning 전략 연구
92	중등	자기주도적 북리더Book Reader 프로그램을 통한 의사소통 능력 신장
93	중등	수학과 PCK 개발
94	중등	창의, 인성교육 실현을 위한 토론과 논술 연계 프로그램 개발(툴민의 논증 모델을 활용하여)
95	중등	수업 전문성을 높여주는 멘토링의 활성화 전략
96	중등	다중지능 활용 역사과 창의, 인성 학습 모형 개발
97	중등	사회교과 개념 확장을 위한 독서 활용 교육
98	중등	역사하기를 활용한 역사과 서술형 평가문항 모형 개발
99	중등	고려 대몽 항쟁사 수업방안 - 경기지역을 중심으로
100	중등	국어과 수행평가의 새로운 방향 모색을 위하여
101	중등	초·중·고 아이들의 관점에서 보는 역사교사의 교수내용 지식
102	중등	TEE(Teaching English in English) 국내 및 핀란드 TEE 사례 연구 및 실례 분석을 통한 혁신적인 한국형 TEE 모델 개발
103	중등	현대시 교육의 참신성 제고를 위한 자료 개발 연구
104	중등	지역사로 접근한 역사수업 자료 제작
105	중등	교수방법혁신을 위한 과학수업 아이디어 개발/창의성 프로그램 개발
106	중등	독서치료 연구를 통한 부적응 아이들, 부진아 아이들 구제 방안 모색
107	중등	모바일 프로그래밍 능력 신장을 통한 전문 직업인력 양성
108	중등	경기도 지역사 학습을 위한 주제별 수업방안 연구
109	중등	5차원 영어학습법을 적용한 영어과 교수학습 방법 개선 연구
110	중등	브랜디드 러닝을 활용한 교육과정 이수에 관한 연구
111	중등	서술형 평가 문항제작 및 결과를 활용한 수업방법 개선
112	중등	첨단 과학 실험을 학교 현장에 도입할 수 있는 방법에 대한 연구
113	중등	배움과 돌봄을 중심으로 한 수업 만들기
114	중등	개별 탐구형 과학실험개발을 통한 교실수업개선자료 제작 및 과학 동아리 활성화 방안 탐구
115	중등	협력적 의사결정 모형을 활용한 역사과 프로젝트 학습 프로그램 개발
116	중등	인문계고의 독서교육 문제 상황과 해결 방안

연번	구분	연구주제
117	중등	메타인지를 활용한 토론 교수–학습 모형 설계
118	중등	훌륭한 교사가 되기 위한 훈련
119	중등	지·정·의 전인적 아이들 선도 프로그램 구안 적용을 통한 학교 부적응 아이들 지도 방안 모색
120	중등	꿈누리 교실 프로그램 적용을 통한 부적응 아이들 지도 방안
121	중등	음악 치료를 통한 학교 부적응아의 자존감 향상 방안
122	중등	학습성격 유형에 따른 학습 및 생활 지도 방법으로 행복한 교실 가꾸기
123	중등	교사 역할 훈련 프로그램 구안, 적용을 통한 아이들 지도 능력 향상 방안
124	중등	DISC 행동 유형별 독서지도를 통한 의사소통 능력 향상
125	중등	비폭력 대화 교사 연수 프로그램 및 아이들 지도안 개발
126	중등	독서, 글쓰기를 통한 청소년의 정서 치유 방안
127	중등	WEETA 프로그램 구안, 적용을 통한 학교 적응력 향상
128	중등	H.E.T. 워크북 개발을 통한 교사의 아이들 지도 능력 향상
129	중등	아이들과 교사의 폭력적 언어습관 개선 프로그램 개발 및 적용
130	중등	성격 유형별 또래 학습 멘토링이 학업 성취도에 미치는 효과
131	중등	성찰교실 운영 지원을 위한 독서치료 프로그램 연구
132	중등	교실 갈등 해결을 위한 상담 프로그램 및 상담 매뉴얼 구축(화 다루기, 떠드는 아이 다루기)
133	중등	놀이와 교육의 방향성 제고
134	중등	창의적 체험 활동 영역별 지역사회 아웃리치 교육 서비스 품질 측정 도구 개발
135	중등	특성화고등학교의 학교 경영 컨설팅 프로세스 개발
136	중등	미래형 교무분장 조직 운영 프로세스 개발
137	중등	창의적 체험 활동을 위한 코스별 독서 자유 프로그램 구안
138	중등	한미 교육 과정 비교를 통한 교수 학습 모형 및 평가 방법 혁신
139	중등	산업체의 수요와 연계한 특성화고등학교 현장 적응성 제고 방안 연구
140	중등	코칭 기법을 활용한 수업 컨설팅
141	중등	수학여행, 야영을 대체한 진로, 직업 탐색 체험 창·체 교육과정 운영
142	중등	교사 리더십 개발을 위한 교사학습공동체 활성화 방안

연번	구분	연구주제
143	중등	프레스코 수업을 통한 창의력 신장 및 수업 모델의 개발과 재료의 연구
144	중등	창의적 문제 해결 능력 신장을 위한 체험형 프로그램 개발 및 강의 기법 신장
145	중등	토론기법을 활용한 주제 탐구 표현 수업 모형 개발
146	중등	창의성 신장을 위한 수학교과의 수업 및 평가방법 개선 방안
147	중등	인지가속 프로그램을 활용한 영재교육 프로그램 개발 연구
148	중등	창의, 인성 수학 프로그램 개발(교과 간 융합 영재 프로그램 중심으로)
149	중등	학교와 지역을 살리는 학교 평생교육(한국과 일본 비교)
150	중등	글로벌 시대 문화 격차 해소를 위한 효과적 국제이해 교육 방안
151	중등	Snyder 희망과 학습 동기 및 학업 성취와의 인과 구조 모형 탐색
152	중등	교사 배움터를 통한 교직문화 활성화 방안
153	중등	중학교 영어 정기고사 문항 분석 및 문항 제작 거침 제안을 통한 교원 역량 혁신 방안
154	중등	학교와 지역사회에서 할 수 있는 생태교육 프로그램 개발
155	중등	친환경 녹색교실 구축
156	중등	DMZ 생태체험 프로그램 개발
157	중등	학교현장 교사의 인권의식 전환을 통한 경기도 아이들 인권 조례 정착 방안
158	중등	아이들 자치 활동의 실질적 활성화를 통한 인권조례 현장 안착화 방안
159	중등	학교현장에 기반한 교사교육 프로그램 개발 - 다독(Extensive Reading) 중심 영어교육 지원 체제를 중심으로
160	중등	self-creative experiment에 근거한 과학탐구학습 자료 개발

출처_경기도교육청 학습지원과, 2011.

며칠, 아니 단 하루만이라도 걱정 없이,
몸 안에 티끌만 한 긴장도 없이, 정말로
마음 푹 놓고 지내본 적이 있나구요!
노는 동안에도 이 시간이 끝나면
다시 일을 해야 한다는 걱정에 더 치열하게 놀았다.
잠을 잘 때에도 내일 아침엔 말짱해져야 하기 때문에
비장하게 램 수면에 빠져들었다.
'마음 놓고 살아보기' 너무나
탐나는 물건 아닌가!
_곽세라의 『인생에 대한 예의』 중에서

사람은 누구나 자기가 하고 싶은 일을 할 때가 가장 행복하고, 열정적입니다. 삶의 희열을 느끼고, 일에 대한 보람을 느낍니다. 학습연구년은 저에게 행복과 열정, 희열과 보람을 찾아준 소중한 선물이었습니다. 저의 인생에 대한 어떤 예의를 지켜야 하는지를 알게 되었습니다. 그동안 열심히만 사느라 앞만 보고 달리다 잊고 살았던 일상을 재발견하는 호사를 누렸습니다. 옆을 돌아보면서 나와 가족을 다시 만났습니다. 내 일과 사람들이 다시 보였습니다. 지루하게 반복되는 듯한 일상이 나의 행복의 원천임을 눈물나게 느꼈습니다. 난생 처음으로 조금은 쉬면서 걷는 동안, 다시 시작될 고마운 나의 일상에 대한 연습, 딱 두 가지를 하게 되었습니다.

지식을 얻고 나누는 과정에 대한 연습
사람 사이를 돌아보는 실천 방법에 대한 연습

나의 인생에 예의를 갖추고, 옆에 있는 이들과 더불어 가르치며, 자기와 사람을 사랑하는 아이들을 기르기 위해, 그리고 나 스스로 그리 살기 위한 도전은 언제나 눈부시게 너무나도 아름다울 것입니다.

참고문헌

수업행복 1

1. 「아침식사, 생활의 활력 높여주는 '에너지원'」, 『메디컬투데이』(http://www.mdtoday.co.kr/mdtoday/index.html?no=169371), 2011. 11. 07.
2. 「한국 어린이·청소년 주관적 행복지수 OECD 회원국 중 3년 연속 꼴찌」, 『국민일보』, 2011. 5. 4.
3. 「'초중고 학생 행복지수' 성적 좋을수록↑ 상급학교 오를수록↓」, 『한국일보』, 2011. 5. 29.
4. 파멜라 메츠 지음, 이현주 옮김, 『배움의 도』, 민들레, 2004.
5. 크리스 메르코글리아노 지음, 공양희 옮김, 『두려움과 배움은 함께 춤출 수 없다』, 민들레, 2005.
6. 페에 치쉬 지음, 이동용 옮김, 『교실혁명』, 리좀, 2008.
7. 사토 마나부 지음, 손우정 옮김, 『배움으로부터 도주하는 아이들』, 북코리아, 2003.
8. 김열규, 『김열규 교수의 지식탐닉기 공부』, 비아북, 2010.
9. 「한국은 수능 한 방으로 결판나는 사회」, 『헤럴드 경제』(http://biz.heraldm.com/common/ Detail.jsp?newsMLId=20111219000523), 2011. 12. 19.
10. 이반 일리히 지음, 박홍규 옮김, 『학교 없는 사회』, 생각의 나무, 2009.
11. 페에 치쉬 지음, 이동용 옮김, 앞의 책.

수업행복 2

1. 박용익, 『수업대화의 분석과 말하기 교육』, 역락, 2003.
2. 국가교육통계센터(http://cesi.kedi.re.kr/)
3. 토마스 고든 지음, 강재태·박은주 옮김, 『토마스 고든의 교사역할훈련과 훈육』, GTI코리아, 2010.
4. 「당신의 성격(1부) – 좋은 성격, 나쁜 성격」, EBS 다큐프라임, 2010.
5. 『조선일보』, 「남녀유별 치료하는 '성인지의학' 질병 가이드」, 2011. 10. 21.
6. 하코다 타다아키 지음, 최선희 옮김, 『인정받는 사람들의 듣기와 질문하기』, 비즈로드, 2007.
7. 조벽, 『나는 대한민국의 교사다』, 해냄, 2010.

수업행복 3

1. 하임 G. 기너트 지음, 김영철 옮김, 『교실을 구하는 열쇠』, 나라원, 2003.
2. 「엄지경제의 힘」, 디지털타임스(http://www.dt.co.kr/contents.htm?article_no=2005032802011257708004), 2005. 03. 28.
3. 요아힘 바우어 지음, 이미옥 옮김, 『학교를 칭찬하라』, 궁리, 2009.
4. 도날린 밀러 지음, 정수안 옮김, 『수업 중 15분 행복한 책읽기』, 다른, 2011.
5. 필립 W. 잭슨 지음, 차경수 옮김, 『아동의 교실생활』, 배영사, 2005.
6. 엘렌 랭어 지음, 변용란 옮김, 『마음의 시계, 사이언스 북스, 2011.
7. 댄 히스·칩 히스 지음, 안진환 옮김, 『스위치』, 웅진주니어, 2010.
8. 마쿼트 지음, 최요한 옮김, 『질문 리더십』, 흐름출판, 2006.
9. 조지 E. 베일런트 지음, 이덕남 옮김, 『행복의 조건』, 프런티어, 2010.

수업행복 4

1. S. 페인스타인 지음, 황매향 옮김, 『부모가 알아야 할 청소년기의 뇌 이야기, 지식의 날개』, 2010.
2. 앨렌 피즈 · 바바라 피즈 지음, 이종인 옮김, 『말을 듣지 않는 남자 지도를 읽지 못하는 여자』, 김영사, 2011.
3. 레너드 삭스 지음, 이소영 옮김, 『남자아이 여자아이』, 아침이슬, 2007.
4. 「남과 여」, EBS 다큐프라임, 2010.
5. 문용린 · 최인철 외, 『행복교과서』, 월드김영사, 2011.
6. 「10대 성장보고서(2) 인생의 이상한 봄 사춘기」, EBS 다큐프라임, 2010.
7. 「일반계 고교생 98% 수면 부족… 하루 5.5시간」, 『연합뉴스』, 2011. 12. 1.
8. 정부 정책공감 블로그(blog.daum.net/hellopolicy)
9. 다카시마 데쓰지 지음, 홍성민 옮김, 『내일이 바뀌는 새로운 잠자기 30분 전』, 티즈맵, 2008.
10. 멜 레빈 지음, 이창신 옮김, 『아이의 뇌를 읽으면 아이의 미래가 열린다』, 동녘사이언스, 2010.
11. 모기 겐이치로 지음, 이근아 옮김, 『뇌가 기뻐하는 공부법』, 이아소, 2008.
12. 「10대 성장보고서(1) 사춘기의 수면일기」, EBS 다큐프라임, 2010.

수업행복 5

1. 주삼환 외, 『수업관찰분석과 수업연구』, 한국학술정보, 2009.
2. 창의넷(http://www.tcnc.net)
3. 대니얼 T. 윌링햄, 『왜 학생들은 학교를 좋아하지 않을까?』, 부키, 2011.
4. 필립 W. 잭슨 지음, 차경수 옮김, 앞의 책.
5. 한국청소년개발원, 『청소년 심리학』, 교육과학사, 2004.
6. 에릭 번 지음, 조혜정 옮김, 『심리게임』, 교양인, 2009.
7. 멜 레빈 지음, 이창신 옮김, 앞의 책.
8. 댄 애리얼리 지음, 김원호 옮김, 『댄 애리얼리의 경제심리학』, 청림출판, 2010.
9. 존 롤스 지음, 황경식 옮김, 『사회정의론』, 서광사, 1990.
10. 하임 G. 기너트 지음, 김영철 옮김, 앞의 책.
11. 이영돈, 『마음』, 예담, 2006.
12. 조벽, 『조벽 교수의 명강의 노하우&노와이』, 해냄, 2008.
13. James Levin & John Shanken-Kaye, 2003, 'The Self-Control Classroom: Understanding and Managing the Disruptive Behavior of All Students, Including Those with ADHD', Kendall/Hunt Publishing Company.
14. 최정희, 『교사의 변환적 지도력과 아이들의 수업참여의 관계, 교육행정학 연구』 vol. 22(4), 2004.
15. 「직장인 한 달 평균 독서량 '2권 반' 정도」, 인터넷 인쿠르트(http://people.incruit.com/news/newsview.asp?gcd=10&newsno=839020), 2011. 10. 20.
16. 엘렌 랭어 지음, 변용란 옮김, 앞의 책.
17. 이권우 외 24인, 『호모부커스2.0』, 그린비, 2010.
18. 우에노 치즈코 지음, 조한혜정 · 김찬호 옮김, 『사사키 노리코, 경계에서 말한다』, 생각의나무, 2004.
19. 피터 위벨 지음, 조용만 옮김, 『극복의 힘』, 산수야, 2009.

수업행복 6

1. 이혜영, 『중등학교 교사의 생활과 문화』, 한국교육개발원, 2001.
2. 강호순 · 곽영순, 『교사평가 수업평가』, 원미사, 2005.

3. 댄 애리얼리 지음, 김원호 옮김, 앞의 책.
4. 「EBS 지식채널ⓔ」, 『지식ⓔ season4』, 북하우스, 2011.
5. 요시다 덴세이 지음, 김선민 옮김, 『유능한 사람은 왜 유능한 사람을 키우지 못하는가』, 웅진윙스, 2006.
6. 제프리 패퍼 지음, 배현 옮김, 『권력의 경영』, 지식노마드, 2008.
7. 경태영, 『나는 혁신학교에 간다』, 맘에드림, 2010.
8. 황농문, 『몰입-인생을 바꾸는 자기혁명』, 랜덤하우스코리아, 2007.
9. 요하임 바우어 지음, 이미옥 옮김, 『인간을 인간이게 하는 원칙』, 에코리브르, 2007.
10. 송경오 · 최진영, 『초 · 중등학교 교사학습공동체의 측정모형 및 수준분석', 한국교원교육연구』, vol. 27(1).
11. 성열관 · 이순철, 『혁신학교』, 살림터, 2011.
12. 앤 리버만 · 린 밀러 지음, 황기우 옮김, 『교사리더십』, 학지사, 2009.
13. 사토 마나부 지음, 박찬영 옮김, 『아이들을 어떻게 가르칠 것인가』, 살림터, 2011.
14. 칩히스 · 댄히스 지음, 안진환 옮김, 『스위치』, 웅진지식하우스, 2010.
15. 스튜어트 서덜랜드 지음, 이세진 옮김, 『비합리성의 심리학』, 교양인, 2008.
16. 박재희, 『3분 고전』, 작은 씨앗, 2010.
17. 조혜정, 『학교를 거부하는 아이 아이를 거부하는 사회』, 또 하나의 문화, 2011.
18. 벤자민 프랭클린 지음, 조지 L. 로저스 엮음, 정혜정 옮김, 『덕의 기술』, 21세기 북스, 2004.
19. 박임순, 『세상이 학교다, 여행이 공부다』, 북노마드, 2011.

수업행복 7

1. 이경수 · 김진세, 『마흔의 심리학』, 위즈덤하우스, 2007.
2. 「인생의 행복은 '행복유전자'가 결정」, 『코리아 헤럴드』(http://www.koreaherald.com/national/Detail.jsp?newsMLId=20110513000686), 2011. 5. 18.
3. 소냐 류보머스키 지음, 오혜경 옮김, 『How to be happy』, 지식노마드, 2007.
4. 김주환, 『회복탄력성』, 위즈덤하우스, 2011.
5. 윤혜선, 『행복감 증진을 위한 예술치료 해피 아트 테라피』, 이담, 2010.
6. 칩히스 · 댄히스 지음, 안진환 옮김, 위의 책.
7. 김주환, 위의 책.
8. William J. Kreidler 지음, 조성자 옮김, 『창의적 갈등해결을 위한 활동 지침서』, 신정, 2007.
9. 강준만, 『인간사색』, 개마고원, 2006.

부록

1. 톰 래스 · 짐 하터 지음, 성기홍 옮김, 『웰빙 파인더』, 위너스북, 2011.
2. 팻시 로덴버그 지음, 김정미 옮김, 『행복한 나로 돌아가는 연습』, 흐름출판, 2011.

▶ 비고츠키 선집 시리즈

발달과 협력의 교육학 어떻게 읽을 것인가?

생각과 말
레프 세묘노비치 비고츠키 지음
배희철·김용호·D. 켈로그 옮김 | 690쪽 | 값 33,000원

도구와 기호
비고츠키·루리야 지음 | 비고츠키 연구회 옮김
336쪽 | 값 16,000원

어린이 자기행동숙달의 역사와 발달 I
L.S. 비고츠키 지음 | 비고츠키 연구회 옮김
564쪽 | 값 28,000원

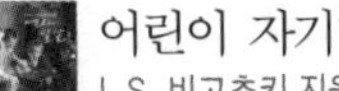

어린이 자기행동숙달의 역사와 발달 II
L.S. 비고츠키 지음 | 비고츠키 연구회 옮김
552쪽 | 값 28,000원

어린이의 상상과 창조
L.S. 비고츠키 지음 | 비고츠키 연구회 옮김
280쪽 | 값 15,000원

연령과 위기
L.S. 비고츠키 지음 | 비고츠키 연구회 옮김
336쪽 | 값 17,000원

성장과 분화
L.S. 비고츠키 지음 | 비고츠키 연구회 옮김
308쪽 | 값 15,000원

의식과 숙달
L.S 비고츠키 | 비고츠키 연구회 옮김
348쪽 | 값 17,000원

관계의 교육학, 비고츠키
진보교육연구소 비고츠키교육학실천연구모임 지음
300쪽 | 값 15,000원

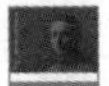

비고츠키 생각과 말 쉽게 읽기
진보교육연구소 비고츠키교육학실천연구모임 지음
316쪽 | 값 15,000원

비고츠키와 인지 발달의 비밀
A.R. 루리야 지음 | 배희철 옮김 | 280쪽 | 값 15,000원

수업과 수업 사이
비고츠키 연구회 지음 | 196쪽 | 값 12,000원

▶ 평화샘 프로젝트 매뉴얼 시리즈

학교 폭력에 대한 근본적인 예방과 대책을 찾는다

학교 폭력 어떻게 만들어지는가
문재현 외 지음 | 300쪽 | 값 14,000원

학교 폭력, 멈춰!
문재현 외 지음 | 348쪽 | 값 15,000원

왕따, 이렇게 해결할 수 있다
문재현 외 지음 | 236쪽 | 값 12,000원

젊은 부모를 위한 백만 년의 육아 슬기
문재현 지음 | 248쪽 | 값 13,000원

아이들을 살리는 동네
문재현·신동명·김수동 지음 | 204쪽 | 값 10,000원

평화! 행복한 학교의 시작
문재현 외 지음 | 252쪽 | 값 12,000원

마을에 배움의 길이 있다
문재현 지음 | 208쪽 | 값 10,000원

▶ 교과서 밖에서 만나는 역사 교실
상식이 통하는 살아 있는 역사를 만나다

전봉준과 동학농민혁명
조광환 지음 | 336쪽 | 값 15,000원

남도의 기억을 걷다
노성태 지음 | 344쪽 | 값 14,000원

응답하라 한국사 1·2
김은석 지음 | 356쪽·368쪽 | 각권 값 15,000원

즐거운 국사수업 32강
김남선 지음 | 280쪽 | 값 11,000원

즐거운 세계사 수업
김은석 지음 | 328쪽 | 값 13,000원

강화도의 기억을 걷다
최보길 지음 | 276쪽 | 값 14,000원

광주의 기억을 걷다
노성태 지음 | 348쪽 | 값 15,000원

선생님도 궁금해하는
한국사의 비밀 20가지
김은석 지음 | 312쪽 | 값 15,000원

걸림돌
키르스텐 세룹-빌펠트 지음 | 문봉애 옮김
248쪽 | 값 13,000원

역사수업을 부탁해
열 사람의 한 걸음 지음 | 388쪽 | 값 18,000원

교과서 밖에서 배우는 역사 공부
정은교 지음 | 292쪽 | 값 14,000원

팔만대장경도 모르면 빨래판이다
전병철 지음 | 360쪽 | 값 16,000원

빨래판도 잘 보면 팔만대장경이다
전병철 지음 | 360쪽 | 값 16,000원

영화는 역사다
강성률 지음 | 288쪽 | 값 13,000원

친일 영화의 해부학
강성률 지음 | 264쪽 | 값 15,000원

한국 고대사의 비밀
김은석 지음 | 304쪽 | 값 13,000원

조선족 근현대 교육사
정미량 지음 | 320쪽 | 값 15,000원

다시 읽는 **조선근대교육의 사상과 운동**
윤건차 지음 | 이명실·심성보 옮김 | 516쪽 | 값 25,000원

음악과 함께 떠나는 세계의 혁명 이야기
조광환 지음 | 292쪽 | 값 15,000원

논쟁으로 보는 **일본 근대교육의 역사**
이명실 지음 | 324쪽 | 값 17,000원

▶ 창의적인 협력수업을 지향하는 삶이 있는 국어 교실
우리말 글을 배우며 세상을 배운다

중학교 국어 수업 어떻게 할 것인가?
김미경 지음 | 340쪽 | 값 15,000원

토론의 숲에서 나를 만나다
명혜정 엮음 | 312쪽 | 값 15,000원

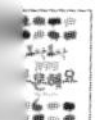
토닥토닥 토론해요
명혜정·이명선·조선미 엮음 | 288쪽 | 값 15,000원

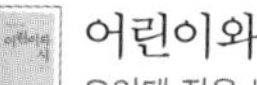
어린이와 시
오인태 지음 | 192쪽 | 값 12,000원

이야기 꽃 1
박용성 엮어 지음 | 276쪽 | 값 9,800원

이야기 꽃 2
박용성 엮어 지음 | 294쪽 | 값 13,000원

인문학의 숲을 거니는 토론 수업
순천국어교사모임 엮음 | 308쪽 | 값 15,000원

▶ 4·16, 질문이 있는 교실 마주이야기

통합수업으로 혁신교육과정을 재구성하다!

통하는 공부
김태호·김형우·이경석·심우근·허진만 지음
324쪽 | 값 15,000원

내일 수업 어떻게 하지?
아이함께 지음 | 300쪽 | 값 15,000원
2015 세종도서 교양부문

인간 회복의 교육
성래운 지음 | 260쪽 | 값 13,000원

교과서 너머 교육과정 마주하기
이윤미 외 지음 | 368쪽 | 값 17,000원

수업 고수들 수업·교육과정·평가를 말하다
박현숙 외 지음 | 368쪽 | 값 17,000원

도덕 수업, 책으로 묻고 윤리로 답하다
울산도덕교사모임 지음 | 320쪽 | 값 15,000원

체육 교사, 수업을 말하다
전용진 지음 | 304쪽 | 값 15,000원

교실을 위한 프레이리
아이러 쇼어 엮음 | 사람대사람 옮김 | 412쪽 | 값 18,000원

마을교육공동체란 무엇인가?
서용선 외 지음 | 360쪽 | 값 17,000원

21세기 교육과 민주주의
한국교육연구네트워크 번역 총서 05
넬 나딩스 지음 | 심성보 옮김 | 392쪽 | 값 18,000원
2016 세종도서 학술부문

교사, 학교를 바꾸다
정진화 지음 | 372쪽 | 값 17,000원

함께 배움
학생 주도 배움 중심 수업 이렇게 한다
니시카와 준 지음 | 백경석 옮김 | 280쪽 | 값 15,000원

공교육은 왜?
홍섭근 지음 | 352쪽 | 값 16,000원

자기혁신과 공동의 성장을 위한
교사들의 필리버스터
윤양수·원종희·장군·조경삼 지음 | 280쪽 | 값 14,000원

함께 배움 이렇게 시작한다
니시카와 준 지음 | 백경석 옮김 | 196쪽 | 값 12,000원

함께 배움 교사의 말하기
니시카와 준 지음 | 백경석 옮김 | 188쪽 | 값 12,000원

주제통합수업, 아이들을 수업의 주인공으로
이윤미 외 지음 | 392쪽 | 값 17,000원

수업과 교육의 지평을 확장하는 수업 비평
윤양수 지음 | 316쪽 | 값 15,000원
2014 문화체육관광부 우수교양도서

교사, 선생이 되다
김태은 외 지음 | 260쪽 | 값 13,000원

교사의 전문성, 어떻게 만들어지나
국제교원노조연맹 보고서 | 김석규 옮김 392쪽 | 값 17,00

수업의 정치
윤양수·원종희·장군 지음 | 280쪽 | 값 14,000원

학교협동조합,
현장체험학습과 마을교육공동체를 잇다
주수원 외 지음 | 296쪽 | 값 15,000원

거꾸로교실,
잠자는 아이들을 깨우는 수업의 비밀
이민경 지음 | 280쪽 | 값 14,000원

교사는 무엇으로 사는가
정은균 지음 | 292쪽 | 값 15,000원

마음의 힘을 기르는 감성수업
조선미 외 지음 | 300쪽 | 값 15,000원

작은 학교 아이들
지경준 엮음 | 376쪽 | 값 17,000원

감성 지휘자, 우리 선생님
박종국 지음 | 308쪽 | 값 15,000원

대한민국 입시혁명
참교육연구소 입시연구팀 지음 | 220쪽 | 값 12,000원

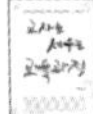
교사를 세우는 교육과정
박승열 지음 | 312쪽 | 값 15,000원

전국 17명 교육감들과 나눈
교육 대담
최창의 대담·기록 | 272쪽 | 값 15,000원

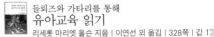

들뢰즈와 가타리를 통해
유아교육 읽기
리세롯 마리엣 올손 지음 | 이연선 외 옮김 | 328쪽 | 값 1

학교 민주주의의 불한당들
정은균 지음 | 276쪽 | 값 14,000원

▶ 더불어 사는 정의로운 세상을 여는 인문사회과학
사람의 존엄과 평등의 가치를 배운다

밥상혁명
강양구·강이현 지음 | 298쪽 | 값 13,800원

도덕 교과서 무엇이 문제인가?

김대용 지음 | 272쪽 | 값 14,000원

자율주의와 진보교육
조엘 스프링 지음 | 심성보 옮김 | 320쪽 | 값 15,000원

민주화 이후의 공동체 교육
심성보 지음 | 392쪽 | 값 15,000원
2009 문화체육관광부 우수학술도서

갈등을 넘어 협력 사회로
이창언·오수길·유문종·신윤관 지음 | 280쪽 | 값 15,000원

동양사상과 마음교육
정재걸 외 지음 | 356쪽 | 값 16,000원
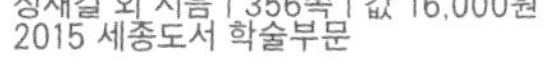
2015 세종도서 학술부문

교과서 밖에서 배우는 철학 공부
정은교 지음 | 280쪽 | 값 14,000원

교과서 밖에서 배우는 사회 공부
정은교 지음 | 304쪽 | 값 15,000원

교과서 밖에서 배우는 윤리 공부
정은교 지음 | 292쪽 | 값 15,000원

좌우지간 인권이다
안경환 지음 | 288쪽 | 값 13,000원

민주시민교육
심성보 지음 | 544쪽 | 값 25,000원

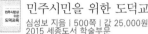

민주시민을 위한 도덕교육
심성보 지음 | 500쪽 | 값 25,000원
2015 세종도서 학술부문

교과서 밖에서 배우는 인문학 공부
정은교 지음 | 280쪽 | 값 13,000원

오래된 미래교육
정재걸 지음 | 392쪽 | 값 18,000원

대한민국 의료혁명
전국보건의료산업노동조합 엮음 | 548쪽 | 값 25,000원

교과서 밖에서 배우는 고전 공부
정은교 지음 | 288쪽 | 값 14,000원

전체 안의 전체 사고 속의 사고
김우창의 인문학을 읽다
현광일 지음 | 320쪽 | 값 15,000원

카스트로, 종교를 말하다
피델 카스트로·프레이 베토 대담 | 조세종 옮김
420쪽 | 값 21,000원

▶ 살림터 참교육 문예 시리즈
영혼이 있는 삶을 가르치는 온 선생님을 만나다!

꽃보다 귀한 우리 아이는
조재도 지음 | 244쪽 | 값 12,000원

성깔 있는 나무들
최은숙 지음 | 244쪽 | 값 12,000원

아이들에게 세상을 배웠네
명혜정 지음 | 240쪽 | 값 12,000원

밥상에서 세상으로
김흥숙 지음 | 280쪽 | 값 13,000원

선생님이 먼저 때렸는데요
강병철 지음 | 248쪽 | 값 12,000원

서울 여자, 시골 선생님 되다
조경선 지음 | 252쪽 | 값 12,000원

행복한 창의 교육
최창의 지음 | 328쪽 | 값 15,000원

북유럽 교육 기행
정애경 외 14인 지음 | 288쪽 | 값 14,000원

▶ 남북이 하나 되는 두물머리 평화교육
분단 극복을 위한 치열한 배움과 실천을 만나다

10년 후 통일
정동영·지승호 지음 | 328쪽 | 값 15,000원

선생님, 통일이 뭐예요?
정경호 지음 | 252쪽 | 값 13,000원

분단시대의 통일교육
성래운 지음 | 428쪽 | 값 18,000원

김창환 교수의 DMZ 지리 이야기
김창환 지음 | 264쪽 | 값 15,000원

▶ 출간 예정

근간
교육과정 통합, 어떻게 할 것인가?
성열관 외 지음

근간
통합적 수업 일체화:
성취기준에서 학생의 성공까지
리사 카터 지음 | 박승열 옮김

근간
수업, 슬로리딩과 함께
박경숙 외 지음

근간
학교 혁신의 길, 아이들에게 묻다!
남궁상운 외 지음

근간
핀란드 교육의 기적은 어떻게 만들어지나
Hannele Niemi 외 지음 | 장수명 외 옮김

근간
혁신학교, 미래교육의 답을 찾다
송순재 외 지음

근간
세계교육개혁:
민영화 우선인가 공적 투자 강화인가?
프랭크 애덤슨 외 지음 | 심성보 외 옮김

근간
독립의 기억을 걷다
노성태 지음

근간
민주시민을 위한
수업·교육과정·평가를 어떻게 할 것인가?
명혜정 지음

근간
민주시민교육을 위한
역사수업 어떻게 할 것인가?
황현정 지음

근간
삶을 위한
국어교육과정, 어떻게 만들 것인가?
명혜정 지음

근간
공자뎐, 논어는 이것이다
유문상 지음

근간
마을수업, 마을교육과정!
서용선·백윤애 지음

근간
한글혁명
김슬옹 지음

참된 삶과 교육에 관한 생각 줍기